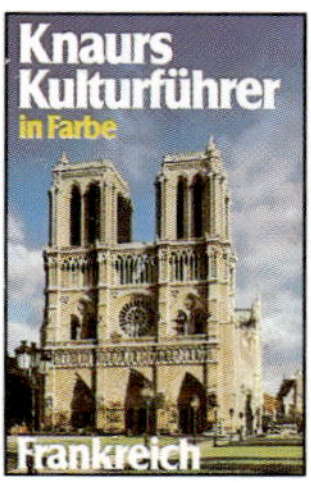

Fortsetzung am Ende des Buches

Marianne Mehling (Hg.)

KNAURS KULTURFÜHRER IN FARBE NORMANDIE

Über 225 farbige Fotos und Grundrisse
sowie 7 Seiten Karten

Droemer Knaur

Autoren: Gerhard Rebhan, Marianne Mion, Maria Neidlinger
Fotos: Hans-Joachim Schwerdhöfer
Fotos S. 11 und S. 45: The Bayeux Tapestry, 11th Century,
by special permission of the City of Bayeux

Die Deutsche Bibliothek - CIP-Einheitsaufnahme

Knaurs Kulturführer in Farbe Normandie/
Marianne Mehling (Hg.). [Autoren: Gerhard Rebhan ...
Fotos: Hans-Joachim Schwerdhöfer] - München :
Droemer Knaur, 1996
ISBN 3-426-26650-4
NE: Mehling, Marianne [Hrsg.]; Rebhan, Gerhard; Schwerdhöfer, Hans-Joachim

Für Hinweise auf Veränderungen und Ergänzungen ist die Redaktion dankbar.
Zuschriften an Droemer Knaur Verlag, 81664 München.
Idee: Redaktionsbüro Harenberg (Schwerte)
Gestaltung: von Delbrück, München
Karten und Stadtplan: Kartographie Huber, München
Grundrisse: Karl Schneider, Solms
Reproduktion: Fotolito Longo, Frangart
Einbandgestaltung: Franz Wöllzenmüller, Oberhaching
Umschlagabbildung: Le Mont-Saint-Michel (Foto Hans-Joachim Schwerdhöfer)
Umbruch: Dipl.-Grafikerin (FH) Brigitte Weber, Schnaittenbach
Druck: Appl, Wemding
Bindung: Großbuchbinderei Sigloch, Künzelsau
Printed in Germany
ISBN 3-426-26650-4

5 4 3 2 1

VORWORT

»J'irai revoir ma Normandie ... !« (Ich komme, meine Normandie wiederzusehn ...). Mit diesem bekannten Chanson des Liederdichters Frédéric Bérat, der im 19. Jh. in Rouen lebte, auf den Lippen gingen die frankokanadischen Soldaten bei der Invasion am 6.6. 1944 an Land. Viele von ihnen stammten von normannischen Auswanderern, die vor Jahrhunderten ihre Heimat Normandie in Richtung Quebec/Kanada verlassen hatten. Nun kehrten die Nachfahren als Befreier vom Joch der Hitler-Diktatur zu einer erneuten »Invasion« für kurze Zeit in das Land ihrer Vorväter zurück; für nicht wenige von ihnen (ca. 5000) war es ein Bleiben für immer als Gefallene.

Über 1000 Jahre zuvor waren die Ahnen der Ahnen zu einer großen »Invasion«, die aus vielen kleinen Ein- und Überfällen über ein Jahrhundert lang währte, aus ihrer Urheimat Skandinavien hierhergekommen. Als ungestüme, kriegerische und als Barbaren gefürchtete Wikinger hatten sie das ruhige Küstenland in Angst und Schrecken versetzt. Erst nach der wundersamen Wandlung des Wikingerfürsten Rollo (Rolf) im entscheidenden Jahr 911 vom Seeräuber zum Staatsgründer entstand das Gebilde, das wir bis heute »Normandie« nennen.

Die berühmte und zugleich müßige Frage sei dennoch gestattet: Was wäre gewesen, wenn diese »erste« Invasion durch die Wikinger letztlich nicht so positiv geendet hätte? Ohne die westliche Nachbarregion Bretagne herabzusetzen, könnte man unschwer folgern, daß hier ohne die »Nordmannen« eine erweiterte Bretagne wäre. Rollos Hand jedenfalls ließ durch die Unterzeichnung des Vertrages von St-Clair-sur-Epte den Würfel der Geschichte dahin »rollen«, daß das neue Herzogtum »Normandie« ein berechenbarer Nachbar für das karolingisch-französische Königreich wurde. Durch die Erbliaison mit dem Königsgeschlecht von England, vollzogen kraft Rechtsanspruchs durch Wilhelm den Eroberer (»Invasion« von 1066), war für einige Zeit zumindest eine dynastische Brücke über den Ärmelkanal zwischen Festland und englischer Insel hergestellt.

Nachdem dies alles lang schon Geschichte geworden ist, interessiert den heutigen Besucher das Eigentümliche und Typische der Normandie von heute: Durch die Verwaltungsreformen von 1960 und 1972 entstanden aus 96 Départements in Frankreich 22 Regionen, denen unter Präsident Mitterand 1982 weitgehende Autonomie eingeräumt wurde. Somit ist die Normandie heute fast wieder eine Art »Freistaat« geworden wie einst unter den Normannenherzögen bis zum Anschluß an Frankreich im Jahr 1204. Betrachten wir die Normandie unter diesem relativ selbständigen Aspekt, dann läßt sie sich flächenmäßig immerhin genau mit Belgien vergleichen (beide ca. 30000 km^2 Fläche). Was die Fläche und die dünne Besiedlung betrifft, ist sie allerdings nahezu identisch mit Albanien: Beide Gebiete sind fast gleich groß und haben genauso viele Bewohner (3,2 Millionen). An Fläche erreicht die Normandie beinahe unser bevölkerungsreichstes Bundesland Nordrhein-Westfalen, das jedoch fünfmal so dicht besiedelt ist. Am Ende der Zahlenspiele sei angemerkt, daß der Großraum Paris dreimal so viele Einwohner hat wie die gesamte Normandie ...

Was ist dann die Essenz des Franko-»Normannen«? Darauf läßt sich wohl am besten mit dem normannischen Landsmann aus Rouen, Gustave Flaubert, antworten, der in den Augen mancher der bedeutendste Romancier Frankreichs ist: »Wir Normannen haben alle etwas Cidre in den Adern; das ist ein leichtes, schäumendes Getränk, das manchmal den Korken hochgehen läßt.« Ist dieser trocken-feuchte Humor noch immer Frucht jener »ersten« Invasion der Nord-mannen? Beruhigt und bereichert sich letztlich so der Boden der Geschichte, obwohl man vor 1000 Jahren gebetet hatte: »A furore Normannorum – libera nos, domine!« (Vor der Normannenwut bewahre uns, o Herr!)

Auch der andere große Literat der Normandie, Guy de Maupassant, kennzeichnet seine Landsleute durch die »malice finaude du Normand« (die gerissene Schläue des Normannen).

Besäße der Landstrich nicht schon seinen Namen als Erbteil seiner Invasoren, dann könnte man ihn spielerisch wegen seiner allherbstlich millionenzentnerfach geernteten normannischen Äpfel (pommes) in »Pommeranien« umbenennen. Und zwar ganz im

Sinne jenes verschmitzt-optimistischen Bonmots der Gegend: »Pour une année où y a des pommes – y a pas de pommes. Mais pour une année où y en a pas – y en a! (Auf ein Äpfeljahr kommt eins ohne Äpfel. Aber auf ein Jahr ohne Äpfel kommt eins mit Äpfel!). A votre pomme!
Aber die Normandie hat nicht nur geistige Getränke, verschiedene weltbekannte Käsespezialitäten und Fische und Meeresfrüchte aller Art sowie eine vielfältige, äußerst reizvolle Landschaft zu bieten. Kunsthistorisch interessierte Besucher finden hier zahllose imposante und kleine Kirchen, vor allem im typischen »normannischen« Stil, Klöster, ebenso regionaltypische Châteaus und Bürgerhäuser sowie Museen vor, die auf interessante und vielfältige Weise über die wechselvolle Geschichte dieses Landstrichs und das Leben seiner Bewohner erzählen.
Zu all diesen Sehenswürdigkeiten führt dieses Buch hin.

Wie in den übrigen Bänden der Reihe stehen auch hier die Farbabbildungen gleichrangig neben dem Text. Von mehr als 430 beschriebenen Orten werden Kirchen, Klöster, Burgen, Schlösser, Paläste, Bürgerhäuser, Museen und andere kulturell bedeutende Einrichtungen vorgestellt. Über 225 farbige Fotos und Skizzen sowie 7 Seiten Karten illustrieren den Text. Und analog zu den Vorgängerbänden sind die Artikel alphabetisch nach Orten geordnet. Die Brücke zwischen den Orten, die geographisch benachbart sind, in diesem Buch jedoch durch das Alphabet getrennt werden, schlägt der Kartenteil, S. 254–259. Er führt alle behandelten Orte auf. Große Punkte kennzeichnen einen Hauptort, kleine Punkte der gleichen Farbe im Umkreis die dazugehörigen Nebenorte. Verschiedene Farben verdeutlichen, zu welchem Hauptort die betreffenden Umgebungsorte gehören. Bei jedem Ort sind im Kopf des Artikels Einwohnerzahl und ein Hinweis auf die betreffende Karte (z.B. L'Aigle, S. 258, □ G 5 = Seite 258, Planquadrat G 5) angegeben. Die einzelnen Sehenswürdigkeiten sind jeweils fett gedruckt. Im Anhang befinden sich ein Register der Fachausdrücke, ein Künstlerregister und ein Register aller behandelten Orte sowie ein Verzeichnis der Rahmentexte und der verwendeten Abkürzungen.

Porte d'Aval bei Étretat ▷

Etappen in der Geschichte der Normandie

Die Vor- und Frühgeschichte:
Wie die Funde zeigen, waren bereits in der Altsteinzeit (um 100000 v.Chr.) Teile der Küste (Manche) und die größeren Flußtäler (Seine, Eure) von Menschen bewohnt. Damals gab es noch eine Landbrücke nach Britannien, die gegen Ende der Eiszeit (um 10000 v.Chr.) durch Hebung des Meeresspiegels abbrach. Die Jungsteinzeit (4./3. Jahrtausend) ist durch die Megalithkultur gekennzeichnet. Es gibt (bes. Cotentin/Manche) reiche Funde von Ganggräbern (allées couvertes) und Dolmen (mit waagerechter Steinplatte abgedeckte Grabkammern). Die eindrucksvollen Menhire (pierres levées) sind aufrechtstehende, meterhohe Monolithen (oft in Menschenform). – In der Bronzezeit waren bereits fast alle Gebiete der heutigen Normandie besiedelt. Es bestand eine Seeverbindung (Cotentin, Seine) nach Britannien (Cornwall), woher das zur Bronzeverarbeitung notwendige Zinn eingeführt wurde (»Zinnstraße«). – Um 500 v.Chr. wanderten aus Mitteleuropa die keltischen Ackerbauern ein: im Cotentin der Stamm der »Unelli«, um Avranches die »Abrincati«, bei Lisieux die »Lexovi«, bei Rouen die »Veliocassi«, im Pays de Caux die »Caleti«.

Die Römerherrschaft (1.Jh. v.Chr.–5.Jh. n.Chr.):
56–52 v.Chr.: Eroberung Galliens durch die Truppen Cäsars. Gallieraufstand unter Vercingetorix mit Beteiligung der Cotentin-Kelten der Unelli unter Führung von Viridorix. Endgültige Niederschlagung des Keltenaufstandes 52 v.Chr. und Beginn der Romanisierung. Stabilisierung der Militärhoheit und Verwaltung unter Kaiser Augustus (27 v.Chr.–14 n.Chr.). Errichtung der Provinz Gallia Lugdunensis (heutige Normandie). Gründung der Städte Constantia (Coutances), Noviomagus/Lexovi (Lisieux), Mediolanum/Eburovici (Evreux), Rotomagus (Rouen), Catumagus (Caen), Juliobona (Lillebonne) u.a.

Die frühe Christianisierung (3.–7.Jhr.):
Die römischen Distrikte werden zu Bistümern, Rouen erster Bischofssitz (3.Jh.). Es folgen die Bistümer (Bischofssitze) Évreux, Lisieux, Bayeux, Coutances, Avranches und Sées. Nach dem Zusammenbruch der Römerherrschaft (5.Jh.) entsteht unter Chlodwig (Ludwig) das erste Frankenreich, dessen Name (France) auf »Frankreich« überging. Die Taufe Chlodwigs (497) war der Beginn einer großangelegten Christianisierung und der Gründung zahlreicher Klöster und Kirchen (6. und 7.Jh.), z.B. St-Ouen in Rouen, St-Wandrille, Jumièges, Mont-St-Michel.

Die Normannen-Invasion (9.Jh.):
Die Einfälle skandinavischer Seeräuber im Mündungsbereich der Seine nehmen im 9.Jh. an Häufigkeit zu (nach ersten Überfällen von 284 und 364). 841 wird Rouen von den Wikingern verwüstet, 858 Bayeux, und 885 wird Paris belagert. Das bis dahin friedliche Land »Neustrien« der Nach-Chlodwig-Zeit mit der Hauptstadt Paris wird zum Schauplatz von Siedlungskämpfen und den daraus folgenden historischen Veränderungen. Die Eindringlinge kommen zumeist aus Dänemark und Norwegen und werden kurz »Nord-manni« (Normanni) genannt. Die friedlichen Siedler vermischen sich mit den ansässigen Franken, wie das Ineinander der Ortsnamen zeigt. Dörfer mit der fränkischen

Menhir de la Pierre-Levée im Wald von Gouffern (Argentan)

◁ *Wilhelm der Eroberer, Standbild in Falaise*

Denkmal an die Landung der franko-kanadischen Truppen bei Courseulles

Endung -ville (von villa »Weiler«) liegen neben nor(d)mannischen Siedlungen auf -bec (»Bach«), -beuf (»Bau«), -crique (»Kirche«), -tot (»Heim«), -fleur (»Flur«) usw. Auch die friedfertigen Nordsiedler werden von ihren räuberischen Stammesgenossen heimgesucht. Der Stammesfürst Hrolf (Rolf), romanisiert »Rollo« (Rou), wird um 900 zu einem wichtigen Ausgleichsfaktor zwischen den »kriegerischen« und den »friedlichen« Normannen. Es gelingt dem Frankenkönig Karl dem Einfältigen (Charles le Simple), mit Rollo einen Befriedungsvertrag zu schließen. Im historischen Vertrag von St-Clair-sur-Epte (an der Grenze zu Frankreich) wird im Jahr 912 Rollo als erster Herzog der neugegründeten »Normandie« bestätigt. Durch die Absprachen von 924 und nach Rollos Tod (927) mit seinem Sohn Wilhelm Langschwert 933 gewinnt das Herzogtum allmählich den Umfang der heutigen Normandie. Durch das »Taufwunder« von 912 wandelt sich der Christenschreck zum Glaubenskämpfer: Die von den Wikingern zerstörten Klöster und Kirchen werden wiederaufgebaut und neue gegründet. Aus dem provinziellen fränkischen »Neustrien« ist eine dynamische Region mit wirtschaftlicher, politischer und geistiger Blüte geworden – die »Normandie«!

Wilhelm der Eroberer (Invasion von 1066):
Der Sohn Herzog Roberts des Prächtigen und der schönen Gerberstochter Arlette war von unstandesgemäßer Abkunft und wird schon früh »der Bastard« genannt. Nach dem Tod des Vaters setzt er sich nur mühsam gegen seine Rivalen durch. Als Herzog wird ihm vom kinderlosen König von England, Eduard dem Bekenner, die englische Krone nach dessen Tod (1066) versprochen (Eduards Mutter stammte aus dem normannischen Herzogshaus). In der »Invasion nach England« (Sommer 1066) ringt er in der Schlacht bei Hastings seinen englischen Rivalen Graf Harold nieder und wird Weihnachten 1066 in Westminster zum König von England gekrönt. Sein Beiname lautet nun »Wilhelm der Eroberer« (Guillaume le Conquérant, William the Conqueror). – Der einmalige Bildteppich von Bayeux (von 1077) schildert anschaulich den Verlauf und Erfolg der Invasion nach England. Obwohl durch Erbteilungen die Normandie und England immer wieder getrennt und vereinigt werden, besteht doch seitdem eine »unsichtbare Brücke« zwischen Festland und Insel Britannien.

Das Ende des Herzogtums Normandie (1204):
Das 12. Jh. ist gekennzeichnet durch häufige Erbschaftsstreitereien, insbesondere hinsichtlich der Verbindung England-Normandie. Wilhelms Sohn Heinrich I. (Beauclerc) kann die Einheit wiederherstellen und halten, desgleichen Heinrich II. aus dem Hause Plantagenet. Im Jahr 1189 wird der bekannte Held Richard Löwenherz noch einmal Herzog der Normandie und König von England und baut sein Château Gaillard an der Seine als Festung gegen Frankreich aus. Durch geschickte Diplomatie gelingt es aber dem französischen König Philipp II. August, nach dem Tod von Richard Löwenherz (1199) seinem Nachfolger Johann Ohneland die Normandie durch einen Gerichtsbeschluß abzunehmen. So wird auf (zunächst)

Der Teppich von Bayeux, Detail

Dolmen von Fontaine-les-Bassets (Argentan)

Stammtafel der Herzöge der Normandie

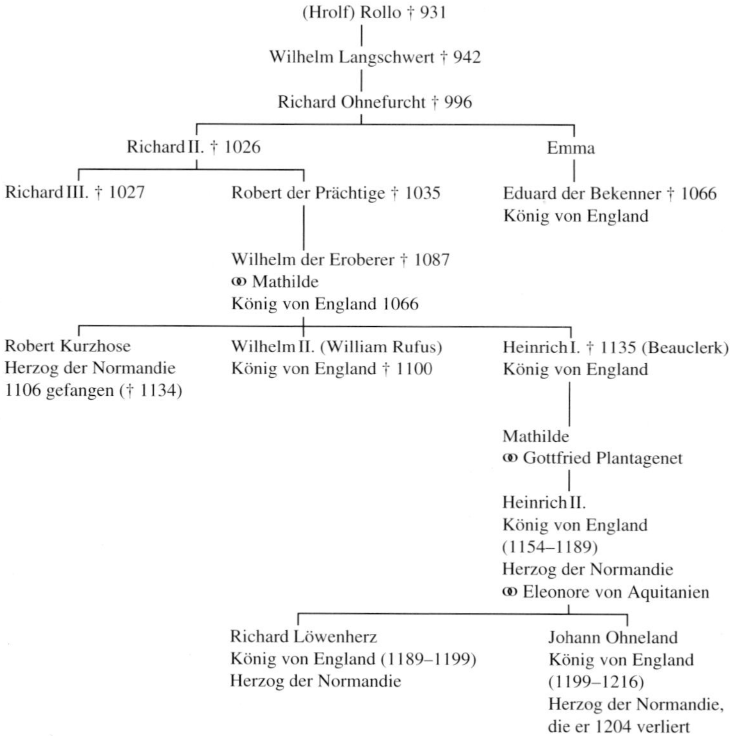

friedlichem Weg das Herzogtum beendet und die Normandie nach 200 Jahren Selbständigkeit wieder unter die Krone Frankreichs gebracht. Dieser Schachzug ist für viele Normannen bis heute noch eine unangenehme Reminiszenz.

Der Hundertjährige Krieg (1346–1450): Letztlich wieder wegen eines Erbschaftsstreits der in Frankreich und England regierenden und miteinander verschwägerten Königshäuser wurde das Gebiet der Normandie über 100 Jahre hinweg zum Schauplatz einer erneuten, diesmal englischen »Invasion«. Den Beginn des *Hundertjährigen Krieges* stellt die Landung der Flotte König Eduards III. von England auf der Halbinsel Cotentin bei Cherbourg dar. Während der Kriegszeit, etwa noch um 1420, war die gesamte Normandie wieder »englisch«. Die Engländer bauten eine Verwaltung mit Zentrum Rouen auf und gründeten 1437 die Universität von Caen. In Rouen wurde 1431 die »Heldin Frankreichs«, Jeanne d'Arc, mit 21 Jahren von einem geistlichen Gericht zum Tod verurteilt und auf Betreiben Englands am 30. Mai 1431 öffentlich verbrannt. Nur 20 Jahre später wurde dann und blieb

Die Orne bei Pont d'Ouilly

die Normandie wieder bis heute französisch. Jeanne d'Arc wurde 1456 vom Papst rehabilitiert und fast 500 Jahre später (1920) sogar heiliggesprochen und zur Nationalheiligen Frankreichs gekürt. Bei dieser »Refrankisierung« fielen auch die Sonderrechte der *»Charte aux Normands«* von 1314 und der Rest der normannischen Autonomie fort. Anstelle des Herzogs regierte der König selbst die aufsässige Provinz mit seinen Statthaltern in Rouen.

Beginn der Neuzeit (16.–18.Jh.):
Das 16. und 17.Jh. brachte für die Normandie eine neue Blüte der Seefahrt. Der 1517 neugegründete Hafen »Le Havre« an der Seinemündung überrundete bald den verlandungsbedrohten Hafen von Honfleur. In alter Seefahrertradition aus Wikingerzeiten segelten kühne Entdecker um die Welt oder gründeten Kolonien wie Quebec in Kanada. Der Ausbruch der Franz. Revolution von 1789 wurde in der Normandie zuerst begrüßt, weil man sich eine Wiederbelebung der Selbständigkeit erhoffte. Diese Hoffnung wurde aber bald zunichte gemacht durch den Pariser Zentralismus, der sogar die historisch gewachsenen Provinzen in eine Vielzahl (bis zu 96) von weisungsgebundenen Départements (Verwaltungsbereiche) zerschlug. Erst in letzter Zeit wurde wieder ein föderalistisches Element mit Gründung der teilautonomen Regionen geschaffen.

Von der Invasion von 1944 bis heute:
Nach einem gescheiterten Landungsversuch der Briten/Kanadier von 1942 gelang es den Westalliierten, in der wohl größten Invasion aller Zeiten von Großbritannien aus an der Küste der Normandie mit einer gewaltigen Invasionstruppe zu landen (6.6. 1944). Binnen weniger Monate drängten sie die zermürbten deutschen Truppen aus dem Land und entschieden ein knappes Jahr später den Zweiten Weltkrieg. Die schweren Verluste und Zerstörungen wurden mit beispielhaftem Wiederaufbauwillen der Normannen behoben und das Land zu einem modernen Industrie- und Agrarstandort gemacht.

Die Landschaften der Normandie

Die Normandie erstreckt sich über eine Fläche von 30000 km². Haute- und Basse-Normandie, die zwei Verwaltungsregionen, sind in fünf Départements unterteilt: Seine-Maritime, Eure, Calvados, Orne und Manche. Dies ist angesichts der so vielen verschiedenen Gegenden der Normandie eine grobe Unterteilung.

An der Grenze zur Picardie im Norden befindet sich das *Pays de Bray:* seine Weiden sind mit Hecken durchzogen. Dort wird Viehzucht und Milchwirtschaft betrieben. Weiter östlich liegt an der Küste das *Pays de Caux:* eine große Kreideebene, die dank ihres Lößbodens sehr fruchtbar ist. Hier werden u.a. Weizen, Lein und Zuckerrüben angepflanzt. Die Küste dieser Gegend, die *»Côte d'Albâtre«*, besitzt beeindruckende erodierte Kreideklippen wie diejenigen in Etretat.

Das Land sö vom Pays de Caux heißt *Vexin normand.* Sein sehr guter Lößboden ermöglicht Landwirtschaft im industriellen Maß. Dies gilt auch für die gegenüber der Seine liegende *Plaine du Neubourg.*

Die Gegenden *Roumois* und *Lieuvin* sind die Schnittstellen zwischen frei liegenden Feldern und Heckenlandschaften, die zwei Hauptgesichter der Normandie. Je weiter östlich man kommt, desto mehr Hecken und Obstgärten sind zu sehen.

Das *Pays d'Ouche,* s vom Lieuvin, ist ein karger Boden; die Landwirtschaft ist begrenzt. Einige Hecken und Weiden, aber insbesondere Wälder sind vorhanden.

Noch weiter südlich liegt die Gegend von *Perche.* An dieser Stelle berührt das Armorikanische Massiv (Granit, Schiefer und primärer Sandstein) das Pariser Becken (Sedimentgestein). Die Gegend besteht aus Hügeln; *le Percheron,* ein schweres Arbeitspferd, wird hier gezüchtet. Östlich vom Huisnetal finden sich beinahe nur Weiden und Apfelgärten.

Jenseits des Touquestals, gegenüber vom Pays d'Ouche und nö von Perche, beginnt das *Pays d'Argentan.* Auf dem Kalkboden wurde lange Zeit nur Getreide gepflanzt. In der Heckenlandschaft weiden Pferde unter den Apfelbäumen; Rinderzucht wird ebenfalls betrieben. S befindet sich der höchste Punkt der Normandie, le Signal d'Ecouves.

Nördlich, zum Meer hinauf und um Lisieux liegt das *Pays d'Auge.* In dem Boden aus Kreide sind die Täler tief eingeschnitten. Hecken sind überall zu sehen, die Weiden sind saftig. Man sagt, der Cidre aus dieser Gegend sei der beste. Dort liegen auch Camembert und Livarot, die Dörfer, in denen die zwei berühmten Käsesorten erfunden wurden. Die *Côte Fleurie* besitzt lange Sandstrände. Sie schließt an die *Côte de Nâcre* an.

Um Caen erstrecken sich freie Weizenfelder, der Boden aus härterem Jura-Kalkstein ist jedoch für Weiden zu trocken. Die Bodenschätze werden ausgebeutet: Aus den Steinbrüchen stammt der berühmte Stein von Caen. Besonders die Eisenbergwerke haben die Entwicklung einer Industrie in der Region gefördert.

Westlich erstreckt sich entlang der Küste das *Bessin* mit seinem feuchten Lehmboden, der die Weiden gedeihen läßt. Hier ist die normannische Kuh Königin der Landschaft. Ihre Rasse ist dreifarbig: weiß, blond und dunkelbraun. Der Kopf ist weiß, und die Augen sind von einem Farbfleck umgeben. Eine gute Kuh kann bis 30 l Milch pro Tag produzieren. Das Fleisch der Tiere, die hier gezüchtet werden, hat aufgrund des salzigen und kräuterreichen Grases einen unvergeßlich würzigen Geschmack.

Die *Halbinsel von Cotentin* liegt tiefer und kann deshalb teilweise überschwemmt werden. Aber ihr maritimes Klima beschert ihr milde Winter und warme Sommer. Pferde und Rinder werden hier gezüchtet. Die normannische Rinderrasse stammt ursprünglich aus dieser Gegend. Die Halbinsel La Hague sowie das Küstenhinterland sind überwiegend Heide. Die Küste ist vielfältig: mal zerklüftete Felsen, mal flache Strände. Die Bucht von Saint-Michel gehört dazu; dort kann man am besten die Weite der Ebbe bewundern, der Gezeitenunterschied ist dort der größte Europas. Leider droht diese Schlemmlandbucht zu versanden.

Südlich vom Bessin liegt das malerische *Bocage normand:* Heckenlandschaft, Weiden und Wiesen, kleine Dörfer, Apfelbäume. Kleine bretonische Pferde und Milchkühe werden auf den Weiden gezüchtet. Im Süden stehen Wälder. In der zugehörigen *Suisse Normande* (Normannische Schweiz) hat die Orne tiefe Schluchten in der Landschaft entstehen lassen.

L'Aigle

Orne — Basse-Normandie

Einw.: 10 000 Höhe: 209 m S. 258 □ G 5

A

Die geschäftige Kleinstadt am Oberlauf der Risle gilt als ein »Tor zur Normandie«. Sie ist seit dem 17./18. Jh. bekannt durch ihre metallverarbeitende Industrie (besonders Nadeln).

Geschichte: Der legendäre normannische Ortsgründer Fulbert de Beina errichtete hier seine »Adlerburg« (mit Adlerwappen). Er zog mit Herzog Wilhelm 1066 zur Eroberung Englands aus (Schlacht bei Hastings).

Kirche St-Martin (Place Saint-Martin): Sie wurde im 15./16. Jh. über einem romanischen Vorgängerbau errichtet; davon sind die Außenmauer der Apsis und der kleinere Südturm erhalten. Bedeutender ist der Nordturm, der im »Flamboyantstil« der französischen Spätgotik (um 1500) erbaut wurde. Im Turm eine der ältesten Glocken Frankreichs (1498), die *»Porcienne«* (geweiht St-Porcin). Die dreischiffige Kirche besitzt keine Querschiffe. Die Bombardierung im Sommer 1944 überstand ein *Glasfenster* des 16. Jh.; es zeigt den hl. Porcin.

Sehenswert sind noch die zwei kleinen Kirchen **Saint-Jean-Baptist** (umgebaut im 15. Jh.) und (am Ortsende) **Saint-Barthélemy** (12. Jh.) mit romanischem Glokkenturm und Fenstern.

Château Aigle: Das Schloß, heute zugleich Rathaus (Hôtel de Ville), steht auf den Grundmauern der alten normannischen »Adlerburg«. Der symmetrische Bau wurde um 1690 von Hardouin-Mansart gestaltet und nach 1945 restauriert. Er besitzt eine sehenswerte dreiläufige *»Ehrentreppe«* (schmiedeeiserne Ziergitter), Seitenpavil-

Gacé (L'Aigle), Wehrburg

St-Évroult-de-Montfort (L'Aigle), Relief am romanischen Taufbecken

lons und Gartenanlagen. – In den ehemaligen Wirtschaftsgebäuden befinden sich zwei Museen (siehe unten).

Außerdem sehenswert: Aus dem 17. bzw. 18.Jh. stammen einige reizvolle Bürgerhäuser mit Stuckwerken und Fassadenreliefs, so das *»Hôtel du Perchet«*, das *»Hôtel des Colombelles«* und das *»Hôtel Colombel de la Rousselière«*.

Archäologisches Museum (im Schloß): Es zeigt prähistorische Funde aus der Region (Dolmen, Menhire, Steinwerkzeuge u.a.).

Museum »Juni 44« (Musée Juin 44): Die 10 Jahre nach der alliierten Invasion in der Normandie eingerichtete Dokumentarschau gibt mit Hilfe von Wachspuppen, Skizzen und Tonbändern (Reden von Churchill und de Gaulle) einen Eindruck von den historischen Kriegsereignissen am Ende des 2.Weltkrieges. Die Ausstellung befindet sich im Schloß-Nebengebäude.

Museum der Musik (Musée Marcel Argot): Ebenfalls im Schloß befindet sich eine interessante Sammlung von Musikinstrumenten aus aller Welt.

Umgebung

Aube-sur-Risle (7 km sw): In dem kleinen Ort sind das *Museum der Comtesse de Ségur* sowie die *historische Eisenschmiede* (bezeugt seit 1509) zu besichtigen (La forge d'Aube).

Gacé (27 km westlich): Der Ort im Tal der Touques ist benannt nach dem Normannen Raoul de Gacés (11.Jh.), dem Berater von Herzog Wilhelm (dem Eroberer). – Die alte *Wehrburg* (12.Jh.) wurde im 16.Jh. umgeformt; imposant ist der runde *Bergfried* (Donjon) mit dem turmflankierten *Torhaus* (1970 restauriert). In der Burg (zugleich Rathaus) eine kleine Ausstellung der *»Kameliendame«* (Musée de la Dame aux Camélias) zum Roman von A. Dumas.

Rugles (9 km nö): Der kleine Ort ist als Metallverarbeitungszentrum eng mit Aigle verbunden. – Er wird überragt vom sehenswerten Turm der Kirche *Saint-Germain* (um 1500), der sich mit denen von →Aigle und →Verneuil vergleichen läßt. Er ist typisch für die »Flamboyant-Gotik« (franz. Spätgotik) mit Balustrade, Treppenturm und Maßwerkbaldachin. Das Kirchenschiff ist älter (13.Jh.), während die Chorkapelle aus der Renaissance stammt. – Die Kirche *»Notre-Dame-Outre-l'Eau«* wird aufgrund der Nordwand zu den ältesten Frankreichs gerechnet (um 1000). Das dreijochige Kirchenschiff (13.Jh.) wurde im 16.Jh. nach W erweitert; die reichverzierte W-Fassade stammt aus dem 16.Jh. – Erwähnenswert sind an der Stelle der 1585 zerstörten Festung die Herrenhäuser *»Château de Rugles«* (17.Jh.), *»Château de l'Écureuil«* (15.Jh.) und *»Petit Château«* (17.Jh.). – In **Villiers-en-Ouche** steht ein Château mit schönem Taubenhaus.

Abtei Saint-Évroult (14 km w): Am Quellberg der Charentonne sind die Ruinen der ehemals bedeutenden Abteikirche Saint-Évroult (du Bois) zu sehen. Die Abtei (Abbaye de Saint-Évroult) des hl. Einsied-

Rugles (L'Aigle), Kirchturm von St-Germain ▷

Die Heimat einer Heiligen

Am 2.Januar 1873 wurde in dem hübschen Haus in der Rue Saint-Blaise 50 in Alençon das Mädchen Thérèse Martin geboren. Die kleine Thérèse war das neunte und jüngste Kind der Spitzennäherin Zélie Martin. Diese war, wie so viele junge Mädchen in ihrer Stadt, mit 20 Jahren in die klösterliche Spitzenschule in Alençon eingetreten. Mit 22 Jahren, nach ihrer Heirat, führte sie neben Haushalt und Familie auch ihren kleinen Betrieb, die »Fabrique de Point d'Alençon«. Ursprünglich hatte sie Nonne werden wollen und lebte auch zu Anfang ihrer Ehe in sexueller Enthaltsamkeit. Nachdem ihr Beichtvater sie umgestimmt hatte, gingen aus der Ehe neun Kinder hervor, von denen fünf Schwestern überlebten. Vier davon – unter ihnen Thérèse – traten später ins Karmeliterinnenkloster ein. Auch die fromme Mutter bedauerte es ihr Leben lang, nicht Nonne geworden zu sein. Um 1860 klagte Zélie in einem Brief an ihren Bruder über ihr Schicksal: »Ich habe wirklich Mühe mit diesem verwünschten Point d'Alençon [Spitze von Alençon], der all meinen Leiden die Krone aufsetzt.« – Die kleine Thérèse lernte mit zwei Jahren beten, mit drei Jahren lesen und wollte sich nicht mehr von Kirche und Rosenkranzgebet trennen. So war ihr Lebensweg, nachdem sie ihre Mutter mit viereinhalb Jahren verlor, schon früh vorgezeichnet. Aus Trauer über den Tod seiner Frau verließ der Vater mit seinen Kindern bald danach Alençon und ließ sich in Lisieux nieder. Dort kam das frühreife, hochsensible Kind über ihre älteren Schwestern alsbald mit dem Karmelkloster in Verbindung. Mit 14 Jahren erhielt das schon immer eigenwillige Mädchen vom Papst selbst die Erlaubnis, in den strengen Bußorden der Karmeliterinnen einzutreten. »Ich bedauere nicht, mich der Liebe (zu Jesus) hingegeben zu haben. O nein, ich bedauere es nicht – im Gegenteil!« So lauteten die letzten Worte der 24jährigen Theresia vom Kinde Jesu, als sie am 30.September 1897 nach schwerem Leiden starb. Nur ein Vierteljahrhundert später wurde die »kleine« Theresia vom Kinde Jesu – im Unterschied zur »großen« Theresia von Avila – heiliggesprochen.

lers Évroult (Ebr-Hulf), um 600 gegründet, wurde schon von den Normannen zerstört; sie erlebte aber ihre Blütezeit nach dem gotischen Wiederaufbau im 11.Jh. durch so bedeutende Mönche wie Ordericus Vitalis (um 1100), den Kirchenhistoriker der Normannenzeit.

Saint-Évroult-de-Monfort (27 km w): Die ebenfalls nach dem hl. Evroult benannte Kirche liegt im N von Gacé (siehe oben). Es ist ein spätromanischer dreischiffiger Bau mit Spitzbogenarkaden, zweijochigem Chor und einem Chorgestühl aus Eichenholz. Sehenswert ist das erhaltene romanische *Taufbecken* aus Blei (12.Jh.). Es zeigt in zwei Arkadenreihen die Evangelisten und die Jahresmonate mit Symbolen.

Saint-Sulpice-sur-Risle (3 km nö): Die ehem. Benediktinerkirche aus dem 13.Jh. weist noch alte *Freskenreste* auf (»Jüngstes Gericht«) und wurde im 16.Jh. teilweise im Renaissancestil erneuert.

Alençon

Orne — Basse-Normandie

Einw.: 35 000 — Höhe: 135 m — S. 258 □ F 6

Alençon ist die Hauptstadt des überwiegend ländlich geprägten Départements Orne im S der Normandie, obwohl die Stadt selbst an der Grenze zum südlich anschließenden Département Maine liegt. Die Region verdankt ihren Namen dem etwa 15 km nw bei Sées entspringenden Fluß. Die Orne durchquert die gesamte Normandie von S nach N und mündet hinter Caen bei Ouistreham ins Meer. Alençon selbst jedoch liegt an der Sarthe, die nach S fließt.

Geschichte: Der Schnittpunkt prähistorischer Straßen besaß bereits eine gallische Siedlung »Aulerces« (daher der Ortsname). Jedoch erst durch die normannischen Herzöge (ab 911) wurde er als Grenzfestung zum (franz.) Maine bedeutsam. Zunächst unter der Lehensherrschaft der Grafen von Belleme (35 km ö), wurden die Ritter von Alençon nach dem Wechsel zu Frankreich ab 1414 sogar zu Herzögen erhoben. Es waren bes. die Herzoginnen von Alençon (Margarete v. Lothringen u. Margarete v. Navarra), die im 15./16. Jh. die kleine Stadt zum Zentrum der Kultur und zur »Stadt der Damen« machten. Eine weitere Dame gab der Geschichte der Stadt im 17. Jh. eine neue Wende: Madame la Perrière führte, angeregt durch das tonangebende Venedig, um 1650 in Alençon das Handwerk der Spitzennäherei ein. Bald wurde durch das Fingergeschick der weltlichen und klösterlichen Damen der Stadt der »Point d'Alençon« (Spitze aus Alençon) zu einem Markenprodukt, das gleichrangig neben denen aus Venedig, Brüssel und Bayeux stand. Gefördert durch Minister Colbert (17. Jh.), brachte dies der Stadt viel Ruhm und Arbeitsplätze ein. So waren noch im 19. Jh. Tausende von Näherinnen mit der mühsamen Kunst beschäftigt, die »Reine des Dentelles« (Königin der Spitzen) für die Liebhaber(innen) in ganz Europa herzustellen. Heute ist, bedingt durch die Technisierung der Spitzenherstellung, dieser Zweig fast nur noch im Museum vorhanden. Statt dessen hat sich am Ort eine ansehnliche Industrie angesiedelt (u.a. Moulinex-Elektro).

Alençon, Notre-Dame, Mittelportal, Wimperg

Alençon, Rathaus

Église Notre-Dame: Angeregt von Herzogin Marguerite de Lorraine-Alençon, schuf der Baumeister Jean Lemoyne in den Jahren 1506–16 den eindrucksvollen *Portalvorbau* zur neuen spätgot. Kirche auf den Ruinen des älteren roman. Vorgängerbaus. Das Mittelportal mit drei hohen Arkaden unter fast ebenso hohen Wimpergen zeigt einen üppigen Figurenschmuck im Flamboyantstil: Im Giebel ist die Verklärung Christi am Berg Tabor dargestellt. Der hl. Johannes wendet dem Betrachter den Rücken zu, weil er nach der Legende die Greuel der bilderstürmenden Hugenotten nicht mehr mit ansehen konnte. – Der *Innenraum* zeigt einen dreiteiligen Wandaufbau mit Arkaden, Triforium und Obergaden und wird von einem schönen Netzgewölbe überdeckt. Die dreischiffige Anlage mit Seitenkapellen hat ihre schönen Glasfenster, meist aus dem 16. Jh. (gut restauriert), erhalten. Die Glaskunstwerke aus

St-Céneri-le-Gérei (Alençon), Romanische Kirche, Fresko (15. Jh.)

örtlichen Werkstätten (Einfluß von Raffael, Holbein und Cranach) erläutern auf der N-Seite Szenen des Alten Testaments und in den S-Fenstern das Leben Mariens. Das (älteste) W-Fenster von 1511 zeigt die Wurzel Jesse; daneben das Orgelgehäuse (16.Jh.). Die Kalksteinkanzel mit Pfeileraufgang ist mit Darstellungen von Christus, der Hll. Paulus und Johannes und König Salomon verziert. – In der *N-Kapelle* wurde die hl. Theresia (vom Kinde Jesu) getauft. Das Fenster von Louis Barillet (1925) erinnert an die Taufzeremonie (neben Taufkleid und Reliquiar). Nach einem Brand im 18.Jh. mußten Chor, Querhaus, Vierung und Turm mit teilweisem Stilbruch ersetzt werden.

Église Saint-Léonard: Der Wiederaufbau der Kirche im gleichnamigen Altstadtkern im N der Sarthe wurde durch Herzog René II. und seine Gattin Marguerite de Lorraine-Alençon zwischen 1489 und 1505 betrieben. Auch dieser dreischiffige Bau mit Seitenkapellen, jedoch ohne Querhaus, ist ein schönes Beispiel des spätgotischen Flamboyantstils. Reste des Vorgängerbaus aus dem 13.Jh. sind bei der Sakristei sichtbar. – Gegenüber ist in einem Gebäude (Hotel) des 15.Jh. das Karmeliterkloster (Couvent du Carmel) eingerichtet. – Das ganze Viertel ist sehenswert durch seine guterhaltenen Stadthäuser des 15.–18.Jh.; eines der ältesten ist das *Maison à l'Etal* (Rue Porte de la Barre 10). Es besitzt ein vorstehendes, schieferverkleidetes Obergeschoß.

Château de Ducs: Vom einstigen Schloß der Herzöge von Alençon, das Jean I. um 1400 erbaute, sind nur noch das von zwei mächtigen Rundtürmen flankierte Torhaus und die gut restaurierte *Tour couronnée* im Hof erhalten. Die Burg selbst wurde unter Heinrich IV. geschleift. – Unweit davon befindet sich das *Rathaus* (Hôtel de Ville) an der Place Foch. Das gewaltige Gebäude mit konkavem Frontbau wurde kurz vor der Franz. Revolution (1783–88) errichtet. – Zwischen Rathaus und Herzogsburg liegt der nüchtern-klassizistische Bau des *Justizpalastes* von 1828.

Maison d'Ozé: Das spätmittelalterliche Palais gegenüber der Kirche Notre-Dame wurde um 1450 begonnen und im Renaissancestil vollendet. In dem repräsentativen Gebäude mit schönem Innenhof und angebautem Treppenturm soll sich auch König Heinrich IV. bei seinen Besuchen aufgehalten haben.

Musée: Das interessante Doppelmuseum ist in dem umgebauten ehem. Jesuitenkolleg von 1620 im NW der Altstadt eingerichtet. In der Abteilung *Musée des Beaux-Arts* werden beachtliche Werke franz., flämischer und niederländischer Maler des 17.–20. Jh. gezeigt. Ferner sind Fayencen aus Rouen, Glaswaren und Holztruhen (16. Jh.) ausgestellt. – Eine volkskundliche Sammlung über Kambodscha wurde von dem ehem. Gouverneur Leclère gestiftet. – Die Abteilung *Musée de la Dentelle* widmet sich der Geschichte und Technik der Spitzenherstellung: Neben Vorbildern aus Venedig werden Beispiele flandrischer, osteuropäischer und bes. franz. Spitzennäherei gezeigt. Im Zentrum steht die Alençon-Spitze (Point d'Alençon) als Näh- und Stickspitze (bes. des 17./18. Jh.). – Die ebenfalls hier untergebrachte *Bibliothek* besitzt wertvolle alte Bücher, u.a. ein Evangeliar aus dem 9. Jh.

Musée de la Dentelle: Das private Spitzenmuseum an der Sarthe-Brücke in der ehem. Spitzennähschule zeigt ebenfalls schöne Exemplare dieser Handwerkskunst. In einem dazugehörigen *Atelier* werden verschiedene Techniken vorgeführt.

Außerdem sehenswert: Im NW der Kirche Notre-Dame steht das schöne Gebäude *Tribunal du Commerce*. Es stammt aus dem 15./16. Jh. mit achteckiger Tourelle und einem Salon mit wertvoller Holzausstattung. – Der gewaltige Rundbau der *Halle aux Blés* (»Kornhalle«) auf eigenem Platz (nö vom Rathaus) wurde 1812 als Lager- und Markthalle für die Landwirtschaft erbaut. Sie dient heute als Veranstaltungszentrum. – Im NO der Stadt liegt das *Geburtshaus der hl. Theresia vom Kinde Jesu* (siehe Lisieux). An das ehem. Elternhaus der Heiligen wurde 1925 eine Gedenkkapelle angebaut. – Gegenüber befindet sich der gut restaurierte Bau *Hôtel de Guise* von 1630 mit Seitenflügeln von 1770 (heute Präfektur).

Umgebung

Saint-Céneri-le-Gérei (14 km sw): Der kleine Grenzort der Normandie zu Maine liegt malerisch im Tal der Sarthe und zählt zu den »hundert schönsten Dörfern Frankreichs«. Die romanische *Kirche* am Flußhang stammt mit Langhaus, Querschiff mit O-Apsiden und dem Chor mit halbrunder Apsis aus dem 11./12. Jh. Der Vierungsturm wird von vier quadratischen Pfeilern getragen. Sehenswert sind die erhaltenen und teilweise restaurierten *Wandfresken* in Chor und Schiff aus dem 14. Jh., die bis ins 19. Jh. unter Putz lagen. Sie stellen Christus als Pantokrator, die Krönung Mariens, St-Martin und den Schutzpatron St-Céneri dar. Leider wurde die Kirche im 19. Jh. etwas unglücklich restauriert.
La Roche-Mabile (14 km nw): Das Dorf am S-Rand des Waldgebietes Forêt d'Ecouves gehörte einst zum Rittergeschlecht der Gérei. Auf dem Steilhang über dem Dorf sind noch die Ruinen dieser wichtigen Grenzfestung aus dem 11./12. Jh. zu sehen. – Die romanische *Pfarrkirche* stammt ebenfalls aus dieser Zeit. Das Langhaus ohne Seitenschiffe besitzt über der Vierung einen Laternenturm, getragen von wuchtigen Pfeilern aus rotem Sandstein. Das Kreuzrippengewölbe wurde später eingezogen. Die Fresken der kürzlich restaurierten Kirche sind nicht mehr erhalten.

Les Andelys

Eure — Haute-Normandie

Einw.: 8300 — Höhe: 23 m — S. 257 □ I3

Der Plural im Namen resultiert aus den beiden Ortschaften Petit-Andely und Grand-Andely, die durch die Flußmündung des Gambon getrennt werden.

Château Gaillard: Über dem am Seineufer gelegenen Petit-Andely erheben sich die stolzen Ruinen von Château Gaillard, einer von dem Herzog der Normandie, Richard Löwenherz, 1196 errichteten Festungsanlage zur Verteidigung gegen die Truppen von Philippe II. August. Die Geschichte der Anlage ist gleichzeitig auch die Geschichte der

Normandie, im Wechselspiel französischer und englischer Herrschaft. Schon Richards Nachfolger, sein Bruder Jean sans Terre (Johann Ohneland), konnte die Burg nicht mehr verteidigen. 1204 fiel sie in die feindlichen Hände und blieb auch bis 1418 unter französischer Herrschaft, als der englische König Heinrich V. im Zuge des Hundertjährigen Krieges die Festung einnahm. Mitte des 15. Jh. gewann Karl VII. die Normandie und somit auch Château Gaillard wieder für die französische Krone. Doch auf Befehl Heinrichs V. von Navarra wurde die Anlage im 16. Jh. zum Abbau freigegeben und als Steinbruch für seine Schloßbauten genutzt. Die auch heute noch beeindruckende Anlage wurde in kurzer Bauzeit errichtet. Ursprünglich bestand sie aus einem spitz zulaufenden, mit fünf Türmen befestigten Vorwerk, umgeben von einem tiefen Wassergraben. Erst dahinter begann die größere Festungsanlage mit sechs Rundtürmen, verbunden mit einer starken Mauer. In dessen Mitte war der dreistöckige Donjon, die letzte Zufluchtsmöglichkeit im Falle einer Belagerung, plaziert. Die Anlage kann mit Führung besichtigt werden.

Église de Notre-Dame: An der Kirche in Grand-Andely sind ihre zahlreichen Bauphasen noch gut abzulesen. Der größte Teil des Kirchenschiffes, der Chor und die Fassade, gehen noch auf die Grundsteinlegung von 1225 zurück. Anbauten aus der Spätgotik, wie der Vierungsturm und das s Querschiff, und der Renaissance (n Querschiff mit Kapellen) sind am Außenbau zu erkennen. Im 19. Jh. wurde sie einer kompletten Restaurierung unterzogen, doch bereits im 2. Weltkrieg wieder stark beschädigt. Anschließend bemühte man sich um einen originalgetreuen Wiederaufbau im Stil der Spätgotik. Bemerkenswert ist auch die Innenausstattung, mit wertvollen Gemälden von Quentin Varin* (um 1612), dem ersten Lehrer Poussins*, und einer aus Eichenholz gefertigten Orgeltribüne aus dem 16. Jh. Die Glasfenster mit spätgotischem Maßwerk aus dem beginnenden 16. Jh. spenden ein warmes, angenehmes Licht.

Église Saint-Sauveur (Petit-Andely): Die zweijochige, schlichte Kirche, errichtet zwischen 1220 und 1240, basiert auf einem gleichachsigen Grundriß in Form des griechischen Kreuzes. Dieser Bautypus wurde vorwiegend im byzantinischen Raum verwendet und ist nur selten in der Normandie anzutreffen. Den Trumeaupfeiler des Eingangsportals schmückt eine Christusfigur

Les Andelys, Notre-Dame, Glasfenster ▷

Blick auf Les Andelys und die bekannten Kreideklippen

Das Kunsthandwerk der Normandie

Von den vielen typischen handwerklichen Erzeugnissen der Normandie ist wahrscheinlich die *Fayence von Rouen* das bekannteste. *Fayencen* werden aber auch im Bereich des Pays d'Auge, in Valognes und Bayeux hergestellt.
Im 17. Jh. gab es in Rouen bereits die erste Porzellanmanufaktur: Meister Louis Porterat* entwickelte ein neues Rezept für die Bemalung der noch nicht sehr lange vorher erfundenen Fayencewaren. Diese erhielten ihren Namen von der italienischen Stadt Faenza (Romagna), woher die ersten Steingutwaren aus Halbporzellan als »vaiselle de Faience« (Geschirr aus Faenza) um 1600 nach Frankreich kamen. Es handelt sich dabei um eine Mischung von Tonarten, die mit einer weißen Zinnglasur und einer Bemalung überdeckt wird. Zuerst war das Blau-Weiß-Dekor sehr beliebt; im Lauf der Zeit vervielfältigten sich aber die Farbkompositionen und Muster. Der Import billiger englischer Porzellanwaren seit 1786 traf diesen Handwerkszweig hart. Seit aber die Keramiken zunehmend von Touristen als Reiseandenken gekauft werden, steigt die Produktion wieder an.
Eine andere Spezialität des normannischen Handwerks ist die Spitzenherstellung: Sie wurde hauptsächlich in Alençon, Argentan und Bayeux betrieben. Heute sind die Produkte zu einer Luxusware geworden. Die unzähligen Stunden, die für die Handfertigung notwendig sind, machen sich im Preis bemerkbar. Einst waren sie aber in jedem Haushalt auf Tischen und Möbeln als Dekoration zu sehen. Sie waren aber auch ein wichtiger Bestandteil der normannischen Trachten, wobei jede Region auf eine eigene Spitzenhaube stolz war.
Die Möbelherstellung als Handwerk hatte ihre Blütezeit vor allem im 18. und 19. Jh. In den berühmten »armoires normandes«, den Kleiderschränken, wurde die ganze Aussteuer der Braut verwahrt. Es war somit das »erste« Möbelstück eines jungvermählten Paares. Die kunstvollen Schnitzereien zeugten vom Rang und finanziellen Wohlstand der Besitzer. Die normannische Holz-Handwerkskunst ist auch in jeder Kirchenausstattung (z.B. Chorgestühl) zu bewundern.
Ein weiteres altes Kunsthandwerk ist die Herstellung von Wachskerzen: Die Kerzenproduktion kam jedoch erst zur Blüte, als der Import von Baumwolle begann, woraus die Dochte gefertigt werden. Die Kerzenherstellung widmete sich vor allem dem sakralen Bereich (Altar- und Votivkerzen).

des ausgehenden 13. Jh. Im Innenraum, im linken Querhaus und im Chor sind noch Reste von Fresken und eine Skulptur der Jungfrau Maria, beides aus dem 15. Jh., zu sehen. Die Altäre in den Seitenschiffen stammen aus dem 18. Jh. – Das *Ancien Hôpital royal St-Jacques* wurde im Jahr 1784 gegründet.

Musée Nicolas Poussin (Rue Saint-Clotilde): Bei Grand-Andely ist das Geburtshaus des berühmten Malers Nicolas Poussin* (1512–1565) zu besichtigen. In dem alten Fachwerkhaus aus dem 17. Jh. im typisch normannischen Stil ist allerdings nur ein Werk des Künstlers mit dem Titel »Coriolan fléchi par les larmes de sa mère« zu besichtigen.

Argentan

Orne — Basse-Normandie

Einw.: 18000 Höhe: 160 m S. 258 □ F5

Die kleine Landstadt liegt am Oberlauf der Orne, nach der auch das ganze Département benannt ist. Sie ist schon seit dem 18. Jh. durch ihre Spitzenherstellung (»point d'Argentan«) neben →Alençon bekannt. Diese Handarbeitskunst wurde 1874 wiederentdeckt und wird bis heute im Benediktinerinnenkloster Abbaye des Bénédictines im S der Stadt gepflegt.

Geschichte: Der nach dem Namen bereits gallorömische Ort (vgl. Argentoratum für

Argentan, St-Germain, Sterngewölbe der Vierung

»Straßburg«) spielte schon unter den Normannen als einer der Residenzsitze eine Rolle. Er hat mit dem Aufstieg des anglonormannischen Königsgeschlechts der Plantagenet im 12.Jh. seine Bedeutung erlangt. Nach dem Wappenbild des Grafen Gottfried von Anjou, einem goldblühenden Ginsterzweig, lat. planta genista (franz. genêt »Ginster«), ist das berühmte Adelsgeschlecht benannt. Hier wurde um 1170 vergeblich versucht, die Streitigkeiten zwischen König Heinrich II. von England u. seinem Kanzler, Erzbischof Thomas Becket von Canterbury, zu schlichten. Der Legende nach sollen die Mörder des Erzbischofs, normannische Ritter, von Argentan aus nach England aufgebrochen sein. Im 2.Weltkrieg wurde die Stadt bei der Entscheidungsschlacht um die Normandie im Sommer 1944 zu wesentlichen Teilen zerstört und nach dem Krieg in bewundernswerter Weise wiederaufgebaut.

Église St-Germain: Die Hauptkirche im Stadtzentrum wurde vom 15.–17.Jh. im spätgotischen Flamboyantstil errichtet. Über dem fünfjochigen *Hauptschiff* (ohne W-Portal) erhebt sich ein wuchtiger quadratischer *Vierungsturm* mit Ecktürmchen. Der noch höhere NW-Turm stammt mit den Obergeschossen schon aus der Spätrenaissance. Sehenswert sind die Portale der in Apsiden endenden Querschiffarme, vor allem auch die Nordportalvorhalle (15.Jh.) und die zahlreichen interessanten Wasserspeier.
Den *Innenraum* betritt man durch das n Querschiffportal; dort befindet sich das Porträt der Margarete v. Lothringen. Im s Querschiff die Kapelle Saint-Mansuet mit säulengeschmücktem Barockaltar von 1664. Das gesamte Innere ist geprägt von der Mischung aus spätgotischen Flamboyant-, Renaissance- und Barockelementen. Beeindruckend sind die hängenden *Schlußsteine* in Chorraum, -umgang und -seitenkapellen. Der große Schlußstein in der Chorapsis stammt von 1607. Der prachtvolle *Hochaltar* von 1680 reicht bis zum Obergaden; in den Flügeln sind Nischen mit großen Heiligenfiguren. Als Chorabtrennung dienen schmiedeeiserne Gitter (1741); das Chorge-

Argentan, St-Martin

Argentan, St-Germain, Chorapsis, hängender Schlußstein

stühl des 18.Jh. besitzt geschnitzte Miserikordien. Die Kirche, die nach den Luftangriffen 1944 schwer beschädigt war, wurde vorbildlich restauriert.

Église Saint-Martin: Die St.-Martins-Kirche im NW der Stadt mit achteckigem Turm wurde vom 15.–17.Jh. erbaut. Sie zeigt den Übergang von Spätgotik zur Renaissance auf. Ihre schönen alten *Glasfenster* (um 1540) stellen die Passion Christi, Pfingsten und den Tod des hl.Martin dar. Auch hier wurden die starken Schäden von 1944 beseitigt.

Ancien Château: Am Marktplatz, mit lebendigem Wochenmarkt, befindet sich das *»Alte Schloß«* (Ancien Château) aus dem 14.Jh. (heute Gericht). Die Nachbarkapelle St-Nicolas gehörte ebenfalls zum Schloß; sie stammt in ihrer heutigen Form aus dem 18.Jh. und beherbergt Verkehrsamt und Stadtbibliothek.

Außerdem sehenswert: Von der alten Königsfestung Heinrichs I. Beauclerc von 1123 sö der Kirche St-Germain ist nur noch ein *Donjon* zu sehen; weiter im Norden verweist der *Margaretenturm* (Tour Marguerite) auf die mittelalterliche Stadtbefestigung des 15.Jh. – Am südlichen Stadtrand besitzt das 1958 erneuerte Benediktinerinnenkloster (Rue de l'Abbaye) eine kleine Ausstellung von schönen Argentan-Spitzen (point d'Argentan).

Umgebung

Le Bourg-Saint-Léonard (10km ö): Das von einem gepflegten Park mit Teich umgebene nüchtern klassizistische *Schloßgebäude* aus gelbem Stein wurde um 1767 für den Ratgeber Ludwigs XV., Graf Cromot, errichtet. Das zweigeschossige *Haupthaus* mit reliefverziertem Dreiecksgiebel und Balustrade wird von *Eckpavillons* flankiert. Den Parkeingang bewachen zwei Steinlöwen. Die Innenräume (Salons, Speisezimmer, Bibliothek, Schlafräume) besitzen noch das Mobiliar der Entstehungszeit (Tapisserien) und großartige Holztäfelungen.

Château d'O (Argentan) ▷

Chambois (13 km nö): Der kleine Ort wurde bekannt als Zentrum der Entscheidungsschlacht um die Normandie (»Kessel von Chambois«) Mitte August 1944. *Église Saint-Martin:* Die romanische Kirche mit schlankem Turmhelm stammt aus dem 12./13. Jh. und besitzt ein schönes Portal mit doppelt-zylindrischen Säulen u. Palmettenkapitellen. Das Holzdeckengewölbe stammt von 1473, das Rosenkranzretabel an der S-Wand aus dem 17. Jh. – *Château/Donjon:* Als imposanter Überrest einer Burg des 12. Jh. ist der rechteckige normannische *Bergfried* (Donjon) erhalten. Er wurde um 1190 von einem Vasallen von König Heinrich II. Plantagenet über einem älteren Vorgängerbau errichtet. Der Bau von 25×16 m Umfang ist 25 m hoch, mit einer Mauerstärke von über 3 m; er wird von vier zinnenbewehrten Ecktürmen flankiert.

Château d'O (14 km sö): Das bezaubernde, von einem Teich umgebene *Wasserschloß* liegt auf dem Weg von Argentan nach → Sées, beim Dorf Mortrée. Es entstand im 15./16. Jh. im Übergangsstil von der Spätgotik (Flamboyant) zur Renaissance über den Resten eines im Hundertjährigen Krieg zerstörten Herrenhauses (Manoir). Das Château gilt als einer der schönsten Renaissancebauten der Normandie und kann durchaus einem Vergleich mit den berühmten Loire-Schlössern standhalten. Der Innenhof (Cour d'Honneur) wurde unter Marquis Charles-Robert d'O, Kammerherr des Königs, errichtet. Der größte Teil entstand im 16. Jh. unter François d'O, der am Hof von Heinrich III. und Heinrich IV. großen Einfluß hatte. Den dreistöckigen Hauptbau mit drei spitzen Giebeldächern flankieren auf der Rückseite zwei runde Türme mit Kegeldach. Die Inneneinrichtung mit Musensalon (Fresko »Apoll und die Musen« Ende 18. Jh.) und die 30 m lange Galerie mit schöner Stuckmarmordekoration geht auf das 17. und 18. Jh. zurück. Ende des 18. Jh. wurde im Rahmen einer Restaurierung der Park angelegt (nochmalige Restaurierung ab 1973). Das berühmte Adelsgeschlecht der Marquis d'O geht eigentlich auf den normannischen Ritter Robert von O im 11. Jh. zurück. Dieser begleitete damals den Normannenherzog Robert den Prächtigen, später genannt »Robert der Teufel«, auf seinem Kreuzzug. Dessen Sohn war dann der berühmte »Wilhelm der Eroberer« (1066).

Château-de-Sassy (11 km s): Das landschaftlich idyllisch gelegene Schloß wurde im 18./19. Jh. errichtet (Baubeginn 1760). Das Hauptgebäude, flankiert von zwei kleineren Pavillons, besteht aus Naturstein und Ziegelwerk. Den weiteren Ausbau nahm der zeitweilige französische Kanzler Pasquier

Château-de-Sassy (Argentan), Französischer Park

(1767–1862) um 1850 vor. Im Schloßinnern sind die Bibliothek von Pasquier und schöne Wandteppiche (Tapisserien) in den Salons zu besichtigen. Vor dem Schloß befindet sich der gepflegte, großzügige franz. Park (terrassenförmig angelegt) vom Ende des 19.Jh. mit kleiner Parkkapelle (mit flämischer Altar-Retabel des 15.Jh.). – Ganz in der Nähe (im N) liegt die Ortschaft **Saint-Christophe-le-Jajolet,** die bekannt geworden ist durch ihre Christophorus-Wallfahrt. Alljährlich weihen hier am letzten Juli-Sonntag zahlreiche Autofahrer sich und ihr Fahrzeug dem Auto-Schutzpatron St.-Christophorus. Neben der *St-Christophe-Kirche* mit Bild der Himmelfahrt Mariens (16.Jh.) steht die mächtige Weihestatue des Auto-Heiligen.

Ecouché (9 km sw): Die hübsche Kleinstadt an der Orne (1500 Einw.) mit winkligen Gassen besitzt eine interessante *Kirche Notre-Dame.* Sie ist im 15./16.Jh. an die gotische Kirchenruine angebaut worden und wird von einem Renaissance-Turm überragt. Der Turm und die Apsiden des Querhauses erinnern an die Kirche Saint-Germain von Argentan. Das Innere umfaßt das einjochige Schiff, die Querschiffe und den Chorraum; sehenswert ist das Triforium mit bemalten Steinreliefs (Flamboyant-Renaissance-Elemente). – Am Ortseingang erinnert ein *Panzerdenkmal* an die Befreiung vom 13.8. 1944 (Normandie-Schlacht).

Haras du Pin (15 km ö): Ö des ausgedehnten Waldgebietes Forêt de Gouffern liegt das bekannte staatliche *Pferdegestüt Haras du Pin.* Der alte Name »haras« für »Gestüt« geht wohl auf das normannisch-germanische Wort »horse/hros« für »Roß« zurück. Dieser Haras National (staatliches Gestüt) wurde auf Resten eines normannischen Gestüts von 1338 von Minister Colbert im 17.Jh. gegründet. Das Staatsgut mit über 1000 ha Grund in der Nähe des Dorfes *Le Pin-au-Haras* wurde von Mansart, dem Architekten von Versailles, entworfen und nach 1715 vollendet. Nach dem Niedergang in den Wirren der Franz. Revolution (1789) gelangte das Gestüt seit dem 19.Jh. zu neuem Glanz. Das im N an einen Laubwald grenzende Anwesen mit schmiedeeisernen Toren umfaßt das elegante *Château* (18.Jh.) mit Eckpavillons, ferner die ausgedehnten Stallungen und Wirtschaftsgebäude. Der *Landschaftsgarten* mit Trainingsanlagen (Gespanndressur) für die Pferde wurde von André le Notre gestaltet (19.Jh.). Den Besuchern werden donnerstags die einzelnen Hengste, bes. die schweren Perchéron-Schimmel, und Viergespanne vorgeführt.

Montgaroult (8 km w): Die Ortskirche *Saint-Rémi* stammt aus der Romanik und be-

Écouché (Argentan), Gotische Kirchenruine

sitzt ein schönes Portal des 12. Jh. – Ganz in der Nähe liegt das Herrenhaus *Manoir de Pommereux,* ein Gut aus dem 15./16. Jh. mit Turm und ursprünglich gotischer Kapelle.

Nonant-le-Pin (22 km sö): Das idyllische Dorf an der Dieuge liegt 7,5 km sö vom Staatsgestüt Haras du Pin (siehe oben) und bietet ein schönes Panorama. Hier war der Schauplatz des berühmten Romans »Die Kameliendame«, der den Stoff zur Verdi-Oper »La Traviata« lieferte. Die alte *Friedhofskirche* besitzt eine romanische Fassade und im Innern Schnitzwerke des 17. Jh. – Von der *Burg des Marquis de Nonant* sind die Schloßkapelle (15. Jh.) und Festungsreste erhalten. – Ganz in der Nähe (Richtung NO) befindet sich das Nachbardorf **Saint-Germain-de-Clairefeuille.** Die *Dorfkirche,* ein romanischer Bau des 12. Jh., wurde in der Gotik (14. und 15. Jh.) erneuert und erweitert; Glockenturm und Portal stammen aus dem 15. Jh. Im Innern befindet sich ein sehenswerter bemalter Holzlettner aus dem 15./16. Jh. mit schön gestalteten Themen (Leben und Leiden Christi, Märtyrerszenen).

Putanges-Pont-Ecrepin (20 km w): Die Kleinstadt mit ca. 1000 Einwohnern liegt an der hier aufgestauten Orne. Dahinter folgt das landschaftlich reizvolle Ornetal (Vallée de l'Orne), das schon zur »Normannischen Schweiz« (Suisse Normande) gehört. – Am *Friedhof* steht eine *Kapelle* des 13. Jh., in Ortsnähe ein *Herrenhaus* des 16. Jh. (Château de Crèvecœur) mit mächtigen Rundtürmen (erneuert im 19. Jh.). Beim Dorf **Rabodanges** (3 km nw) hinter dem gleichnamigen Ornestausee (Barrage de Rabodanges) liegt ein guterhaltenes *Château* aus dem 17. Jh.

Aumale

Seine-Maritime — Haute-Normandie

Einw.: 2700 — Höhe: 49 m — S. 257 □ K 1

Die im Mittelalter stark befestigte Grenzstadt zur Picardie liegt am Oberlauf der Bresle, die bis zu ihrer Mündung bei →Tréport auch die Grenzlinie bildet. Von den alten Befestigungen der Herzöge von Orléans, von denen sich einer sogar Duc d'Aumale nannte, sind kaum Reste erhalten. Heute ist die Stadt, die im 2. Weltkrieg stark beschädigt wurde, ein Zentrum der Milchwirtschaft und der Spezialglasherstellung (medizinische Ampullen).

Église St-Pierre-et-St-Paul: Die Pfarrkirche wurde im 16. Jh. im spätgotischen Flamboyantstil mit Renaissance-Elementen er-

St-Germain-de-Clairefeuille, Kirche, Lettner

neuert. Sie besitzt einen massiven quadratischen *Südturm* mit Strebepfeilern und ein schönes *Südportal.* In Chor und Apsis enden die *Gewölbe* in großen hängenden *Schlußsteinen* mit Verzierungen. Die Innenausstattung stammt aus dem 16. und 17.Jh., bes. das Orgelgehäuse, die Kanzel, Apostel- und Evangelistenfiguren und weitere Schnitzwerke.

Außerdem sehenswert: Das *Rathaus* (im SW der Kirche) mit schlanker achteckiger Tourelle wurde im 16./17.Jh. erbaut. – An der Place de Marchés (mit Samstagsmarkt) befinden sich zahlreiche typische *Fachwerkhäuser.*

Umgebung

Blangy-sur-Bresle (23 km nw): Der Ort ist seit alters ein Zentrum der Glasbläserei (verrerie), für die das Bresletal seit dem 15.Jh. berühmt ist. Die für die Glashütten notwendige Kohle wurde von Tréport aus flußaufwärts herangeschafft. Auch die Glasfenster der Kathedrale von Rouen wurden hier gefertigt. Die *»Route de Verre«* lädt entlang der Bresle zur Besichtigung von Glasbläserwerkstätten und -museen ein. – Die nach der Zerstörung im 2.Weltkrieg wiederaufgebaute *Kirche Notre-Dame* besitzt nur noch die ursprüngliche Fassade aus dem 13./14.Jh.; das Südportal wurde 1920 erneuert (Neorenaissance). Die modernen *Fenster* von 1954 zeigen das Leben Mariens und der Apostel. – In Ortsnähe (gegen S) steht das befestigte Herrenhaus *Manoir de Fontaine* (16.Jh.) mit seinem hohen runden Wehrturm.

Foucarmont (19 km nw): Die moderne *Ortskirche* mit hohem Campanile wurde 1959–64 erbaut. In ihrer Architektur aus Beton und Glas ist sie deutlich von Le Corbusier beeinflußt. – Von der alten *Abbaye Foucarmont* in der Nähe sind kaum Spuren erhalten. – Der Nachbarort **Saint-Léger-aux-Bois** (2 km sö) besitzt eine Kirche des 16.Jh. mit »schiefem Turm«. Der runde *Donjon*-Turm aus Backstein in der Nähe ist von der Wehrburg der Barone de Mailly aus dem 16.Jh. erhalten.

Rambures (24 km n): Das gleichnamige *Château* wurde von den Grafen Rambures im 15.Jh. als Wehrschloß erbaut und spielte während des Hundertjährigen Krieges als Bastion der Franzosen eine wichtige Rolle. In Shakespeares Drama »Heinrich V.« erscheint ein »Lord Rambures«. Das von Gräben umgebene Schloß besitzt mächtige runde *Wehrtürme,* die den Hauptbau aus Stein flankieren. Das Innere ist mit stilvollen Gegenständen des 17.–19.Jh. ausgestattet. In der Bibliothek sind die Familienporträts der Rambures zu sehen.

Saint-Germain-sur-Bresle (5 km n): Hier soll der Legende nach der hl.Germain, der den Beinamen »Apostel des Cotentin« trägt, von dem wilden Ritter Chudobald (»tyran Hubaud«) auf grausame Weise ermordet worden sein. Ein schöner erhaltener Sarg aus dem 13.Jh. in der *Ortskirche* soll die Gebeine des frühchristlichen Märtyrers des 5.Jh. verwahren.

Avranches

Manche — Basse-Normandie

Einw.: 10400 Höhe: 10–103 m S. 254 □ C5

Das altertümliche Städtchen liegt auf einer Anhöhe über dem Mündungsgebiet des Flusses Sée in die Meeresbucht Baie du

Aumale, Rathaus, Tourelle

St-Léger-aux-Bois (Aumale), Donjon und »schiefer Turm« der Kirche

Mont-St-Michel. Es ist Zentrum der südlichen Manche (Manche Sud) und ihrer Landwirtschaft (insbesondere Viehzucht).

Geschichte: Der Ortsname verweist auf den Stamm der keltischen Abrincates, die hier bereits vor der gallorömischen Zeit ansässig waren. Der spätrömische Verwaltungsmittelpunkt wurde schon frühzeitig Bischofssitz (4.Jh.). Hier residierte noch vor der fränkischen Besiedlung (ab 768) der legendäre Bischof Saint-Aubert. Er soll im Jahr 708 eine Erscheinung des Erzengels Michael gehabt haben, derzufolge er die ca. 20km entfernte Klosterburg →Mont-Saint-Michel mitten im Wattenmeer errichtete. Unter den Franken und bes. den Normannen (ca. 920) wurde Avranches zur Festung ausgebaut, jedoch später unter den Franzosen (ab 1204) wieder geschleift. Schwer beschädigt wurde die Stadt mehrmals (Hundertjähriger Krieg, Religionskriege), vor allem aber bei der Invasion im Juni 1944 durch amerikanische Bomber.

Église Saint-Gervais: Die um 1850 erbaute Kirche mit dem 74m hohen granitenen Glockenturm liegt im Stadtosten an der Place St-Gervais. Zwischen Haupt- und Seitenschiffen sind toskanische Kolonnaden angebracht; ähnlich auch im hufeisenförmigen Chor. In den Querschiffen sind halbrunde Apsiden und monumentale Säulenaltäre zu sehen. Der sehenswerte *Kirchenschatz* (Tresór de la Basilique) birgt neben reichgeschmückten Priestergewändern vor allem das *Reliquienhaupt* des hl.Bischofs Aubert. Der Legende nach stammt die Vertiefung im Schädel des Heiligen vom Fingerabdruck des Erzengels Michael, der den Bischof von der Erscheinung überzeugen sollte. Diese Reliquie wurde neben anderen Schätzen (Statue der hl.Barbara) aus der ehem. Kathedrale im NW (Place Daniel Huet) nach deren Einsturz in der Revolutionszeit um 1794 gerettet.

Alte Stadtbefestigung: Im Zentrum sind noch Reste der alten Stadtbefestigung aus dem 11.–13.Jh. sichtbar (Tour Baudange, Tour St-Louis), vor allem aber der guterhaltene, zinnenbewehrte *Bergfried* (Donjon) aus dem 13.Jh. – In die Stadtmauer eingebaut ist der romantische *Jardin Bergevin* (Haus und Garten Bergevin) mit kleinem *Museum,* das dem Maler Albert Bergevin* gewidmet ist. – Im NW der Altstadt (Place Huet) befindet sich heute die sog. *Plattform* (plate-forme) mit schöner Aussicht auf die Mündungsbucht von St-Michel. Hier stand die mittelalterliche Kathedrale, an deren Schwelle der englische König Heinrich II. (Plantagenet) im Büßergewand Abbitte tat für den Mord an Erzbischof Thomas Becket von Canterbury (1172). Eine *Gedenkplatte* (mit Ketten) erinnert sowohl an den Bußort als auch an die ehem. Kathedrale, die ein Opfer der Kämpfe während der Franz. Revolution wurde.

Musée Municipal: Im ehem. Bischofspalais (Zentrum) aus dem 15.Jh. ist das *Stadtmuseum* mit archäologischen Funden der Region und Werken lokaler Künstler untergebracht. – Sehenswert aber ist die *Handschriftensammlung* (Les Manuscrits du Mont-Saint-Michel) in der benachbarten Mairie d'Avranches (Rathaus). Hier werden wertvolle Handschriften mit Illustrationen aus dem 8.–15.Jh. gezeigt, die größtenteils von den Mönchen des Klosters Mont-St-Michel hergestellt wurden (z.B. das Geschichtswerk des berühmten Abtes Robert von Torigni). Die sehr sehenswerten Stücke wurden während der Revolutionswirren nach Avranches in Sicherheit gebracht.

Außerdem sehenswert: Der schön angelegte *Jardin des Plantes* im SW der Stadt geht auf den ursprünglichen Garten eines Kapuzinerklosters zurück; er wurde im 18.Jh. als Botanischer Garten (z.B. mit Ginkgos) eingerichtet. Im S auch die neogotische Kirche *Notre-Dame des Champs* von 1863 mit zwei Westtürmen und phantastischen Tierdarstellungen (Wasserspeier). – Am sö Stadtrand wurde zur Erinnerung an die Schlacht von Avranches im Juli 1944 das *Siegesdenkmal* von »General Patton« errichtet *(Monument Patton)*. Den »Durchbruch von Avranches«, den die 3.amerikanische Armee schaffte, dokumentiert ein eigenes »Museum des 2.Weltkriegs« (Musée de la Seconde Guerre Mondiale) in dem s Nachbarort Le Val-Saint-Père (ca. 4km sw).

Umgebung

Ducey (12km sö): Der Ort mit ca. 2000 Einwohnern liegt an der unteren Sélune, die ca. 4km weiter nw in einem langen Arm in die Baie du Mont-St-Michel einmündet. Der Flußübergang war schon zur Römerzeit von Bedeutung und wurde im 10.Jh. von den Normannen befestigt (kaum Spuren). Um 1625 erbaute die Adelsfamilie Montgomery hier ihr *Schloß*. Der unvollendete Renaissancebau mit Prunktreppe wird von zwei Pavillons flankiert. Das Innere bietet skulpturenverzierte Türen und Kamine und schöne Deckengemälde. – In der Nähe (3km sö) liegt der bekannte Sélune-Staudamm *Barrage de la Roche qui boit*, dessen interessante Bogenarchitektur (16m hoch, 127m lang) um 1920 entstand. – Ein wenig flußaufwärts folgt der größere Staudamm *Barrage de Vezins*. Er wurde 1932 im selben Stil errichtet (35m hoch, über 150m lang). Der reizvoll gelegene Stausee ist etwa 16km lang.

Genêts (11km w): Der kleine Küstenort, dessen Name »Ginster« (genêt) bedeutet, stand seit alters in engem Bezug zum Wallfahrtsberg Mont-St-Michel. Von hier querten viele Pilger das gefährliche Wattenmeer ca. 6km nach Süden. Darum erhielt St-Michel den Beinamen »au péril de la mer« (in der Gefahr des Meeres). Die *Ortskirche* wurde aus Granit im normannoromanischen Stil des 12.–14.Jh. erbaut und besitzt ein schönes Portal mit Holztäfelung; im Innern farbige *Glasfenster* des 13.Jh. und verschiedene alte Statuen (13.Jh.). – Vom nahen Aussichtspunkt *Bec d'Andaine* bietet sich ein schöner Ausblick zum »Heiligen Berg« (Mont-St-Michel) und nach Süden übers Meer.

Saint-James (20km s): Der kleine Ort über dem Fluß Beuvron wurde bereits unter Wilhelm dem Eroberer im 11.Jh. befestigt. Davon und von der späteren Zuflucht der Grafen Montgomery während der Religionskriege des 16.Jh. blieben nur Spuren. – Sehenswert ist das *Château de la Paluelle* (2km nö). Es stammt aus dem 15.–17.Jh. Mit wehrhaftem Hauptbau (Manoir), Seitenpavillons, Ehrenhof und Park überragt es das Tal des Beuvron. – Gegen SO befindet sich in etwa 2km Entfernung der große *amerikanische Soldatenfriedhof* der 3.Armee (General Patton) mit ca. 4500 Gräbern.

Saint-Loup (8km sö): Die typische *Landpfarrkirche* der Gegend um Avranches (Avrachin) stammt aus dem 12.Jh. und wurde seitdem kaum verändert. Sie besitzt ein flachgedecktes Langhaus mit drei von Strebepfeilern getrennten Jochen und einen zweijochig gewölbten Chor. Der zweistöckige Turm erhebt sich über dem ersten Chorjoch.

Vains (6km w): Das Ortsschloß *Manoir de Vains* stellt ein harmonisches Ensemble aus dem 17.–19.Jh. dar. Interessant ist die Schloßkapelle »Notre-Dame du vert Bois« aus dem 16.Jh. mit Resten einer älteren Vorgängerin (10./11.Jh.). – In Ortsnähe, ca. 3km w, an der Mündungsbucht der Sée befindet sich die ehem. Abtei St.-Leonhard. Das *Ancien Prieuré de Saint-Léonard* geht auf eine Stiftung von Wilhelm dem Eroberer zurück (11.Jh.). Die *Kirche* aus dem 12.Jh. besteht aus einem zweijochigen Chor mit einem schönen quadratischen *Chorturm* in romanischem Stil. Er trägt ein Satteldach und umfaßt drei Stockwerke mit großen Seitenfenstern. Die Anlage wird heute z.T. privat bewohnt. An der S-Seite des Turms ist in einer Nische der Torso einer Statue des hl.Leonhard (15./16.Jh.) angebracht.

B

Bagnoles-de-l'Orne

Orne | Basse-Normandie

Einw.: 800 | Höhe: 194 m | S. 255 □ E 5

Das größte und bekannteste Thermalbad im westlichen Frankreich liegt inmitten des Naturparks Parc Naturel Régional Normandie-Maine. Die Heilquellen und die hübsche Lage im Tal der Vée, eines Nebenflusses der Mayenne, locken jährlich über 20000 Besucher und Kurgäste an.

La Ferté-Macé (Bagnoles), Romanischer Turm der alten Kirche

Thermalbad (Établissement thermal): Das gutausgebaute Heilbad mit Casino liegt in der Nähe eines Sees in einem großflächigen Park. Das schwach mineral- und radiumhaltige Wasser, das mit 25 °C und ca. 500 hl pro Stunde aus dem Boden kommt, eignet sich besonders für Kreislauf- und Venenerkrankungen. Der Legende nach wurde es von dem Ritter Hugues de Tessé aus dem benachbarten Tessé la Madeleine entdeckt, dessen krankes Pferd durch das Bad in der Heilquelle wieder gesund wurde. Auf die frühe Nutzung der Heilquelle weist auch der altertümliche Name »Bagnole« für »Bad« (bagne) hin.

Umgebung

La Ferté Macé (6 km nö): Die Kleinstadt mit über 7000 Einw. ist ein reger Handels- und Industrieort. Von der ehem. romanischen Kirche ist der *Sakristeiturm* der modernen Kirche erhalten.
Forêt des Andaines: Im NW des Kurortes schließt sich der weite Wald von Andaines (ca. 4000 ha) mit natürlichen Mischwäldern an. Inmitten des Waldes liegt die kleine Kapelle *Sainte-Geneviève* mit hölzernen Heiligenstatuen. Vom **Mont-en-Gérôme** (ca. 300 m Höhe) bietet sich ein schöner Ausblick.
Rânes (19 km nordöstlich): Der Marktflecken (ca. 1000 Einwohner) besitzt ein mächtiges *Schloß* mit umliegendem Park. Der zinnenbewehrte *Hauptturm* (Donjon) stammt aus dem 15. Jh.; die Wohngebäude wurden im 18. Jh. nach einem Brand wiedererrichtet.

Balleroy

Calvados | Basse-Normandie

Einw.: 500 | Höhe: 50 m | S. 255 □ D 3

Am Südostrand des ausgedehnten Waldgebietes Forêt de Cerisy (über 2000 ha) mit alten Buchenbeständen liegt das sehenswerte Schloß **Château de Balleroy.** Es wurde 1626–36 von dem bekannten Architekten Mansart* (nach dem die »Mansarde« benannt ist) im Stil Ludwigs XIII. (Louis-

Treize-Stil) erbaut. Das Schloßensemble mit einem schönem Park, angelegt von André Le Notre*, beeindruckt durch seine stilvolle Symmetrie. Die Einfahrt bildet ein kunstvolles schmiedeeisernes Tor mit niedrigen Mauern; dahinter stehen zwei schöne Taubentürme. Der nur drei Fensterreihen breite vierstöckige *Hauptbau* wird von ebenso breiten dreistöckigen *Seitenflügeln* flankiert. Das Obergeschoß bildet die »Mansarde«. Zwei kleinere *Pavillons* befinden sich vor den Flügeln. – Im Innern ein schönes *Treppenhaus* und verschiedene gutausgestattete *Salons* (Louis-Treize-Stil). Der große Salon zeigt das Gemälde »Apollo und die vier Jahreszeiten« (um 1685) von Charles de la Fosse*. Hier sind auch Gemälde des Tiermalers Albert de Balleroy* zu sehen, der zur Familie der langjährigen Schloßherren zählte. – Beim Eingang befindet sich die ehem. Schloßkapelle, die heutige Kirche *Notre-Dame* (de Balleroy). Über dem Portal ein *Relief* von St-Martin, im n Querschiff *Votivplatten* und ein Gemälde der hl. Theresia von Lisieux. Der getäfelte Chor besitzt ein Miserikordien-Gestühl. – Der heutige Besitzer Malcolm Forbes richtete in den Dienstgebäuden ein sehenswertes **»Ballonmuseum«** (Musée des ballons) ein. Hier wird die Geschichte des Ballonflugs seit 1783 dokumentiert.

Umgebung

Abbaye de Mondaye (12 km nö): Die Prämonstratenserabtei wurde 1212 gegründet und im 18. Jh. wesentlich um- und ausgebaut. Sie stellt heute einen ausgewogenen, klassischen Klosterkomplex dar. Die Abteikirche *St-Martin* ist im klassizistischen Stil des 18. Jh. erneuert (von Eustache Restout*). Sehenswert der Hochaltar, die Kanzel und in der Marienkapelle eine Himmelfahrtsgruppe.

Cerisy-la-Forêt (8 km nw): Im Westen des seit dem 11. Jh. als herzogliche Domäne existierenden Naturwaldes Forêt de Cerisy liegt die gleichnamige Abtei **Abbaye de Cerisy la Forêt.** Hier soll im 6. Jh. der hl. Vigor, der spätere Bischof vom nahen Bayeux, als Waldeinsiedler gelebt haben. Unter Herzog Robert dem Prächtigen, dem Vater Wilhelms des Eroberers, wurde 1032 hier eine Benediktinerabtei gegründet. Die um 1100 erbaute *Klosterkirche St-Vigor* gehört zu den schönsten Zeugnissen romanischer Baukunst in der Normandie. Obwohl im 18. Jh. die Kirche schwer beschädigt wurde (Einstürze, Blitzschläge) und um 1811 die Westhälfte des Schiffes abgerissen wurde, bietet sie heute noch immer eine eindrucks-

Bagnoles-de-l'Orne

Der Hafen von Barfleur bei Ebbe

volle Baukomposition von romanischer Basis und gotischem Beiwerk. Die Kirche besitzt drei Langhausjoche, ein Querschiff (der Nordteil wurde nach dem Einsturz verändert) und einen zweijochigen Chor mit halbrunder Apsis. Durch ihre drei Fensterstockwerke gewinnt die Apsis schöne Lichteinfälle. Der dreiteilige Wandaufbau zeigt über den schlichten Arkaden eine Galerie mit Überfangbogen; darüber der Obergaden mit kleinen, bogengerahmten Fenstern. Die Vierung wurde im 15.Jh. spätgotisch verstärkt. Das südliche Querhaus ist in der Urform erhalten (mit Mittelpfeiler-Empore, verzierter Balustrade, Kreuzgratgewölbe). – Von der sparsamen Innenausstattung ist bes. das 44sitzige Chorgestühl (um 1400) neben Statuen des 15./16.Jh. hervorzuheben. – Die erhaltenen *Klostergebäude* stammen z.T. noch aus dem 13.Jh., vor allem die *Abtskapelle* (la chapelle de l'Abbé) als Nachbildung der Sainte-Chapelle in Paris (schöne Altarfresken des 15.Jh.). Im Erdgeschoß ist ein *Klostermuseum* eingerichtet (Romanik der Normandie).

Le Molay-Littry (8 km nw): Der kleine Ort (ca. 2500 Einw.) wurde durch die hier 1742 entdeckte Kohlenmine bekannt, die durch den Grafen Balleroy erschlossen wurde. Nach deren Stillegung weist heute das *Musée de la Mine* (Bergwerksmuseum) auf die Geschichte der Kohlenförderung hin (audiovisuelle Show, Modelle, rekonstruierter Stollen, Bergwerksmaschinen u.dgl.).

Barfleur

Manche		Basse-Normandie
Einw.: 630	Höhe: 5 m	S. 254 □ C 2

Die romantische Hafenstadt, deren Schiffe und Boote bei Ebbe auf Land liegen (10 m Gezeitenunterschied) war schon in der Wikingerzeit, vor allem aber im Hochmittelalter, ein wichtiger Ausfahrtshafen nach England.

Cerisy-la-Forêt (Balleroy), Klosterkirche ▷

Geschichte: Der Sage nach soll Wilhelm der Eroberer seine Flotte, mit der er 1066 gegen England fuhr, hier gebaut und zusammengestellt haben. Eine Hafeninschrift von 1966 verweist auf das 900jährige Jubiläum. Wie viele Herzöge, Prinzen und Könige, so schiffte sich im Jahr 1194 auch Richard Löwenherz von Barfleur aus ein, um sich in England krönen zu lassen.

Église Saint-Nicolas: Direkt über dem Hafen steht die trutzig-wehrhafte Kirche des 17.Jh. mit ihrem gedrungenen, zinnengekrönten *Viereckstum* aus Granit. Das Innere birgt schöne *Holzstatuen* und einen schön verzierten *Lettner* (16.Jh.). Hier sind die Reliquien der hl. Marie-Madeleine Postel (1756–1846, 1925 heiliggesprochen), der Ordensgründerin der Barmherzigen Schwestern, aufbewahrt. Ihr Geburtshaus in der Rue Julie-Postel ist zu besichtigen.

Umgebung

Montfarville (2km s): Die aus einheimischem Granit erbaute *Dorfkirche* geht auf das 13.Jh. zurück (Kapelle, Glockenturm); sie wurde im 18.Jh. wesentlich erneuert. Interessant sind die *Gemälde* des einheimischen Künstlers Fouace* zum »Leben Christi«. Die Steinfigur Mariens stammt aus dem 14.Jh.

Pointe de Barfleur (4km n): Die NO-Spitze der Halbinsel Cotentin war wegen ihrer gefährlichen Strömung (dem »raz«) seit jeher gefürchtet. An den Granitplatten kenterte bereits 1120 das legendäre Schiff »La Blanche Nef« (Weißes Schiff) mit den Königssöhnen von Heinrich I. Beauclerc und weiteren 300 Adeligen. Der heutige *Leuchtturm* »Phare de Gatteville«, erbaut 1834, ist mit 75m Höhe einer der höchsten Frankreichs, der die Schiffe bis Le Havre lotst. – Der gleichnamige Ort **Gatteville-le-Phare** (1km sw), mit grauen, geduckten Granithäusern, besitzt eine *Kirche* (18.Jh.), deren Turm in das 12.Jh. zurückreicht. Noch älter ist die Nachbarkapelle *»Notre-Dame-de-Bon-Secours«* aus dem 11.Jh. (über einer merowingischen Nekropole).

Saint-Pierre-Église (10km w): Die Ortschaft am NO-Ende des Cotentin (ca. 1500 Einw.) besitzt eine *Kirche* des 17.Jh.

Barneville-Carteret, St-Germain, Kapitell mit würgendem Dämon

mit schönem romanischen Portal aus dem 12.Jh.; der Kirchturm hat eine Balustrade und Eckpavillons. – Das *Château* des 18.Jh. war der Familiensitz des Abbé de St-Pierre, der um 1713 als Schriftsteller das »Projekt eines immerwährenden Friedens für Europa« (Paix perpétuelle en Europe) entwarf. – In der Nähe (gegen N) befinden sich prähistorische *Menhir-Denkmäler* mit Grabkammern (Allée couverte), die über 4000 Jahre zurückreichen.

Tocqueville (5km w): Hier liegt das *Familienschloß* der altnormannischen Adelsfamilie de Tocqueville. Das *Château de Tocqueville,* ein ursprünglich spätmittelalterliches Herrenhaus (ancien manoir) wurde im 16./17. und im 19.Jh. zu seiner heutigen Form umgestaltet. Aus dieser Familie stammt auch der berühmte Historiker und Philosoph Alexis de Tocquevilles (1805 bis 1859), der hier begraben ist. Vor der Kirche Saint-Laurent (13.Jh.) ist die Büste des »Vordenkers der modernen Demokratie« aufgestellt.

Portbail (Barneville-Carteret), Frühchristliches Baptisterium

Barneville-Carteret		
Manche		Basse-Normandie
Einw.: 2300	Höhe: 43 m	S. 254 □ B 3

Der Hafenort mit Fährverbindung zu den englischen Kanalinseln, seit 1965 vereinigt mit dem Nachbarort Carteret, ist ein beliebtes Urlaubsziel (feine Sandstrände, mildes Klima, z. B. in Barneville-Plage).

Église Saint-Germain: Die schöne Hauptkirche wurde um 1100 erbaut und erhielt im 15. Jh. einen *Wehrturm* (mit Pechnasen). Gut erhalten ist das romanische *Hauptschiff* (Seitenschiffe 15./19. Jh.) mit seinen bekannten *Arkaden-Kapitellen:* Sie zeigen phantasievolle Falten-, Blattwerk- und Tiermotive (z. T. orientalisch beeinflußt). Eindrucksvoll sind die Darstellung von Daniel in der Löwengrube und die Taufe Jesu.

Außerdem sehenswert: Das *Cap Carteret* (Cap de Carteret) mit seinen Steilklippen, begehbar über einen alten Zöllnerpfad, besitzt einen *Leuchtturm* (phare) mit schönem Panorama. Die Ortschaft *Carteret* und das Kap verdanken ihren Namen dem anglonormannischen Adelsgeschlecht de Carteret, das noch heute auf den nahen britischen Kanalinseln existiert.

Umgebung

Portbail (8 km sö): Der beliebte Badeort und Yachthafen (ca. 1700 Einw.) mit Fährverbindung zur Kanalinsel Jersey geht nach neuen Ausgrabungen schon auf galloröm. Zeit zurück. Die Kirche *Église Notre-Dame* (am Hafen) wurde im 11. Jh. über den Resten eines von den Wikingern zerstörten karolingischen Klosters erbaut. Im 15. Jh. wurde ein wehrhafter *Glockenturm* am Südchor angefügt. Bemerkenswert sind die romanischen *Kapitelle* mit schönen Ranken- und Tiermotiven (Vögel, Löwen, Affen). Auf einem *Chorfenster* wird die Rettung Wilhelms des

Eroberers aus dem Treibsand des Flusses Cuesnon (beim Mont-St-Michel) im Jahr 1064 dargestellt, die zur Stiftung dieser Kirche geführt haben soll. – In der Nähe wurden 1956 die Reste eines frühchristlichen *Baptisteriums* entdeckt (6. Jh.), das zu den ältesten Nordfrankreichs gehört.

Bayeux

Calvados		Basse-Normandie
Einw.: 15 000	Höhe: 50 m	S. 255 □ D 3

Die beschauliche Kleinstadt in Küstennähe (8 km s) ist Zentrum der Bocage-Landschaft des Bessin. Sie ist bekannt als Markt von Agrarprodukten, Keramik, Porzellan und Spitzenklöppelei; wegen ihrer Sehenswürdigkeiten ist sie auch ein vielbesuchtes Touristenziel.

Geschichte: Bayeux war schon in früher Zeit Mittelpunkt des gallischen Stammes der Bajocasses, die sowohl der Provinz »Bessin« (Baiocassinus) als auch dem Ort Bajocassi (Bayeux) den Namen gaben. Bereits im 4. Jh. Bischofssitz, wurde die Gegend durch die Raubzüge der Wikinger immer wieder heimgesucht. Erst der legendäre Normannenherzog Rollo (Hrolf/Rolf) wurde im 10. Jh. mit seinem Stamm durch Verheiratung mit einer Karolingerprinzessin seßhaft, ließ sich 912 taufen und befriedete die ganze Region – die spätere »Normandie«. Sein Sohn Wilhelm »Langschwert« wurde hier geboren. Seitdem gilt die Stadt als »Wiege« der Normannenherzöge. – Nach den Wechselfällen der Geschichte (Hundertjähriger Krieg, Religionskriege) wurde Bayeux bereits am 7. Juni 1944 von den Invasionstruppen eingenommen, ohne große Beschädigungen zu erleiden. Am 14. Juni 1944 proklamierte hier General de Gaulle die Vierte Republik.

Kathedrale: Die heute gut restaurierte Kirche mit harmonischer Gesamtarchitektur blickt auf eine fast 2000jährige (Orts-)Geschichte zurück. Nachdem Bayeux schon um 400 Bischofssitz war, errichtete man an der Stelle eines gallorömischen Heiligtums im Ortskern vermutlich eine erste Holzkirche, die bei dem Stadtbrand um 1050 zerstört wurde. Der mächtige Bischof Odo (von Conteville), ein Halbbruder Wilhelms des Eroberers, weihte den romanischen Neubau aus Stein 1077 ein. Schon um 1105 aber wurde bei einer Belagerung die Kirche

Die Kathedrale von Bayeux ▷

Bayeux, Kathedrale, Tympanon des linken Seitenportals

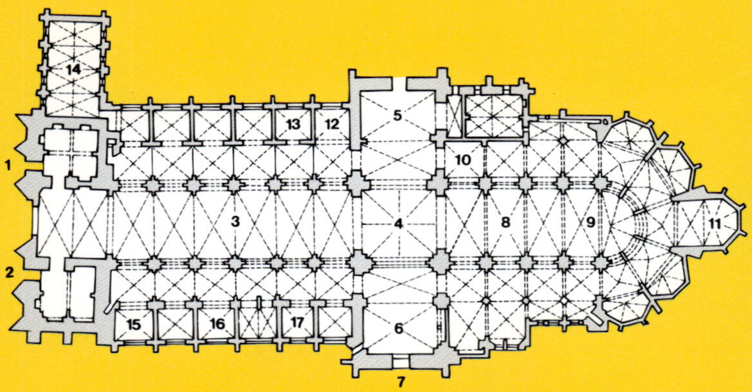

schwer beschädigt. Vom romanischen Bau sind noch wesentliche Elemente der Fassadentürme im W und die 1412 wieder freigelegte Chorkrypta erhalten. Schon im 12., aber bes. im 13. Jh. wurde die Kirche im gotischen Stil erneuert und umgestaltet (Chor, Obergeschoß des Langhauses, n Querhaus); im 14. Jh. kamen die Seitenschiffe hinzu. Ein Glanzstück der Erneuerung des 15. Jh. ist der achteckige *Vierungsturm* im spätgotischen Flamboyantstil anstelle des ehem. romanischen Turmes. Er wurde 1486 vollendet; nach verschiedenen Beschädigungen (Brand von 1676) erhielt er erst im 19. Jh. seinen heutigen eiförmigen Turmhelm mit durchbrochener Spitze (80 m hoch). Er wurde neben den imposanten 75 m hohen *Fassadentürmen* zum Wahrzeichen der Stadt. – *Außenansicht:* Die schön gestaltete *Westfassade* mit ihren fünf *Portalen* (z.T. »blinde« Außenportale) unter fünf Arkaden stammt aus dem 13. Jh. und ist dem romanischen Kern der Vorgängerkirche aufgesetzt worden. Das Westfenster wurde im 15. Jh. erneuert. Am linken (n) *Seitenportal* sind in

Bayeux, Kathedrale 1 n Seitenportal **2** s Seitenportal **3** Hauptschiff **4** Vierung **5** n Querschiff **6** s Querschiff **7** Portail du Doyen **8** Chor **9** Hochaltar **10** Zugang zur Krypta **11** Achskapelle **12** Martinskapelle **13** Kapelle der Frohen Botschaft **14** Kapitelsaal **15** St-Cyr-Kapelle **16** Kapelle St-Maur-et-Ste-Marguerite **17** Kapelle St-Julien-et-St-Exupère

Tympanon und Bögen die Skulpturdarstellungen des Letzten Abendmahls, der Fußwaschung und der Kreuztragung zu sehen; die Madonna am *Mittelportal* stammt aus dem 18. Jh. Das rechte (s) Seitenportal zeigt die Szene des Jüngsten Gerichtes; im Giebelfeld stehen Bischofsfiguren. – Sehenswert ist das s *Querschiffportal* mit dem Beinamen **»Portail du Doyen«** (Portal des Dekans): das Tympanon-Relief stellt die Ermordung des Erzbischofs (»Doyen«) Thomas Becket von Canterbury (1170) und die darauffolgende Buße von König Heinrich II. von England (freiwillige Auspeitschung 1174) dar. – *Innenraum:* Das sechsjochige *Hauptschiff* beeindruckt durch die Gestaltung der Arkaden

Bayeux, Kathedrale, Kleinskulptur im Hauptschiff (l); Krypta, Musizierender Engel (r)

und Bogenläufe mit reichen geometrischen Ornamenten, die als ein Musterbeispiel der normannischen Innenarchitektur gelten. Über den (romanischen) Pfeilern mit Bögen finden sich bes. auf der N-Seite interessante figürliche *Kleinskulpturen,* u.a. ein segnender Bischof, ein Clown mit Affe und ein Löwe; dazu Drachen und andere zeittypische Fratzen. Über dem schmalen Fries und knappen Triforium ziehen sich die hohen gotischen Zwillingsfenster im Obergaden empor. An den Seitenschiffen fügen sich die Kapellen des 14.Jh. an: Sehenswert im N vor dem Querhaus sind die *»Kapelle der Verkündigung«* mit bemaltem Stuckretabel und schmiedeeisernem Gitter des 17./18.Jh. und die *»Martinskapelle«* (Saint-Martin) mit barockem Schnitzretabel (Todesallegorie); im S die Kapellen Saint-Cyr mit der »Ermordung der Unschuldigen Kinder« und Gittern des 18.Jh.; Saint-Maur e Sainte-Marguerite mit Zweiflügelaltar (14.Jh.) und Saint-Julien et Saint-Exypère mit Bild des hl. Exypère (18.Jh.). – Der vierjochige *Chor* mit halbrunder Apsis und Umgang wird ebenfalls von einem *Kapellenkranz* eingerahmt. Der dreiteilige *Wandaufbau* besitzt hohe, schlanke Arkaden mit kleinen Rosetten in den Bogenzwickeln, darüber die Zwillingsbögen des Triforiums und die schmalen Obergadenfenster. Die reiche architektonische Gliederung mit scharfen Licht-Schatten-Kontrasten erwecken einen für die Gotik der Normandie des 13.Jh. typischen »metallischen« Eindruck. Im Gewölbe finden sich noch Spuren der *Fresken* aus dem 13.Jh. mit den ersten 21 Bischöfen von Bayeux. – Der *Hochaltar* (Marmor, vergoldete Bronze) stammt aus dem 18.Jh., das Chorgestühl von 1588. – Die romanische *Krypta* vom Vorgängerbau befindet sich unter dem Chorraum und ist wie dieser dreischiffig angelegt. Die Pfeiler zeigen (oben) *Fresken* musizierender Engel (15.Jh.); sehenswert sind bes. die beiden romanischen *Kapitellskulpturen* der ehem. Vierungspfeiler mit Christusdarstellungen. – Neben dem Nordturm beim W-Eingang schließt sich der ehem. *Kapitelsaal* (Salle capitulaire) an, dessen Gewölbe im 14.Jh. erneuert wurden.

Bayeux, Kathedrale, Krypta

Auch hier finden sich bemerkenswerte Menschen- und Tierskulpturen (13.Jh.) an den Bogenstützen, ferner Freskoreste an der N-Wand (14.Jh.) mit Mariendarstellung, im Süden Lettnergemälde des 16.Jh.; interessant sind auch die Bodenkacheln mit Labyrinthmotiv.

Tapisserie de Bayeux: Weltberühmt wurde der Ort durch den sog. *»Wandteppich von Bayeux«*. Er wurde der Überlieferung nach vom Erbauer der romanischen Kathedrale, Bischof Odo (von Conteville), dem Halbbruder Wilhelms des Eroberers, um 1077 in einer englischen Stickerei in Auftrag gegeben. Es handelt sich um einen ca. 70 m langen *Leinwandstreifen* von 0,5 m Breite, der mit farbigen Wollfäden in Stielstich- und Plattstichtechnik kunstvoll bestickt ist. Er ist eines der seltenen und in diesem Umfang wie durch ein Wunder einzigartig erhaltenen Exemplare dieser frühmittelalterlichen Form der Bildgestaltung durch Sticktechnik mit gefärbten Wollfäden. Er ist somit eigentlich kein »Teppich« (Tapisserie), wie der Name fälschlich nahelegt. Diese Art von illustrativem Wandschmuck war sowohl für die Belebung eines Festsaals als auch, wie hier, ursprünglich für den Chorraum der Kathedrale gedacht. An den Säulen festgemacht, erläuterte er zu bestimmten Zeiten dem Publikum anhand seiner Bilderfolge das historisch höchst bedeutsame Ereignis der Eroberung Englands durch den Herzog der Normandie, nämlich durch »Wilhelm den Eroberer«, im Jahr 1066. Erstmals 1476 im Besitz der Kathedrale erwähnt, wurde er nur durch Zufall und dank des beherzten Eingreifens des Anwalts Leforestier vor den Schergen der Revolution (1789) gerettet, die das unschätzbare Dokument als Wagenplanen mißbrauchen wollten. Seit 1970 wird die »Tapisserie« im dafür eigens umgestalteten *Centre Guillaume le Conquérant* (ehem. Priesterseminar) in der Rue de Nesmonds (südöstlich der Kathedrale) ausgestellt. Eine spezielle Tonbildschau führt den Besucher in die Zeit Wilhelms des Eroberers und den Zusammenhang der »Bildergeschichte« von 1066 ein. Neben den historischen Fakten wird auf

Der Teppich von Bayeux, Detail

dem Wandteppich auch die Lebensweise des 11. Jh. reichhaltigst illustriert: in den 58 Bildszenen erscheinen u. a. über 600 Personen, 200 Pferde, über 500 verschiedene Tiere, 37 Gebäude und 41 Schiffe. Seinen Beinamen »Tapisserie de la Reine Mathilde« führt er deshalb, weil er der Legende nach von der Gemahlin Wilhelms des Eroberers, Königin Mathilde, geschaffen bzw. bestellt wurde.

Saint-Vigor-le-Grand: Am NO-Rand von Bayeux existierte bereits vor den Normannen eine frühchristliche Kirche, wo Bischof Saint-Vigor im 6. Jh. begraben wurde. Der Normannenbischof Odo gründete 1066 hier ein Benediktinerkloster (1797 zerstört); einige Reste sind erhalten (Scheunenkapelle des 13. bzw. 19. Jh.). Die gleichnamige *Pfarrkirche* besitzt im Chor einen Bischofsthron aus rotem Marmor.

Musée Baron-Gerard: Das *Kunstmuseum* im ehem. Bischofssitz (z.T. aus dem15. Jh.) befindet sich nö der Kathedrale. Es besitzt eine schöne Sammlung von Fayencen und Porzellan (16.–19. Jh.), Möbel und Wandteppiche des 16.–19. Jh. und im Obergeschoß Gemälde der italienischen, flämischen und franz. Malerei aus dem 16.–19. Jh.

Musée Diocésain d'Art Religieux: Im ehem. Dekanspalais »Hotel du Doyen« sw der Kathedrale (18. Jh.) ist das sehenswerte *Diözesanmuseum* eingerichtet. Es bietet neben liturgischen Gerätschaften auch kostbare Goldschmiedearbeiten und historische Dokumente, z.B. über das Treffen der hl. Theresia von Lisieux mit dem Bischof von Bayeux (31.10. 1887). Hier ist auch die älteste erhaltene Glocke Frankreichs von 1202 zu sehen. – Im benachbarten Spitzenatelier *»École dentellière«* (Seitenflügel) gewinnt man einen interessanten Einblick in die traditionelle einheimische Spitzenklöppelei.

Musée de la Bataille de Normandie: Das Erinnerungsmuseum im Südwesten informiert anhand zahlreicher Dokumente und Bilder über die Kriegsereignisse von Juni bis

Die Geschichte von der Eroberung Englands im Jahr 1066, erzählt im Bildteppich von Bayeux

Der Aufbewahrungsort Bayeux stellt auch den Kern der historischen Bilderzählung dar (unter dem alten Namen »Bagiae«): Der Neffe des kinderlosen englischen Königs Eduard des Bekenners, Graf Harold, überquert mit seinem Schiff den Kanal und wird dort von Graf Wido gefangengenommen und zu Herzog Wilhelm von der Normandie gebracht. In Bayeux (Bagiae) leistet Harold dem Herzog seinen Gefolgschaftseid. Er verspricht, Wilhelm nach dem Tod von König Eduard als König von England anzuerkennen. Wilhelm entläßt Harold, der reich beschenkt wieder nach England zurückkehrt. Der Halleysche Komet erscheint (im April 1066) und wird als Unglückszeichen gedeutet. Nach dem baldigen Tod von Eduard (am 5.Jan. 1066) ergreift der eidbrüchige Harold die Macht und läßt sich zum König von England ausrufen. Der über den Wortbruch erzürnte Herzog Wilhelm rüstet eine Flotte und setzt nach England über. Sein Gefolgsmann, Bischof Odo von Bayeux, ermuntert die Normannen zum Kampf. Bei Hastings kommt es zur erbitterten Schlacht zwischen Normannen und Engländern. Harold und seine Brüder fallen (Ende Sept. 1066), und »Wilhelm der Eroberer« wird rechtmäßiger König von England, wie es der verstorbene Eduard gewollt hat.

Er wird Weihnachten 1066 in Westminster gekrönt. Es zeigt sich, daß auf den Eidbruch die gerechte Strafe folgte. Die Reliquien von Bayeux, bei denen Harold den Meineid schwor, haben sich gerächt.

Der Text der detailreichen Bildergeschichte ist in (kirchen-)lateinischer Sprache den einzelnen Szenen beigeschrieben und war bes. für die Kleriker zur Erbauung bestimmt.

August 1944 und die Invasion der Alliierten an der nahe gelegenen Küste Plages du Débarquement.

Außerdem sehenswert: Die Altstadt von Bayeux (Vieux Bayeux) bietet, ausgehend von der Kathedrale, interessante Rundgänge

Meuvaines (Bayeux), Dorfkirche, Abendmahlsrelief mit Türsturz des Langhausnordeingangs

mit der Besichtigung von guterhaltenen *Fachwerk-* und *Steinhäusern* aus Mittelalter und Renaissance. Das Eckhaus Rue des Cuisiniers/Rue St-Martin (heute Verkehrsamt), ein vierstöckiger Fachwerkbau aus dem 14. Jh., gilt als das älteste Fachwerkhaus der Normandie. Weitere schöne Stadthäuser des 15.–17. Jh. befinden sich in der Rue Franche und im Fußgängerbereich der Rue St-Jean (z.B. das Hotel du Croissant aus dem 16./17. Jh.). In der Nähe ist auch das Flüßchen Aure mit alter Mühle *Croquevieille* und ehem. *Fischhalle* (Ausstellungen). Die *Maison du Bienvenu* gegenüber der Kathedrale ist eines der schönsten Fachwerkhäuser des 15. Jh. mit guten Schnitzwerken (Adam und Eva). Die reizvolle Altstadt blieb im Krieg unversehrt.

Umgebung

Arromanches-les-Bains (10 km nö): Der kleine Fischereihafen mit Seebad ging in die Geschichte ein als eines der Zentren der alliierten Invasion vom Juni 1944. Sein vorgefertigter künstlicher Landungshafen gilt als Meisterwerk der Militärtechnik. Unter der Losung »Mulberry B« war er die Anlagestelle der britischen Truppen (50. britische Division). – Das reichhaltige *Invasionsmuseum* »Musée du Débarquement« am Hafen dokumentiert mit zahlreichen Anschauungsobjekten Pläne und Verwirklichung des Militäreinsatzes.

Guéron (4 km s): Die romanische *Dorfkirche* ist sehenswert wegen des interessanten Chorraums und der Figurenkonsolen an der Apsisaußenwand. – Im Nachbardorf **Saint-Loup-Hors** (Richtung Bayeux) steht ein schön erhaltener Kirchturm des 12. Jh. im SO des Langhauses. Der gut gegliederte Turm besitzt einen steilen, schuppenförmig verzierten Turmhelm. Ein Relief im Bogenfeld erinnert an den hl. Bischof Loup (Lupus) von Bayeux, den Patron der Kirche.

Meuvaines (12 km nö): Die romanische *Dorfkirche* erfuhr im 17. Jh. eine Umgestaltung in Turm und Chor. – In der Nähe (2 km sö) liegt das Dorf **Crépon** mit romanischer Kirche und einem Turm des 15. Jh.

Rucqueville (8 km sö): Die *Ortskirche* geht teilweise auf das 11. Jh. zurück. Sehenswert sind die schöngestalteten romanischen *Kapitelle* mit Szenen aus dem Leben Jesu (Flucht nach Ägypten, Anbetung der Könige, Ungläubiger Thomas). – In der Nähe (2 km nw) liegt das hübsche *Château de Vassieux*. Der Flügelbau aus dem 18. Jh. steht inmitten eines reizvollen Parkes.

Ryes (5 km nö): Die *Ortskirche* weist Bauelemente des 11.–13. Jh. auf. Das Hauptschiff mit schönen romanischen Arkaden besitzt skulptierte *Kapitelle* mit Ornamenten und z.T. phantastischen Figuren. – Im Ort befindet sich auch ein *Herrenhaus* (Manoir) des 16. Jh. mit Pavillon (um 1700).

Vaux-sur-Aure (3 km n): Das alte befestigte Herrenhaus *Manoir d'Argouges* (2 km nw) ist in typisch normannischem Stil von Mauerwällen und Wassergräben umgeben. Es besitzt ein Renaissance-Portal und ein turmflankiertes *Herrenhaus* aus dem 15./16. Jh. Die Legende berichtet von der schönen Fee von Argouges, die hier als Schloßherrin wohnte. Weil ihr Gatte das verbotene Wort »mort« (Tod) aussprach, verschwand sie, einen Fußabdruck hinterlassend, für immer.

Ver-sur-Mer (15 km nö): Der Küstenort mit ca. 1000 Einw. spielte bei der alliierten Invasion am 6. Juni 1944 als Hauptquartier des britischen Landungssektors Gold Beach eine Rolle. Die Ortskirche *St-Martin* hat einen massiven vierstöckigen romanischen Turm.

Bayeux, Hôtel de Croissant

Vienne-en-Bessin (4km ö): Die schlichte Dorfkirche *Saint-Pierre* besitzt einen bemerkenswerten Turm über dem Westeingang. Der quadratische, viergeschossige Aufbau ist reich gegliedert (Zwillingsfenster, Blendbögen, verzierte Bogenwölbungen). Der Turmhelm ist in Form einer steilen, vierseitigen Pyramide mit Fensterdurchbrüchen aufgesetzt und stammt aus der Mitte des 12.Jh.

Beaumont-le-Rogers

Eure		Haute-Normandie
Einw.: 3000	Höhe: 40 m	S. 259 □ H4

Der Marktflecken im schönen Tal der Risle liegt am NO-Rand des 3600ha großen Waldgebietes Forêt de Beaumont mit ruhigen Wanderwegen. – Schon im 11.Jh. spielte der Ort eine Rolle, was der Beiname »Roger« belegt. Er verweist auf den Normannenfürsten Roger de Beaumont, der hier um 1070 seine Burg und ein Kloster errichtete (Ruinen sichtbar). Von den Franzosen unter Philippe Auguste und Richard Löwenherz wurde die Festung erobert und zerstört. Auch im 2.Weltkrieg erlitt der Ort starke Beschädigungen.

Prieuré de la Trinité: Der Ort wird überragt von der imposanten Ruine des ehemaligen Benediktiner-Priorats, das um 1070 von Roger de Beaumont neben seinem Kastell, von dem kaum noch Spuren vorhanden sind, gegründet worden war. Teile des Kirchenschiffs mit hohen Arkaden sind noch sichtbar. Die dicken Mauern mit Verstrebungen bieten einen Einblick in die Bauweise des 13.Jh.

Église Saint-Nicolas: Die Ortskirche aus dem 13.–18.Jh. besitzt einen interessanten quadratischen *Westturm* mit starken Strebepfeilern und Zeltdach (15.Jh.). Auch Haupt- und Seitenschiffe stammen aus der Spätgotik des 15.Jh.; das *Südportal* mit Trumeaupfeilern und Wimperg hat das gleiche Maßwerk wie die Fenster der Südfassade. Eigenartig mutet der Ende des 16.Jh. entstandene zweistöckige *Chor* an, der deutlich höher ist als das Hauptschiff. Im s Seitenschiff befinden sich *Glasmalereien* des späten 15.Jh.: Zum Thema haben sie die hl. Dreifaltigkeit, die Apostel und Evangelisten und die Auferweckung des Lazarus. In der Marienkapelle stellt das Fensterbild die Hochzeit von Kana dar (16.Jh.). Im s Querschiff haben Max Ingrand* (1957) und Michel Durand* (1970) die *modernen Fenster* gestaltet.

Beaumont-le-Roger, Prieuré de la Trinité

Umgebung

Château de Beaumesnil (11 km sw): Das zauberhafte, gutrestaurierte *Schloß* mit breitem Wassergraben und einem 80 ha großen, gepflegten Park wurde um 1640 an der Stelle einer ehem. Festung erbaut. Der dreigeschossige Bau aus Ziegel und Naturstein besitzt einen schön gegliederten und reichverzierten, schlanken Zentralteil mit Portal. Er ist von hohen Schornsteinen seitlich flankiert und wird von einer laternengekrönten Kuppel überdacht. Die beiden Seitenflügel mit hohen Dächern und dekorierten Lukarnen, von zwei niedrigen Pavillons eingerahmt, bilden ein grandioses Architekturensemble. Somit gehört das von Jacques Lecomte de Nonant* errichtete Schloß im typischen Louis-Treize-Stil zu den schönsten Schlössern seiner Art in der Normandie. – Von der alten *Festung* sind noch die Ruinen des Donjon auf einer künstlichen Motte in der Nähe erhalten. – Im Innern sind der Salon, die Bibliothek und ein kleines *Museum für Buchbinderei* zu besichtigen.

Ferrière-sur-Risle (12 km s): Der Name des idyllischen Dorfes an der Risle (»Eisenhütte«) erinnert an die frühere Eisenerzförderung und -verarbeitung in der Gegend. Der für seine gelungenen *Fachwerkhäuser* bekannte Ort besitzt noch eine mittelalterliche *Markthalle* (les halles) aus dem 14. Jh. – Die *Dorfkirche* des 13./14. Jh. wurde mit ihren dicken Streben aus dem eisenhaltigen Grisonstein der Umgebung erbaut. Beachtenswert sind verschiedene Statuen, u.a. Madonna mit Kind (14. Jh.), hl. Anna (16. Jh.), St. Michael (17. Jh.) und eine Pieta (17. Jh.). Das große Altarretabel stammt ebenfalls aus dem 17. Jh. und wird der Schule von Leonardo da Vinci zugeschrieben.

Grosley-sur-Risle (4 km s): In der Nähe des neuangelegten Risle-Stausees Lac de Grosley liegen die Ruinen eines kleinen *Châteaus,* das 1420 von Antoine de Lorraine* erbaut wurde. – Das Dorf besitzt eine ursprünglich romanische *Kirche* (erneuert im 16./17. Jh.). Im Innern ist ein schöner spätgot. Taufbrunnen aus dem 15. Jh. zu sehen.

Serquigny (4 km nw): Im Ort nahe der Einmündung der Charentonne in die Risle befindet sich ein großes *Château* des 17. Jh. mit Wassergräben und Pavillons aus Ziegel und Naturstein. – Die *Ortskirche* stammt aus dem 12.–14. Jh. und zeigt noch ursprünglichen romanischen Portalschmuck. – Etwa 1 km n liegt reizvoll im Tal der Risle beim Dorf **Nassandres** die *Chapelle Saint-Eloi* (auch Saint-Lambert de Malassis genannt). Das dazugehörige *ehem. Priorat* wurde 1126 gegründet, doch größtenteils zerstört. Erhalten ist der Kapellenbau mit einem Chor aus zwei flachgedeckten Jochen und einer Apsis mit Halbkuppelgewölbe. Der Eingang ist mit schönen Voluten- und Maskenkapitellen geschmückt.

Bellême

Orne — Basse-Normandie

Einw.: 1800 — Höhe: 250 m — S. 258 □ G 6

Das reizvolle Städtchen mit altertümlichem Stadtkern liegt am Südrand des großen Waldgebietes »La Forêt de Bellême« (2400 ha). Dieser Forst mit seinen z. T. uralten Eichen- und Buchenbeständen gilt als der schönste des ganzen Landschaftsbezirks des »Perche«. Neben dem n gelegenen → Mortagne-au-Perche ist Bellême historischer Mittelpunkt des Perche-Landes.

Bellême, Hôtel de Bansard de Bois

Église Saint-Sauveur: Die spätgotische »Erlöserkirche« wurde um 1700 im Klassikstil erneuert, wie das schöne *Kirchenportal* bezeugt. Der einschiffige *Innenraum* mit Seitenkapellen weist neben der verzierten Holzdecke weitere Schnitzereien auf, vor allem die Kanzel aus dem 18. Jh. Beachtenswert ist auch der 1712 geschaffene steinerne *Hochaltar* im Chor mit seiner Abendmahlsszene. Die *Chorfenster* stellen das Leben Jesu dar.

Stadttor »le Porche«: An der Rue Ville-Close befindet sich das sehenswerte Stadttor aus dem 15. Jh., das als einziges von der alten *Stadtbefestigung* erhalten ist. In dem doppeltürmigen Gebäude ist heute die Stadtbibliothek mit *Kunstausstellung* untergebracht. Im Torbogen weist eine Gedenktafel auf die Einnahme der Stadt durch König Ludwig IX. im Jahr 1229 hin.

Außerdem sehenswert: In der Rue Ville-Close befinden sich schön gestaltete mehrgeschossige *Bürgerhäuser* mit schmiedeeisernen Balkon- und Fenstergittern. Das prächtigste Haus ist das *»Hôtel de Bansard de Bois«* mit Innenhof und Pilasterbogen. In der Nähe auch die *»Maison du Gouverneur«* (18. Jh.) mit monumentalem Portal und Innenhof. Das »Hôtel de Ville« (Rathaus) stammt von 1780.

Umgebung

Fontaine de la Herse (4 km n): In der Nordhälfte des Forêt de Bellême, in der Nähe des idyllischen Waldsees »Étang de la Herse«, befindet sich der gleichnamige Brunnen (Fontaine de la Herse). Am Brunnenstein weisen lateinische Inschriften auf einen ehem. *Tempelort* für Venus, Mars und Merkur hin.

La Perrière (10 km w): Der romantisch gelegene Ort am Westrand des Bellême-Waldes (Forêt de Bellême) leitet seinen Namen von lat. petraria (Felsland) her, was die nahen Steinbrüche des »grauen« Grison-Steins bezeugen. Der Ort bietet ein herrliches Panorama über das Perche-Land (Campagne percheronne).

Sainte Gauburge (10 km sö): Bei der *Dorfkirche* (13./14. Jh.) ist das lohnenswerte *Volkskundemuseum* des Perche-Landes eingerichtet (Musée départemental des Arts et Traditions populaires du Perche). Die Ausstellung bietet einen interessanten Einblick in Leben und Brauchtum der Region. – In der Nähe (nach O) liegt das alte *Landgut* aus dem 16. Jh. »La Ferme de la Chaponnière«; gegen S der *Gutshof* »Manoir de l'Angenadière« (Herrenhaus des 15./16. Jh.). – Im Nachbarort **St-Cyr-la-Rosière** (3 km nw) steht eine *Dorfkirche* mit schönem romanischen *Portal* und Terrakotta-Grablege des 17. Jh.

Saint-Martin-du-Vieux-Bellême (1 km nw): In dem malerischen Dörfchen am Waldrand steht die sehenswerte Kirche *St-Martin*, die auf eine romanische Gründung des 11. Jh. zurückgeht. Die erhaltene Kirche stammt jedoch aus dem 14./15. Jh. und wurde im 19. Jh. restauriert. Sehenswert sind das mit Fabeltieren und Köpfen verzierte *Chorgestühl* (17. Jh.) und die Darstellung der Himmelfahrt Mariens in der Sakristei.

Bernay

Eure — Haute-Normandie

Einw.: 11 000 — Höhe: 108 m — S. 258 □ G 4

Die lebhafte Kleinstadt liegt an der Mündung des Flüßchens Cosnier in die Charentonne und ist Mittelpunkt der landwirtschaftlich geprägten Umgebung (bes. Viehzucht).

Geschichte: Bereits um 1000 spielte die Stadt im frühnormannischen Herzogtum eine wichtige Rolle. Die Gemahlin von Herzog Richard II. (996–1026), Judith de Bretagne, gründete laut Urkunde eine Benediktinerabtei, deren Kirche zu den ältesten romanischen Sakralbauten der Normandie zählt. – Der Dichter Alexandre de Bernay (geb. 1158) verfaßte hier den berühmten »Alexanderroman« (Roman d'Alexandre), dessen fast 18000 zwölfsilbige Verse der Versform des »Alexandriners« den Namen gaben. Jahrhundertelang war Bernay bes. als Zentrum der Textilherstellung bekannt.

Abbaye Notre-Dame: Unter den Äbten Guillaume de Volpiano (von Fécamp) und Vitalis (Viral), der von Wilhelm dem Eroberer 1076 zum Abt von Westminster berufen

Bernay, Notre-Dame, Schindelverkleidete Apsis (l); Notre-Dame-de-la-Couture (r)

wurde, begann der forcierte Aufbau von Abtei und Kirche (Église abbatiale) im ursprünglich romanischen Stil. Zu dieser frühen Bauphase gehören das strenge *Langhaus* mit niedrigeren Seitenschiffen, die *Vierung* mit Vierungsturm, der Choranfang und die Querhäuser. Interessant sind dabei die hochgezogenen Triumphbögen der Vierung, die von fast einem Zweidrittelkreis überspannt sind. Auch das Langhaus besitzt hohe *Arkaden,* deren Bögen durch Halbsäulen mit reich skulptierten Kapitellen getragen werden. Darüber befinden sich kleine Zwillingsfenster, die mit dazwischengeschobenen Rundbogennischen über den Seitenschiffen liegen. Durch sie und die kleineren Obergadenfenster wird der Raum gut erhellt. Während das s *Seitenschiff* noch die Ursprungsform aufweist (mit späteren Kuppeln), zeigen die *Kreuzrippengewölbe* des n Seitenschiffes gotische Restaurierungen des 15.Jh. – Bemerkenswert sind die *Kapitell-Skulpturen* mit Blattornamentik und zahlreichen Menschendarstellungen und Fabelwesen, bes. im Chor und im s Querhaus. – Im 15.–17.Jh. wurde die Kirche (wie die Abtei) mehrfach umgestaltet, später z.T. auch zweckentfremdet (als Getreidespeicher im 19.Jh.). Ab 1963 setzte eine umfangreiche Restaurierung ein.

Abteigebäude: Die anschließenden Klosterbauten wurden nach schweren Beschädigungen seit 1628 von dem Orden der Mauristen (nach Saint-Maur benannt) wesentlich erneuert. Seit der Franz. Revolution säkularisiert, dienten sie als Sitz der Stadtverwaltung und beherbergen heute auch das Stadtmuseum.

Église Sainte-Croix: Die schöne spätgotische Kirche im N der Kathedrale wurde 1374 begonnen; das vierjochige Schiff stammt aus der 1.Hälfte des 15.Jh.; der ursprüngliche Flamboyant-Turm wurde nach Zerstörung 1687 durch eine (unpassende) Laternenkuppel ersetzt. Das Innere gleicht fast einem Museum, mit vielen Teilen aus dem ehem. Kloster Bec-Hellouin bei → Brionne (ca. 18km nö). Herausragend ist der *Hochaltar* des Architekten und Mönchs

Guillaume de la Tremblaye* (von Bec-Hellouin) von 1683. Der Altar ist aus rosa Marmor in Rotundenform auf ionisch-korinthischen Säulen gestaltet. Dazu Apostelfiguren und Evangelisten (an den Arkadenzwickeln) aus dem 14.Jh., außerdem verschied. Grabplatten von Äbten aus Bec-Hellouin. Die »Grablegung Christi« mit acht Figuren neben dem Hochaltar stammt aus dem 16.Jh.

Église Notre-Dame-de-la-Couture: Die beliebte Wallfahrtskirche auf einem Hügel im S der Stadt wurde 1950 zur päpstlichen Basilika erhoben. Der spätgotische Bau aus dem 15./16.Jh. besitzt eine Holzdecke über Schiff und Vierung. Interessant ist der *Chorumgang* mit sternförmigen Gewölben und anschließenden Seitenkapellen; die hängenden *Schlußsteine* sind reich dekoriert. Chor und siebeneckige Achskapelle wurden am Ende des 16.Jh. vollendet. Die Chorkrypta besitzt eine schöne Wallfahrtsstatue der Madonna (16.Jh.). Die prächtigen *Kirchenfenster* stellen u.a. die Wurzel Jesse, Palmsonntag, Christi Auferstehung und Himmelfahrt dar (15./16.Jh.). Das Chorgestühl mit 64 Sitzen aus Eichenholz wurde 1625 von einheimischen Künstlern gefertigt. Weithin sichtbar ist der hohe Turmhelm mit spätgot. Maßwerk und kleinerem Treppenturm. – Die Kirche ist am Pfingstmontag das traditionelle Wallfahrtsziel der religiösen Vereinigung der »Barmherzigen Brüder von Bernay« (Les Charités), die auf eine jahrhundertealte Geschichte zurückblickt.

Musée (Logis abbatial): Das Stadtmuseum (Musée municipal) befindet sich im alten Abtsgebäude aus dem 16.Jh. und zeigt interessante Sammlungen von Keramik, Porzellan (bes. Fayencen aus Rouen) und normannischen Möbeln. Die ausgestellten *Gemälde* stammen großteils von regionalen Künstlern, aber auch von der holländisch-flämischen, italienischen und franz. Schule des 17.–19.Jh.

Musée Normand (Rue G.Follope): Das kleine Museum im Nordwesten der Altstadt zeigt Fayencen und alte landwirtschaftliche Geräte der Umgebung. Zudem informiert es über die örtliche »Barmherzige Bruderschaft« und ihre Geschichte. – In der Rue G.Follope befindet sich auch eine Reihe von sehenswerten gutrestaurierten alten *Fachwerkhäusern* im regionaltypischen Stil.

Außerdem sehenswert: Die gesamte Altstadt ist bekannt für ihre reizvollen, z.T. spätmittelalterlichen *Fachwerkhäuser* (bes. im N der Kathedrale und um Ste-Croix). Die Fassaden sind reich gegliedert und mit Schnitzwerken, Erkern und Giebelfenstern (Lukarnen) geschmückt. – Kurios ist die erhaltene Gußeisenkonstruktion der alten *Markthalle* des 19.Jh. im N von Ste-Croix. – Vom parkartig angelegten Hügel im N der Stadt »Boulevard des Monts« aus bietet sich ein herrlicher Blick auf Bernay und das Tal der Charentonne.

Umgebung

Broglie (10 km sw): Der Ort mit über 1000 Einw. liegt idyllisch im Tal der Charentonne und hieß ursprünglich Chambrais. Nachdem die Adelsfamilie Broglia aus dem italienischen Piemont hier im 17.Jh. ihren Wohnsitz nahm, wurde der ganze Ort nach ihr benannt. Die Familie stellte zahlreiche Staatsmänner und Wissenschaftler, u.a. Louis-Victor Broglie, der 1929 den Nobelpreis für Physik erhielt. Auch der bekannte »Dichter des Pays d'Ouche«, der Schriftsteller Jean de La Varende (1887–1959), stammt aus dem Vorort Chamblac; er wohnte im dortigen Schloß Château Bonneville (17.Jh.). – Die Ortskirche *Saint-Martin-de-Chambrais* stammt aus dem 11.Jh. und zeigt in Haupt- und Seitenschiffen, in Chorumgang und Apsis noch die romanischen Ursprünge (trotz Restaurierung im 16.Jh.). Sie besitzt schöne *Fenster* aus dem 16.Jh. mit Darstellung der Wurzel Jesse, Anbetung der Hl. Drei Könige, Grablegung und Auferstehung Christi. – Im *Château von Broglie* (18.Jh.) mit schöner Buchenallee befindet sich die Bibliothek der Madame de Staël, die mit der Adelsfamilie verwandt war; außerdem das Laboratorium des Nobelpreisträgers Victor de Broglie. – Sehenswert ist auch das alte Fachwerkhaus *Maison de la Léproserie* aus dem 16.Jh. in Kirchennähe. Es zeigt mit Monstern und Masken beschnitzte Fachwerkbalken.

Broglie (Bernay), St-Martin, Glasfenster ▷

Brionne

Eure | Haute-Normandie

Einw.: 5000 | Höhe: 30 m | S. 257 □ H3

Die kleine, geschäftige Stadt an der Risle, die aus der gallorömischen Siedlung *Breviodurum* entstand, war schon in der frühen Normannenzeit ein befestigter strategischer Stützpunkt. Davon gibt noch die imposante Ruine des normannischen Donjon auf einer Anhöhe über der Stadt ein weithin sichtbares Zeugnis.

Église Saint-Martin: Die Ortskirche am Fluß mit ihrem hohen Spitzturm stammt aus dem 13.–15.Jh. In ihr befindet sich als Prachtstück der *Hochaltar* des Architekten und Mönchs Guillaume de la Tremblaye*. Er schuf ihn 1694 für die Marienkapelle seiner Abtei Bec-Hellouin (5 km n); nach der Auflösung des Klosters im 19.Jh. gelangte das Meisterwerk hierher. Von dort stammen auch die *Statuen* des 15. und 16.Jh.; die modernen *Glasfenster* wurden von G. Loire* ausgeführt.

Donjon: Der mächtige quadratische Bergfried im O ist das Wahrzeichen der Stadt; er stammt von der alten Normannenfestung, von der nur noch wenige Spuren erhalten sind. Die Festung wurde im 11.Jh. von Robert de Meulan* erbaut und sowohl von Heinrich I. Beauclerc (1124) als auch von Philippe Auguste (1194) eingenommen, schwer beschädigt und schließlich im 18.Jh. geschleift.

Brionne, Ziegelsteinornamente

Außerdem sehenswert: Die Kirche *Saint-Denis* im Westen geht auf das 11./12.Jh. zurück, mit späteren Umbauten (Fenster des 14.Jh. und zwei Kapellen des 16.Jh.). Nach den Kriegszerstörungen wurde der Bau originalgetreu restauriert. – Die kleine Kirche *Notre-Dame* entstand im 14.Jh. und dient heute als Ausstellungsraum (Maison de Normandie).

Umgebung

Le Bec-Hellouin (5 km n): Mit dem Namen der bald 1000jährigen Abtei im Tal der Risle verbindet sich das Bild vom »Glanz und Elend« der europäischen Glaubens- und Geistesgeschichte wahrhaftiger als mit den irdischen »Himmelsburgen« etwa von Mont-Saint-Michel. Als um 1035 der kriegsmüde Ritter Herlouin (»Herlund«) aus Brionne sein weiteres Leben als Einsiedler (Anachoret) im Wald verbringen wollte, ließ er sich mit einigen Getreuen an der Mündung des Flüßchens Bec (»Bach«) in die Risle nieder. In kürzester Zeit entstand aus der Einsiedelei, mit Unterstützung der Normannenfürsten, ein aufblühendes Kloster (ab 1040). Angezogen von dem guten Ruf der neugegründeten benediktinischen Gemeinschaft, kam im Jahr 1042 aus Italien der gelehrte Mönch Lombardus Lanfrancus (Lanfranc) nach Bec und wurde dort alsbald zum Prior ernannt. Als Berater Wilhelms des Eroberers wurde er nach dessen Ernennung zum König von England (1066) zum Erzbischof von Canterbury (England) bestimmt. Sein Nachfolger im Abtsamt von Bec wurde der später weltberühmte Theologe Anselm, der ihm auch als Anselm von Canterbury im dortigen Amt nachfolgte. Ab dieser Zeit datiert der Ruhm von der »geistigen Brandstätte« (Focus) des neuerbauten Konvents. Buchstäblich zur Brandstätte

Le Bec-Hellouin (Brionne), Tour St-Nicolas ▷

Anselm von Canterbury

Der junge Mönch Anselmo (1033 geboren) stammte aus einem vornehmen italienischen Geschlecht in Aosta/Piemont. Als sein Lehrmeister Lanfranco, vom Ruf des neugegründeten Klosters Bec bei Brionne angezogen, als Mönch in den dortigen Konvent eintrat, folgte er diesem mit 26 Jahren 1059 nach. Denn von ihm hatte er sein theologisch-philosophisches Rüstzeug erhalten, das er nun in der Stille des Risletales mit ihm durchsinnen wollte. Nachdem Lanfranc bald als Abt nach Caen gerufen (1063) und 1070 unter seinem Gönner Wilhelm dem Eroberer Erzbischof von Canterbury in England wurde, übernahm Anselm 1063 die Klosterleitung von Bec. Nach dem Tod des Gründerabtes Herlouin (Hellouin) 1078 wurde er selbst Abt von Bec-Hellouin. Dieses Amt hatte er bis zu seiner Berufung als Nachfolger von Lanfranc auf den Stuhl des Erzbischofs von Canterbury (1093) inne. Im Jahr 1109 verstarb er dort im Alter von 76 Jahren. – Als Anselm von Canterbury ging er in die Philosophiegeschichte ein mit dem Titel »Vater der Scholastik«. Als der 60jährige Mönch und Theologe das beschauliche Kloster am Bach »Bec« verließ, hatte er hier die »scholastischen« Denkweisen, derentwegen er bis heute bedeutsam blieb, entwickelt: Auf der Grundlage des unanfechtbaren Glaubens (fides) an die Offenbarung und die Erlösung durch Christus, die ihm in mystischer Erfahrung einleuchtend war, sprach er der natürlichen Vernunft (ratio/intellectus) eine ihr eigene Gültigkeit des Erkennens zu. Neu ist seine Koppelung von Glaubensgewißheit und rationalem Intellekt, die in den Sätzen gipfelt: »Fides quaerens intellectum« (Glaube sucht [braucht] Vernunft) und »credo, ut intelligam« (ich glaube, um zu erkennen). Was dem mystischem Glauben gewiß ist – die Existenz eines allmächtigen Schöpfergottes –, soll dem Intellekt aus eigener Kraft erkennbar werden. Dies führte zu seinem später so genannten »ontologischen Gottesbeweis«: Etwas Größeres als Gott kann ich nicht denken. Wäre nun Gott bloß in meinem Denken (Intellekt) vorhanden, dann könnte ich noch etwas Größeres (Gott) denken, das wirklich existiert! – Diese Argumentationsweise, die auf der Basis der sokratischen Frage (quaestio) und dem Dialog (disputatio) aufbaut, wurde typisch für die Scholastik. Ihre Auswirkungen bestimmten das Denken der Neuzeit (Descartes) bis hin zu Hegel und Marx.

wurden Abtei und Kirche nahezu regelmäßig; so ging der 1073 begonnene Bau schon 1150 in einem Brand unter. Nachdem 1178 der Neubau geweiht war, erfolgte 1197 ein Teileinsturz wegen weicher Fundamente. Den Wiederaufbau zerstörte der Brand von 1263 mit Einsturz des Vierungsturmes 1274. Im Jahr 1342 wurde ein erneuter Kirchenbau eingeweiht, der zu Beginn des Hundertjährigen Krieges als Fluchtburg befestigt, aber 1418 von den Engländern erobert wurde. Die dadurch entstandenen Schäden wurden nach Beendigung des Krieges beseitigt, wobei auch das heutige Wahrzeichen, der einzeln stehende *Turm Saint-Nicolas,* 1467 errichtet wurde. Im Jahr 1562 wurde das Kloster von den Hugenotten geplündert; um 1600 stürzte das verwahrloste Schiff ein. Erst nachdem sich der Konvent 1627 den reformerischen Mauristen (von Saint-Maur) angeschlossen hatte, erfolgte ein gewisser Wiederaufstieg. Im 18.Jh. wurde von ihnen der noch heute erhaltene *Abteikomplex* erbaut, u.a. das streng geschnittene *Refektorium* (1742–47). Im Verlauf der Franz. Revolution wurde der Orden aufgelöst; die Reste von Chor und Vierung wurden von Staats wegen abgebrochen (1809). Die übrigen Gebäude dienten bis zum 2.Weltkrieg als Militärdepots. Eine Rettung und Restaurierung der Bauten (bes. des *Kreuzgangs* aus dem 18.Jh.) begann nach dem Krieg. Seit 1948 wird das Kloster wieder von Benediktinern geführt. Das ehem. Refektorium dient heute als Kirche. Dorthin wurde auch der Sarkophag des Klostergründers Herlouin (Hellouin) aus der Dorfkirche überführt (1959). – *Tour St-Nicolas:* Der einzeln stehende, als

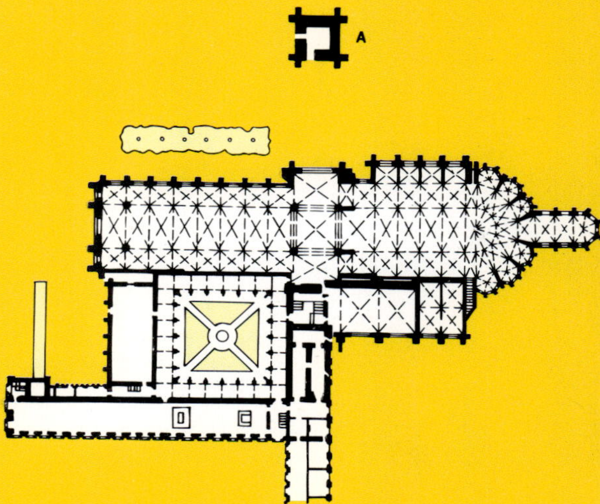

Campanile geplante Turm von 1467 ist der einzige erhaltene Rest der im Spätmittelalter wiedererrichteten *Abteikirche.* Der wuchtige, jedoch bis heute unfertig wirkende Turm stellt in seiner Eigenart ein Mahnmal des nie vollendbaren menschlichen Strebens dar. Die über 200 Stufen führen auf eine mit Fialen geschmückte Balustrade empor, von der man einen weiten Blick in die Umgebung genießt. Die ursprüngliche spätgotische Spitze wurde bei der Zerstörung der Kirche im 19. Jh. abgebaut und verstärkt die Torsowirkung des Baus. – In der Nähe finden sich die *Pfeilersockel* der alten Kirche, die so Aufschluß über deren Grundriß geben (siehe Skizze).

Boisney (7 km sw): Die Ortskirche *Saint-Aubin* stammt in ihren wesentlichen Bauteilen aus dem 12. Jh. mit späteren Erneuerungen aus dem 18. Jh. (n Querhaus). Das vierjochige Hauptschiff ist in archaisch-romanischem Stil gehalten. Die zweistufigen Rundbögen ruhen auf quadratischen Pfeilern, z.T. von Halbsäulen flankiert. Dem zweijochigen Chor folgt ein kurzes Querhaus. Über der Vierung mit Spitzbögen und Kreuzrippengewölbe erhebt sich der Turm, ebenfalls mit Spitzbögen u.d geometrischem Schmuck, der in einen spitzen hölzernen Dachstuhl ausläuft. Er ist zweigeschossig, von engen Schießscharten durchbrochen und mit einem Treppentürmchen versehen. Die Innenausstattung stammt größtenteils aus dem aufgelösten Kloster Bec-Hellouin (15. Jh.).

Château de Tilly (7 km nö): An der Stelle einer Normannenburg des 11. Jh. errichtete Guillaume Le Roux* 1515–47 ein schön gestaltetes *Renaissanceschloß.* Der elegante Bau, überwiegend aus Stein, wird von zwei zylindrischen Türmen flankiert und von Lukarnen-Dächern gekrönt. Im 2. Weltkrieg diente das Schloß der deutschen Armeeführung (1940–44) als Sitz. Im Schloßpark befindet sich ein schönes oktogonales *Taubenhaus* in Schlößchenformat.

Le Bec-Hellouin (Brionne), Rekonstruktion des Abteikomplexes und Tour St-Nicolas (A)

Caen, St-Pierre, Petrusstatue

Fontaine-la-Soret (5 km s): Die Dorfkirche *Saint-Martin* stammt aus dem 11. Jh. mit Umbauten im 16. und 19. Jh. (Chorfenster im Flamboyantstil). Chorgestühl und Taufbrunnen wurden im 16. Jh. erstellt. – In der Nähe liegt das imposante *Château de Fontaine,* ein Familiensitz aus dem 18. Jh.
Livet-sur-Authon (8 km nw): Die spätgot. Kirche *Notre-Dame* mit Chor des 14. Jh. wurde im 18. Jh. im Schiff erneuert. Das Innere birgt ein schönes Taufbecken des 14. Jh. und andere Figuren des 15. und 16. Jh. – Der Nachbarort **Saint-Grégoire-du-Vièvre** (1 km nw) besitzt eine Kirche des frühen 16. Jh.
Saint-Georges-du-Vièvre (15 km nw): Der kleine Ort mit schönen *Fachwerkhäusern* hat eine *Kirche* aus dem 12./13. Jh. (Turm und Chor), die im 19. Jh. im Schiff umgebaut wurde. Beachtenswert sind das Südportal (14. Jh.) und die Statue der Madonna mit Kind (15. Jh.). – Am Dorfrand liegt das prächtige *Château de Launay* im typischen normannischen Stil des 18. Jh. mit eleganter Inneneinrichtung. Sehenswert ist auch das spätgot. *Taubenhaus* (colombier) von 1503.

C

Caen

Calvados — Basse-Normandie

Einw.: 120 000 — Höhe: 8 m — S. 255 □ E 3

Caen, am Zusammenfluß von Orne und Odon, ist die drittgrößte Stadt der Normandie nach Rouen und Le Havre. Als Hauptstadt der Region der Unteren Normandie ist sie auch ihr kulturelles (die Universität entstand 1432) und wirtschaftliches Zentrum. Trotz der 14 km bis zur Küste steht Caen in Verbindung mit dem Meer durch den Ornekanal; sein Hafen ist der achtgrößte des Landes.
In den letzten Wochen des 2. Weltkrieges wurde die Stadt fünf Wochen lang umkämpft und dabei beinahe völlig zerstört. Doch als Glück im Unglück blieben viele historische Bauten unangetastet. Caen ist also, obwohl so viele moderne Gebäude vorhanden sind, noch nachvollziehbar in seiner Geschichte und besitzt mit seinen Häusern aus hellem Jurakalkstein eine sehr angenehme Ausstrahlung.

Geschichte: Erst in den 70er Jahren wurden einige Überreste einer gallorömischen Siedlung bei Ausgrabungen um die Klosterkirche St-Etienne gefunden. Jedoch blieb Caen bis zum 11. Jh. unbedeutend. Zu dieser Zeit machte Wilhelm (der damals auf Grund seiner illegitimen Abstammung noch den Beinamen »der Bastard« führte) Caen zu seiner Lieblingsstadt und trug dadurch wesentlich zu ihrer Entwicklung bei. Er hatte gerade davor in der Nähe von Bellengreville

Caen, Abteikirche, Grabplatte Wilhelms des Eroberers

(9 km von Caen entfernt) die rebellischen Herzöge von Cotentin und Bessin besiegt. Nachdem sein Herzogtum gesichert war, bat er um die Hand seiner Cousine Mathilde von Flandern. Nachdem sie ihn zunächst empört ablehnte (»Lieber wäre ich Nonne als einem Bastard versprochen«), worauf er später mit einem gewalttätigen Wutanfall reagierte (die Chroniken dieser Zeit berichten ausführlich darüber), verliebte sie sich doch in ihn. Sie heirateten gegen das Verbot des Papstes (wegen ihrer nahen Verwandtschaft) und zogen nach Caen. Der Papst antwortete mit ihrer Exkommunikation. 1059 wurde sie aufgehoben unter der Bedingung, Wilhelm und Mathilde würden zwei Klöster errichten lassen. So entstanden die Abbaye aux Hommes (als Buße von Wilhelm) und die Abbaye aux Dames (als Buße von Mathilde). Dort wurden sie auch später begraben.

Im Laufe des Hundertjährigen Krieges wechselte die Stadt mehrmals den Besitzer. Unter englischer Regentschaft wurde die Universität (Fakultäten: Jura, Theologie, Medizin und Kunst) gegründet, die die französischen Könige später weiter ausbauten.

Während der Religionskriege war Caen eine kalvinistische Hochburg. Doch die Auseinandersetzungen zwischen Katholiken und Protestanten gingen im Mai 1562 so weit, daß etliche religiöse Bauten der Stadt in Brand gesetzt wurden.

1793 nach der Franz. Revolution bot Caen vielen Girondisten, die vor der Verfolgung der radikalen Montagnards in Paris flüchteten, Zuflucht. Aber der Frieden, den sie dort fanden, war nur kurzlebig: bald wurden sie gefangen und hingerichtet.

Im 19. Jh. litt die Wirtschaft unter der Kontinentalsperre gegen England, die Napoleon verhängt hatte. Doch die Ausbeutung der Erzminen in der Nähe von Caen ab Ende des Jahrhunderts brachte schnell einen neuen Aufschwung für die Stadt. Schwerindustrie und Hüttenwerke siedelten sich in der Umgebung an. Heutzutage kommt der Automobilbau als weiterer wichtiger Stützpfeiler der Wirtschaft dazu.

Der Juli 1944 dürfte wohl die schwierigste Zeit Caens gewesen sein. Die Stadt wurde

wochenlang bombardiert und stand in Flammen. Tausende von Zivilisten suchten in dem Männerkloster und im Steinbruch von Fleury Zuflucht und warteten dort auf die Befreiung der Stadt.
Nach dem neuen Aufbau, u.a. dank weiterer Ansiedlung von Industrien, verdoppelte sich rasch die Einwohnerzahl. Der Kanal wird ununterbrochen erweitert, vertieft und modernisiert, was den Hafenbetrieb fördert. Es werden hauptsächlich Kohle, Holz und Dünger importiert, Stahl, Nahrungsmittel und Getreide exportiert. Caen ist eine Stadt mit Zukunft.

UNBEDINGT SEHENSWERT:
Abbaye aux Hommes
Abbaye aux Dames
Église Saint-Pierre
Château
Musée des Beaux-Arts

Sakralbauten

Abbaye aux Hommes: Sie besteht aus zwei Teilen, der *Abteikirche St-Étienne* und dem ehem. *Abteigebäude,* wo 1965 das Rathaus untergebracht worden ist.
Der Bau der Kirche wurde 1056 begonnen. Lafranc, der dieses Sühnewerk zur Aufhebung der Exkommunikation Wilhelms mit dem Papst ausgehandelt hatte, wurde der erste Abt dieses Benediktinerklosters, bevor er nach der Eroberung Englands zum ersten normannischen Erzbischof von Canterbury ernannt wurde.
Saint-Étienne wurde 1077 feierlich eingeweiht. Aus dieser Zeit stammen das romanische Mittelschiff und die Westfassade. Diese schmucklose dreistöckige Fassade wirkt schlicht und streng. Zwei 90 m hohe Türme rahmen sie ein, die später im 13.Jh. mit gotischen Turmhelmen vollendet worden sind.
Im 13.Jh. wurden auch der gotische Chor und der Chorumgang gefertigt. Beachten Sie die Chorhaube und die um sie emporragenden vier Türme; sie bilden den beeindruckendsten äußeren Teil der Kirche. Diese gelungene Mischung verschiedener Stilrichtungen ist ein wesentliches Merkmal von St-Étienne. Die Kirche wurde während der Religionskriege im 16.Jh. von den Hugenotten geplündert und teilweise zerstört. Die Restaurierungsarbeiten am Chor und an dem Vierungsturm, der eingestürzt war, wurden im 17.Jh. durchgeführt. In diesem Jahrhundert und im nächsten erhielt die Kirche Mobiliar, Uhr und Orgel.
Beim ersten Blick ins Innere wirkt das Langhaus viel mehr durch seine Weite und Helligkeit als durch seine Ausschmückung, die relativ sparsam ist. Das Hauptschiff beinhaltet breite Arkaden, ein Triforium und einen typisch normannischen, mit Zinnenfries geschmückten Obergaden. Beachten Sie den Aufbau des Kreuzrippengewölbes, das auch in den Seitenschiffen vorhanden ist.
Bei der Vierung steht der im 17.Jh. erneuerte Laternenturm, dessen erste Fassung im 11.Jh. größer (ca. 120 m hoch) war.
Die Querschiffarme sind kurz. Im linken finden Sie in der Empore eine große Uhr des 18.Jh., die mit Holzschnitzereien umrahmt und vom einheimischen Meister Gautier* geschaffen worden ist. Das rechte Querschiff beherbergt die Orgel von 1747. Der Chor aus dem 13.Jh. ist der älteste gotische Chor im Lande. Er wurde zum Modell für weitere Kirchen. Sein Baumeister ist an der äußeren Scheitelkapellenwand begraben. Der Chorumgang öffnet sich in sieben Kapellen, die von beeindruckend schönen schmiedeeisernen Gittern (19.Jh.) abgeschlossen werden. Auf diesen sind Wappen und Namen ehemaliger Äbte und Priester zu sehen. Das Chorgestühl mit interessanten geschnitzten Miserikordien stammt aus dem 17.Jh. Vor dem Altar aus farbigem Marmor befindet sich die Grabplatte von Wilhelm dem Eroberer. Sein ursprüngliches Grab wurde im 16.Jh. geplündert; während der Franz. Revolution überließ man die wenigen Überreste seiner Leiche dem Wind.
Wenn Sie die Kirche verlassen, erreichen Sie die *Gartenanlage der Esplanade Louvel,* die nach Plänen des 18.Jh. neugestaltet worden ist. Sie liegt vor dem Rathaus, das in den ehemaligen Gebäuden der Abtei untergebracht ist. Unter Napoleon I. waren die Räumlichkeiten in ein Gymnasium umgewandelt worden.
Von den ursprünglichen romanischen Klostergebäude ist nichts mehr zu sehen. Im 18.Jh. wurden sie im toskanischen Stil von Guillaume de la Tremblaye* aus der Or-

Caen, Abbaye aux Hommes, Abteikirche ▷

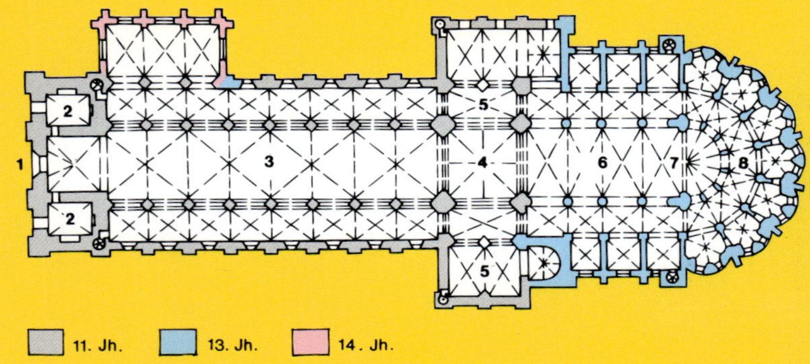

Caen, Abteikirche St-Étienne 1 W-Fassade **2** Fassadentürme **3** Hauptschiff **4** Vierung **5** Querschiffe **6** Chor **7** Hochaltar **8** Chorumgang

densgemeinschaft von Saint-Maur wiederaufgebaut. Einige Säle sind zu besichtigen, die mit prächtigen Holztäfelungen aus Eiche (Stil Ludwigs XV. und XVI.) geschmückt sind. Die Wandgemälde von normannischen, französischen und holländischen Malern des 17., 18. und 19. Jh. sind auch beachtenswert.

Von der Ostseite beginnend sehen Sie zunächst den ehemaligen Holzraum der Mönche, in dem heute Ausstellungen stattfinden. Im Lesesaal (heute werden dort Ehen geschlossen) sehen Sie Gemälde des 17. Jh., von Bourdon* »Die Überquerung des Roten Meeres« und von Mignard* z.B. »Moses, der auf den Stein schlägt«. In der Sakristei hängt ein Gemälde von Lebrun* (17. Jh.): es zeigt Moses, der einen ägyptischen Hirten rügt. Eine Treppe führt Sie dann zu einem Kreuzgang, von dem aus Sie einen sehr guten Ausblick über die zwei Türme von St-Étienne genießen können. Von dem ovalen Sprechzimmer aus gelangen Sie in einen Vorraum, dessen Ehrentreppe ein sehr fein gearbeitetes Schmiedeeisengitter (1760 bis 1764) besitzt. Beachten Sie die Kühnheit der Treppe, sie scheint zu schweben und wurde ganz ohne Zement gebaut. Einzig der Druck der Steine unter- und aufeinander bestimmt die Statik. Wenn Sie den Kreuzgang nochmals durchqueren, erreichen Sie das Eßzimmer mit vielen Holzschnitzereien und Gemälden von Lépicié* und Restout*. Tip: Von der gegenüber dem Rathaus liegenden *Église du Vieux-St-Étienne* aus (leider in Trümmern: nur noch der Chor, 13. Jh., und der Vierungsturm, 15. Jh., sind erhalten) haben Sie den schönsten Ausblick auf die Abtei und ihre Kirche.

Abbaye aux Dames: Die Abtei wurde 1062 im Auftrag von Königin Mathilde als Pendant zur Männerabtei Wilhelms gebaut.

Sehenswert ist insbesondere die *Église de la Trinité (Dreifaltigkeitskirche),* die in ihrem romanischen Bau hervorragend erhalten ist.

Die Fassade wurde leider im 18.Jh. mit der Ersetzung der zwei Geschosse und Helme der Türme durch ein einziges Geschoß und eine schwere Balustrade verunstaltet.
Im Innern ist das Hauptschiff neun Joche lang. Im 12.Jh. wurde es nachträglich gewölbt. Über den Arkaden, die beinahe die Hälfte der Innenhöhe erreichen, befindet sich ein sehr kleines Blendtriforium, das wie ein Fries wirkt.
Die zwei Joche langen Querschiffe sind reichhaltiger geschmückt als das Mittelschiff. Der Chor mit seinem beeindruckenden Kreuzgratgewölbe (Ende 11.Jh.) ist sehr geräumig und steht in Kontrast zu der leichten Apsis. Eine hübsche Kapelle des 13.Jh. schließt ihn ab. Im Chor ruht unter einer schwarzen Marmorplatte Königin Mathilde, die 1083 starb. Es gibt keinen Chorumgang. Beachten Sie die Bögen vor den Fenstern, deren Rundpfeilerkapitelle ausführlich mit phantastischen und realen Tieren versehen sind (geflügelte Zentauren, einen Turm tragender Elefant usw.).
Die *Krypta* aus dem 11.Jh. ist erstaunlich gut erhalten. Vier Reihen Säulen mit Figurenkapitellen stützen ein kleines Kreuzgratgewölbe. Sie erreichen sie durch eine Treppe in der Kapelle des rechten Querschiffes.
Die 1066 fertiggebaute Abtei wurde von 46 Äbtissinnen geleitet, die »mesdames de Caen« genannt wurden. Anfang des 18.Jh. wurden die Gebäude im klassizistischen Stil völlig erneuert, aber die Franz. Revolution unterbrach die Arbeit, und die vierte Seite wurde nicht gebaut. Die Gemeinschaft löste sich auf, und die ganze Ausstattung wurde verkauft. Man errichtete dort 1823 ein Krankenhaus, das 1984 wieder geschlossen wurde. Ein Jahr später unternahm die Stadt umfangreiche Restaurierungen; die Gebäude sind heute Sitz des Regionalrates.
Das *Untergeschoß* ist zu besichtigen. Um den nachträglich angelegten Ehrenhof läuft der Kreuzgang, dessen Gewölbe die genaue Nachbildung derjenigen in der Männerabtei sind. Beide Abteien hatten auch denselben benediktinischen Architekten: Guillaume de la Tremblaye*.
Von der Eingangshalle aus rechts befindet sich der von Pilastern umgebene ehemalige Speisesaal der Nonnen. Dort hängen zwei Porträts von Äbtissinnen: Anne de Motmorency (1554–88) und Marie-Aimée de Pontecoulant (1787–92).
Direkt daneben befindet sich das Lavatorium mit vier schwarzen Marmorbecken, wo sich die Nonnen vor dem Essen die Hände wuschen. Achten Sie auf die Muschelornamente.
Im großen Vorsaal, der sich zur Kirche öffnet, sind die Gewölbe des 18.Jh. gefächert.
Der Südflügel (ehemaliger Kapitelsaal und Bibliothek) dient für Empfänge und Ausstellungen.

Église Saint-Pierre: Diese Kirche wurde zwischen dem 13. u. dem 16.Jh. ausgeführt und vereinigt Stilelemente von der Romanik bis zur Renaissance. Bei Ausgrabungen wurden sogar Spuren einer vorromanischen Anlage gefunden. An der Nordwand der Kirche befinden sich Reste eines Friedhofes, der vermutlich aus merowingischer Zeit stammt. Die Westfassade mit ihrer Rose, die sich zum Berg wendet, wurde im 14.Jh. gebaut. Leider hat das Hauptportal sehr unter der Franz. Revolution gelitten. Von dem Giebelfeld blieb nur ein Teil erhalten, das den Streit zwischen Petrus und Simon dem Magier darstellt.
Der Turm war ursprünglich auch im Jahr 1308 errichtet worden. Er wurde aber im 2.Weltkrieg vollkommen zerstört. Sein Wiederaufbau wurde durch den Verkauf der Wracks der 1944 vor der Küste gesunkenen Schiffe finanziert. Diese Renovierung war von besonderer Bedeutung, da der Turm mit seinen 78 m Höhe der »König der normannischen Glockentürme« und Vorbild vieler weiterer Türme bis in die Bretagne war. Dieser viereckige Turm weist immer mehr Öffnungen auf, je höher der Blick reicht. Der Übergang zum achteckigen Helm wird durch acht Ecktürme verborgen gehalten. An der Spitze sind insgesamt 48 Löcher, die es dem Turm ermöglichen, dem Wind standzuhalten.
Im Innern wird an der Mittelachse ersichtlich, daß diese Kirche in mehreren Abschnitten gebaut wurde. In der Tat wurden im 13.Jh. die Arbeiten gleichzeitig an der Ost- und Westseite begonnen. Eine dicke Wand trennte diese Baustellen ab, und somit konnte der Westteil, der zuerst beendet wurde, gleich für den Gottesdienst benutzt werden. Als der Ostteil ebenfalls vollendet und die Wand abgerissen wurde, stellte man leider fest, daß die Achse an dieser Stelle leicht abgeknickt war.

Das *Mittelschiff* weist elf Joche auf. Die fünf ersten (14.Jh.) haben einfache Kreuzspitzbogen. Manche Kapitelle sind mit Skulpturen verziert, die Tiersagen oder Rittergeschichten darstellen. Der dritte Pfeiler ist besonders interessant: Aristoteles, der auf dem Weg zu Alexander von Campaspe ist; der Phönix; Samson, wie er den Löwen bekämpft; der Pelikan, wie er seine Jungen mit seinem Blut ernährt; Lancelot auf der Suche nach seiner Dame, der einen Fluß über einem Schwert überquert; die Jagd auf das Einhorn.
Zum Chor hin stehen die Flamboyant-Gewölbe mit ihren fein gearbeiteten Schlußsteinen in Kontrast mit denen der ersten Schiffshälfte. Über dem Altar hängend sehen Sie die beeindruckende *Petrusstatue,* die 3000 kg wiegt und 3 m hoch ist. Das Original, das im 2. Weltkrieg sehr zu Schaden kam, befindet sich im Seitenschiff.
Der *Chor* wird von vier Arkaden (15. und 16.Jh.) abgeschlossen. Sehr sehenswert ist der reichverzierte spätgotische Fries oberhalb von ihnen.
Der *Chorumgang* öffnet sich in fünf Kapellen, die der Hl. Jungfrau und den Schutzheiligen der Bruderschaften geweiht sind. Sie wurden mit dem Chorumgang und dem Altarraum zwischen 1535 und 1550 gebaut. Sie zeugen von dem großen Reichtum der spätgotischen Architekturkunst und, je höher der Blick reicht, von den Anfängen der Renaissance. Die sehr beeindruckenden Gewölbe mit Schlußsteinen sind das Werk des einheimischen Steinmetzes Hector Sophier*. Beachten Sie insbesondere die erste Kapelle rechts, sie ist die harmonischste von allen.

Église Saint-Sauveur: Von der Rue Saint-Pierre aus sehen Sie diese Kirche, die insbesondere wegen ihrer zwei nebeneinandergesetzten Schiffe interessant ist. Das linke ist gotisch (15.Jh.), das rechte im Stil der Renaissance (16.Jh.) gestaltet. Sie werden durch einen Bogen von 13 m Spannweite verbunden. Der typisch normannische gotische Glockenturm erinnert stark an den der Église St-Pierre.
Den Eingang erreichen Sie durch die enge Gasse *Rue Froide,* eine der ältesten noch existierenden Straßen der Stadt. Ihre geschmückten *Fachwerk- und Steinhäuser* stammen aus dem 15./18.Jh.

Notre-Dame-de-la-Gloriette: Von den Jesuiten 1684–89 errichtet, weist diese Kapelle die Strenge der Spätrenaissance-Architektur auf. Sehenswert ist der reichgeschmückte *Chor.* Der *Balchadin-Hochaltar* stammt aus der Abbaye aux Dames und das schmiedeei-

Caen, Château, Ringmauer

serne Gitter aus der Abbaye aux Hommes (beide 18.Jh.). Die Reliquien von Jean Eudes (1601–80) befinden sich links neben dem Chor. 1643 hatte er die Weltpriesterkongregation gegründet; 1925 wurde er heiliggesprochen.
Die Kirche steht auf der *Place de la République,* die von schönen Häusern im Louis-Treize-Stil umgeben wird; beachten Sie das *Hôtel Daumesnil* (Nr. 23–25).

Église Saint-Jean: Sie steht in einem Viertel, das im Krieg völlig zerstört wurde, und blieb leider selbst auch nicht ganz verschont. Die Kirche wurde im 14./15.Jh. im Flamboyantstil erbaut. Ihr Laternenturm ist bis zum zweiten Stockwerk aus dem 14.Jh. und endet im Renaissance-Stil. Der Vierungsturm wurde nie ausgebaut, da der Boden sich als zu labil erwies: die Kirche hatte sich bereits ein wenig gesenkt. Im Innern ist der *Chor* erstaunlicherweise so lang wie das Schiff. Beachten Sie das *Triforium* im Flamboyantstil.
Gegenüber der Chorhaube, auf der *Place de la Résistance,* wurde 1964 eine *Statue von Jeanne d'Arc* aufgestellt.

Église Saint-Nicolas: Diese romanische Kirche wurde im 11.Jh. von den Mönchen der Abbaye aux Hommes gebaut. Sie hat seitdem außer der Errichtung des Turmes an der Fassade (15.Jh.) keine Veränderung erfahren, was auch die Reinheit ihres Stils erklärt. Eine Seltenheit in der Normandie: das Portal besitzt drei Arkaden. Die Kirche ist nicht zu besichtigen; aber vom alten Friedhof (links von ihr) aus haben Sie einen guten Ausblick auf die schöne Apsis. Es ist auch sehr angenehm, unter den alten Bäumen eine Weile spazierenzugehen.

Profanbauten

Château: Wilhelm der Eroberer ließ das Schloß 1060 auf einem Hügel errichten. Sein Sohn Heinrich I. Beauclerc fügte 1123 einen Burgfried (Donjon) hinzu, der 1793 zerstört wurde. Vom 13. bis zum 15.Jh. wurde die Burg erweitert. Nach den Angriffen von 1944 wurde sie umfassend restauriert, und heute ist diese Anlage zu einer grünen Oase im Herzen der Stadt geworden. Die *Ringmauer* mit zahlreichen Bastionen stammt ursprünglich aus dem 12.Jh.; zu sehen sind aber hauptsächlich Teile aus dem 15.Jh. Sie können die Burg durch die Porte sur la Ville (gegenüber der Kirche St-Pierre) oder weiter n durch die Porte des Champs (14.Jh.) betreten. Die Mauer ist begehbar und ermöglicht einen schönen Blick über die Stadt. Von dem Tor der Stadt aus sehen Sie auf der rechten Seite das Museum der schönen Künste und hinter ihm die *Kapelle St-Georges.* Sie stammt aus dem 12.Jh., wurde aber im 15.Jh. stark überarbeitet. Sie beherbergt heute ein Denkmal für die Gefallenen des Kampfes um Caen 1944. Manchmal finden dort auch Ausstellungen statt. Gegenüber steht das *ehem. Haus des Amtmanns,* das später im 17./18.Jh. in eine Gouverneursresidenz umgewandelt wurde. Hier ist das *Museum der Normandie* untergebracht. An seiner Seite liegt der *Garten der Heilkräuter* (Jardin des Simples), die die Mönche einst zur Zubereitung von Heilmitteln benötigten.
Weiter auf der linken Seite erhebt sich das älteste erhaltene Gebäude dieser Anlage, die zweigeschossige *Salle de l'Échiquier,* eines der seltenen Beispiele der normannischen Profanarchitektur des 12.Jh. Dieser romanische Saalbau gehörte zum Herzogspalast, dessen Grundrisse nebenan noch vorhanden sind. Das Échiquier de Normandie, das selbständige Justizwesen der Normandie, traf

Caen, Hôtel d'Escoville, Innenhof, Skulptur

sich dort zweimal im Jahr. (Keine Besichtigung.)
Noch weiter n erkennen Sie die *Reste des Bergfrieds* von Heinrich I. Beauclerc. Er bestand aus einem viereckigen Turm mit kleineren runden Türmen an seinen Ecken.

Hôtel d'Escoville: Dieses Stadtpalais wurde von dem reichen Kaufmann Nicolas le Valois d'Escoville zwischen 1533 und 1538 erbaut. 1944 zerstört, wurde es restauriert und beherbergt jetzt das *Verkehrsamt.* Dieser Bau verkörpert die Anfänge der Renaissance in Caen; der italienische Einfluß ist unübersehbar.
Hinter der strengen Fassade verbirgt sich ein sehr sehenswerter *Innenhof* mit reichem Skulpturenschmuck. Beim Eintreten sehen Sie vor sich Apollo mit der Leier und Marsyas mit der Flöte. Der *rechte Flügel* ist besonders bemerkenswert: Im Untergeschoß stehen Statuen von Judith, die den Kopf des Holofernes hält, und von David, der den Kopf Goliaths zeigt. Oberhalb von ihnen stellen die Reliefs rechts die Entführung Europas und links die Befreiung Andromedas durch Perseus dar. Beachten Sie die Wappen der Familie Escoville. Von der *Loggia* aus haben Sie einen schönen Blick auf den Hof. Wenn Sie hinausgehen, entdecken Sie noch an der Ecke zum Boulevard Maréchal-Leclerc ein Haus von 1525, das man *Hôtel de Than* nennt. In seiner Architektur vermischen sich Flamboyant- und Renaissance-elemente.

Caen, Musée de la Normandie, Keltische Muttergottheit (1. Jh. n. Chr.)

Maison des Quatrans: Dieses Haus steht in der Rue de Geôle 31 und wurde 1383–90 von dem gleichnamigen Notar erbaut. Es besitzt eine Fachwerkfassade und gehört zu den ältesten Häusern von Caen. Auf der *Hofseite* ist eine Steinfront samt Tourelle aus dem 16. Jh. zu sehen.

Museen

Musée des Beaux-Arts: Das Museum der schönen Künste befindet sich auf dem Burghügel. Es beherbergt zum großen Teil eine Gemäldegalerie mit Werken vom 15. Jh. bis zum 20. Jh. Die früheren Werke gehören meistens der flämischen und italienischen Schule an. Unter anderem sind zu sehen: der hl. Jacques von Cosimo Tura; die Heirat der Jungfrau von Perugino; die Hl. Jungfrau mit dem Kind von Van der Weyden sowie weitere Werke von Veronése, Tintoretto und Frans Fioris. Das Museum ist mit seiner Sammlung aus den italienischen (Le Guerchin, Giordano, Strozzi), flämischen (Rubens, Jordaens, Van Dyck, Van Goyen) und französischen (Poussin, Champaigne) Schulen eines der größten Frankreichs für Werke des 17. Jh. Vom 18. Jh. sind französische Porträtmaler (Rigaud*, Tournières*, Lefèvre*) und Landschaftsmaler (Boucher*) zu sehen.
Die dem 19. und 20. Jh. gewidmeten Räume geben einen umfassenden Überblick über die verschiedenen Richtungen und die Entwicklung der Malerei in diesem Zeitraum (Géricault*, Delacroix*, Courbet*, Ribot*, Corot*, Monet*, Bonnard* usw.).
Neben diesen Gemälden bietet das Museum eine *Sammlung von Emaillen* (16./17. Jh.), *Porzellan* (18. Jh.), *Schmiedeeisenarbeiten, Möbeln, Teppichen.* Die *Fayencesammlung* aus Rouen und Delft ist sehr sehenswert. Zusätzlich gibt es noch ein *Kunststichkabinett* mit mehr als 50000 Blättern. Darunter befinden sich Werke von Callot*, Dürer und Rembrandt.

Musée de la Normandie: Das 1963 bei der Burg gegründete Museum befaßt sich mit der *Geschichte und Völkerkunde der Normandie.* Es ist äußerst interessant und unterhaltsam aufgebaut. Im Parterre sind die Räumlichkeiten nach Perioden von der Vorgeschichte an bis zum 6.Jh. gegliedert, im ersten Stock nach Themen wie Haushalt, Religion, Kunsthandwerk, Landwirtschaft, Fischerei in der Normandie seit dem Mittelalter.

Mémorial-Musée pour la Paix: Das Friedensmuseum liegt etwas n der Stadt. Es wurde 1988 eröffnet und ist mit den modernsten Kommunikationstechniken ausgestattet. Auf verschiedene Weise (Filme, Bilder, Computer) werden alle möglichen Informationen über die Geschichte unseres Jahrhunderts von 1918 an, mit Schwerpunkt auf dem 2.Weltkrieg, bis zu unserer Gegenwart dargeboten. Über Datenbanken kann der Besucher noch weitere Daten einholen.

Musée d'Initiation à la Nature: Das *Naturkundemuseum* wurde 1995 völlig neu gestaltet. Es befindet sich bei der »Abtei der Männer«. Vogel- und Florasammlungen der existierenden Arten in der Normandie werden gezeigt; für Kinder interessant gestaltet.

Musée de la Poste: In der Rue Saint-Pierre in einem schönen Fachwerkhaus (Nr.52) aus dem 16./17.Jh. bietet dieses Museum einen *geschichtlichen Überblick über das Postwesen.* Alte Geräte, Werkzeuge, Techniken werden erklärt, zum Teil mit Hilfe von Filmen.

Außerdem sehenswert: Tour Guillaume le Roy: Dieser Rest der Stadtbefestigung steht am Ende vom Boulevard des Alliés. Ursprünglich floß ein Nebenarm der Orne an ihm vorbei. – **Palais de Justice:** Der Justizpalast befindet sich nö der »Abtei der Männer«. Er stammt aus dem 18.Jh. – **Rue Ecuyère:** Sie beginnt rechts vom Justizpalast. Ihre alten Häuser stammen hauptsächlich aus dem 18. und 19.Jh. Das Haus Nr.42 aus dem 15./16.Jh. besitzt ein schönes verziertes Portal. – **Hôtel de Colomby:** Dieses Stadtpalais im Louis-Treize-Stil entdecken Sie in der Rue des Cordeliers sw am Fuß der Burg. Es besitzt eine enge Fassade mit Turm und ein Portal mit Giebel. – Die Parallelstraße ist die Rue des Croisiers mit interessanten Häusern des 17. und 18.Jh. – **Université:** Die Stadt verfügt schon seit 1432 über eine Universität. 1944 zerstört, wurde sie von den Architekten Hur* und Bernard* 1957 neu aufgebaut. Sie ist eine der modernsten Anlagen Frankreichs. Sie bietet auch als einzige im Lande eine *Fakultät für das traditionelle normannische Recht.* Die entspre-

Caen, Palais de Justice

Neolithische tumulusartige Grabbauten »La Hogue« bei Fontenay-le-Marmion (Caen)

chende Sammlung in der Universitätsbibliothek ist beachtenswert. Die Architektur beeindruckt durch ihre Größe und Schlichtheit. Die Anlage erstreckt sich über 32 ha. Auf der Esplanade befindet sich eine Statue von Leygue, die Phönix aus der Asche darstellt. – Westlich der Universität steht die **Pfarrkirche von Saint-Julien,** die von denselben Architekten gebaut wurde. Sie verdient einen Umweg. – **Jardin des Plantes:** Der botanische Garten ist 3 ha groß. Die Vielfalt seines Bestandes lädt zu einem schönen Spaziergang ein.

Umgebung

Abbaye d'Ardenne (6 km w): Das Prämonstratenserkloster wurde 1122 gegründet. Nach dem Verfall im 19. Jh. und den Beschädigungen des 2. Weltkrieges mußte es renoviert werden. Jetzt beherbergt es zwei *Bauernhöfe*. Das Portal (13. Jh.) des einen war der ehemalige Eingang zum Kloster. Links steht eine große und beeindruckende *Zehntscheune* (13. Jh.). – Im anderen Bauernhof befindet sich die *Kirche*. Ihr Hauptschiff ist von reinem normannisch-gotischem Ursprung. Rechts von ihr befindet sich ein Flügel der Abteigebäude des 17. Jh. sowie ein Hof mit einem Brunnen und der Kelter.

Audrieu (17 km w): Die *Kirche* der kleinen Stadt stammt aus dem 12.–14. Jh. Bei der Vierung sind interessante, typisch normannische Portale mit geometrischem Muster zu sehen. Das *Schloß* wurde im 18. Jh. im klassizistischen Stil errichtet und ist heute ein Hotel.

Authieu (7 km nw): Hier befindet sich eine *Kirche* mit einem romanischen Seitenportal.

Bretteville-sur-Odon (4 km sw): Sehenswert sind ein schöner *Bauernhof* mit hohen Fenstern, eine *Scheune* aus dem 14. Jh. und die Trümmer eines Turmes, der zu einem Priorat gehörte.

Boulon (15 km s): Die *Gemeindekirche Saint-Pierre* ist zum Teil aus dem 11. und 14. Jh. Der Glockenturm stammt aus dem 18. Jh. Das n Seitenportal (11. Jh.) ist sehenswert: Seine Bogen, die mit geometrischen Mustern geschmückt sind, stützen sich auf verzierte Kapitelle. – Das *Schloß* aus dem 18. Jh. hat eine gewöhnliche Architektur. Das Portal wurde 1652 erbaut.

Cagny (9 km sö): Das Dorf wurde während des Krieges beinahe völlig zerstört. Am Straßenrand steht noch der Chor der ehem. Kirche aus dem 12. Jh. – Auf der Straße D 225 finden Sie das *Prieuré Notre-Dame-de-Moustiers*. Dieses Priorat wurde von der Abtei von Troarn im Jahr 1109 gebaut. Nur die *Kapelle* (12. Jh.) ist noch erhalten, sie birgt schöne bildhauerische Arbeiten.

Cintheaux (15 km sö): Die *Kirche* stammt aus dem 12. Jh.

Colombelles (6 km nö): Die *Kirche Saint-Martin* stammt zum Teil aus dem 12. Jh.

Rosel (9 km nw): Der romanische *Glockenturm* (12. Jh.) der *Kirche* ist besonders sehenswert.

Rots (9 km nw): Die *romanische Kirche* ist für das kleine Dorf erstaunlich groß. Das Hauptportal mußte man leider im 19. Jh. erneuern. Das Hauptschiff stammt aus dem 12. Jh., das Querschiff, der Chor und der Laternenturm aus dem 13./14. Jh. Die *Chapelle de l'Ortial* (13. Jh.) wurde später restauriert.

Bully (Caen), Tympanon an der Westfassade der Kirche

Carentan		
Manche		Basse-Normandie
Einw.: 7000	Höhe: 6 m	S. 254 □ L 3

Das betriebsame Landstädtchen, das sich »das Tor zum Cotentin« nennt, ist mit der Meeresbucht Baie des Veys im Osten durch den Mündungskanal von Taute und Douve verbunden. Es besitzt einen beliebten Yachthafen, den die Flutwelle »mascaret« noch regelmäßig erreicht. Der Ort ist bekannt als Zentrum der Milchverarbeitung und als größter Viehmarkt der Basse Normandie (bes. Pferde). Er liegt inmitten ausgedehnter Sumpfgebiete und Moorlandschaften (über 25000 ha), die bes. durch die Flüsse Taute, Douve und Vire gebildet werden. Das *Naturschutzgebiet Parc Naturel Régional des Marais du Cotentin et du Bessin* ist Standort seltener Flora und Heimat vieler Vogelarten.

Église Notre-Dame: Die Kirche ist mit ihrem weithin sichtbaren schlanken Turmhelm von 60 m Höhe das Wahrzeichen der Stadt. Westfassade mit Portal und Vierung weisen auf den Ursprung des Bauwerks im 12. Jh. hin. Die heutige Form stammt aus dem Wiederaufbau im spätgotischen Flamboyantstil des 15. Jh. Im romanischen Querschiff sind interessante *Kapitellfiguren* (Dämonen, Sirenen) zu sehen; auch das Äußere weist phantasievollen Skulpturenschmuck auf. Erwähnenswert sind auch der *Hochaltar* von 1665, das *Chorgestühl* mit Miserikordien (16. Jh.) und erhaltene *Glasmalereien* des 15. und 16. Jh. Bekannt ist auch die Kirchenorgel Grand Orgue (1990 erneuert), die regelmäßig für musikalische Aufführungen verwendet wird.

Außerdem sehenswert: Das heutige Rathaus *Hôtel de Ville* befindet sich im Augustinerkloster des 16./17. Jh. mit stattlicher Flügelfassade und Vorpark. – Von der spätmittelalterlichen Stadt ist bes. das gotische *Arkadenensemble* (Arcades) im N der Place de la République sehenswert (mit neun gotischen Bögen). Das nahe gelegene *Lavoir des*

Chef-du-Pont (Carentan), Säulenkapitell

Fontaines (Badehaus mit Säulendach) aus dem 18. Jh. ist heute noch in Gebrauch.

Umgebung

Appeville (10 km nw): Die *Ortskirche* stammt aus dem 13. Jh. mit Neuerungen des 15. und 18. Jh. und besitzt einen schönen gotischen Glockenturm (13. Jh.).

Chef-du-Pont (14 km nw): Die romanische *Ortskirche Sainte-Colombe* zeigt ein beachtenswertes Tympanon mit einer Darstellung des Kampfes von Samson mit dem Löwen; daneben romanische Gewölbesäulen mit verzierten Kapitellen.

Saint-André-de-Bohon (12 km s): Die kleine *Dorfkirche* am S-Rand des Sumpfgebietes Réserve de St-Georges-de-Bohon stammt aus romanischer Zeit und erinnert an das anglonormannische Rittergeschlecht de Bohon. Darauf weist wohl auch das alte Relief über dem Südeingang des Langhauses hin: Zwei durch eine Palme getrennte Löwen von besonderer Eleganz und Kraft, die orientalischen Elfenbeinschnitzereien ähneln.

Saint-Côme-du-Mont (6 km nw): Die ursprünglich romanische *Dorfkirche* besitzt ein Portal, eine Apsis und einen Taufbrunnen aus dem 11. und 12. Jh. Der elegante Chor mit rechter Seitenkapelle stammt aus gotischer Zeit (mit Renaissance-Halbrelief). An der Außenwand der Vierungsmauer stellt ein Relief die Fabel von Fuchs und Storch dar.

Sainte-Marie-du-Mont (11 km n): Der Ort mit ca. 770 Einw. besitzt eine interessante *Kirche* aus romanischer Zeit (12. Jh.) mit spätgotischen Umbauten. Das vierjochige Langhaus stammt aus dem 12. Jh. und zeigt interessante Pfeilerkapitelle mit Tierdarstellungen (Löwen, Greifen, Kentaur, Wolf, Steinböcke). Chor und Querschiff wurden im 14. Jh. gestaltet. Auch der eindrucksvolle Turm zeigt reiche Ornamentik im Oberteil (Renaissance-Elemente; 1843 restauriert). Nach den schweren Schäden bei der Invasion 1944 erfolgte eine umfassende Wiederherstellung. – Ganz in der Nähe liegt das Polderdorf **Brucheville.** Die *Ortskirche* (12. Jh.), in der Gotik des 14. Jh. erneuert, hat einen wunderschönen romanischen Turm.

Sainte-Mère-Église (16 km nw): Die Ortschaft mit ca. 1500 Einw. ging in die Geschichte ein als Landungsstelle der ersten amerikanischen Fallschirmspringer bei der alliierten Invasion am Morgen des 6. Juni 1944.

Die *Marienkirche* mit schönem gotischen Turm stammt aus dem 11.–13. Jh. Das moderne Glasfenster über dem Portal von Paul Renaud* stellt die Jungfrau Maria, umgeben von amerikanischen Fallschirmspringern, als Symbol der Befreiung dar. Am Turm befindet sich noch die Attrappe jenes legendären Springers, der dort über Nacht unbemerkt hängenblieb. – *Musée des Troupes Aéroportées:* Am Platz des 6. Juni (Place du 6 juin) wurde in Form eines Fallschirms das Gedenkmuseum der alliierten Luftlandeaktion vom 6. 6. 1944 errichtet. Es dokumentiert Planung, Ablauf und Erfolg anhand von zahlreichen authentischen Skizzen und Objekten (unter anderem eine Douglas C 147). – Vor dem Rathaus mahnt der *»Meilenstein Nr. 0«* (Milestone 0 on Liberty Way) symbolisch an den Siegeszug der alliierten Streitkräfte.

Utah Bach (Carentan)

Utah Beach (18 km nö): Beim Küstendorf **La Madeleine** im N der Baie des Veys erinnert das interessante *Musée du Débarquement* (Landungsmuseum) an die gelungene Invasion der amerikanischen Landetruppen an der benachbarten flachen Sandküste. Unter dem Code »Utah Beach« fand hier am Morgen des 6. Juni 1944 die Landungsaktion der 4. US-Division statt und gab dem Küstenstreifen bis heute seinen Namen. Mit Dokumenten und Originalstücken wird die historische Befreiungsaktion veranschaulicht. Ein eigenes *Befreiungsmonument* (mémorial) in Form einer Stele wurde 1984 eingeweiht.

Carrouges		
Orne		Basse-Normandie
Einw.: 800	Höhe: 328 m	S. 258 □ F 5

Der kleine Ort liegt im Herzen des weiträumigen Landschaftsschutzgebietes Parc Naturel Régional Normandie-Maine (seit 1975). Von der Nachbarstadt → Sées (26 km ö) trennt ihn der reizvolle Naturwald Forêt d'Ecouves mit jahrhundertealten Eichen und Buchen.

Château de Carrouges: Im Zentrum eines eleganten Parkes, der im 17. Jh. angelegt wurde, liegen die eindrucksvollen Schloßgebäude. Sehenswert ist der *Eingangspavillon* (Torhaus). Er wird von vier Rundtürmchen und einem schmalen, hohen Satteldach gekrönt und stammt aus dem 16. Jh. Die festungsähnlichen Schloßgebäude gruppieren sich um einen rechteckigen *Innenhof.* Sie wurden vom 14.–17. Jh. aus unterschiedlichen Baumaterialien errichtet (grauer Granit, roter Backstein, Schiefer). Der ganze Komplex, von einem Wassergraben und Wehrmauern umgeben, wirkt trotzig-düster. Ein zinnengekrönter *Bergfried* (donjon) vom Ende des 14. Jh. stellt den ältesten Teil dar. Hauptsehenswürdigkeit im Innern ist das *Schlafzimmer von Ludwig XI.* (Chambre Louis XI), der im Jahr 1417 hier nächtigte.

In weiteren Räumen befindet sich Mobiliar aus der Zeit Ludwigs XVI. (17. Jh.) und später. Die Küchenräume (cuisines) zeigen eine interessante Sammlung von Kupfergeräten.

Maison du Parc: Das *Informationszentrum* des 1975 eingerichteten Schutzgebietes Parc Naturel Régional Normandie-Maine gibt Auskunft über den 230000 ha großen »Park«. Er dient der Erhaltung und Förderung der Land- und Forstwirtschaft und alter Handwerkstraditionen, z.B. der in der Umgebung angesiedelten alten Eisenhütten und -schmieden (les Forges).

Umgebung

La Lande-de-Goult (13 km ö): Die *Kapelle* des alten Priorats von Goult aus dem 12. Jh. besitzt noch alte Torkapitelle mit Jagdszenen. – In der Nähe auch die restaurierte *Kapelle Saint-Michel* (um 1870). Von hier aus (Butte de Goult) bietet sich ein schöner Rundblick über das Waldgebiet des Forêt d'Ecouves. Der Sage nach soll hier einst Julius Cäsar seinen Heerschatz verborgen haben (Spuren aus der Römerzeit).

Ruine der Abbaye de St-Wandrille (Caudebec)

Caudebec-en-Caux

Seine-Maritime — Haute-Normandie

Einw.: 2800 Höhe: 7 m S. 256/257 □ H2

Die am r Seineufer gelegene Ortschaft war lange Zeit Zentrum des Landstriches Pays de Caux. Vor dem 2. Weltkrieg besaß der Ort zahlreiche malerische Fachwerkhäuser.

Église de Notre-Dame: Erbaut wurde die Kirche zwischen 1426 und 1515 im spätgotischen Flamboyantstil. Man betritt die Kirche auf der Westseite durch ein großes Portal mit Trumeaupfeiler, beidseitig flankiert von je einem niedrigeren Portal mit Wimpergen. Nun öffnet sich ein dreischiffiger Bau ohne Querhaus, der in einer ungewöhnlichen Chorform endet, bestehend aus zwei Kapellen, die eine sechsfach gebrochene Apsis flankieren. Von ihrem Gewölbe hängt ein

Caudebec, Notre-Dame, Taufsteindeckel, Detail

◁ *Caudebec, Notre-Dame*

Abbaye de St-Wandrille (Caudebec), Pfarrkirche St-Michel

mächtiger Schlußstein herunter, gefertigt von dem in der Kirche begrabenen Steinmetz Guillaume Letellier*. Bemerkenswert sind auch die Fenster, ein spätgot. Nikolaus und das Orgelgehäuse aus der Mitte des 16.Jh.

Maison des Templiers: Das doppelgiebelige Steinhaus aus dem 13.Jh. in der Rue Basin fiel nicht den Zerstörungen des 2.Weltkriegs zum Opfer. Heute beherbergt es das *Musée Biochet-Brechot* mit normannischen Trachten, frühen Gebrauchsgegenständen, Waffen, Münzen sowie keltischen und römischen Tonwaren von Ausgrabungen in der Umgebung. Gegenüber Denkmal für Thomas Bazin.

Umgebung

Barentin (20km ö): Das kleine Städtchen Barentin wird wegen des üppigen Skulpturenschmuckes auf den Straßen und öffentlichen Plätzen auch *»Ville au musée dans la rue«* genannt. Werke von Rodin* (z.B. »L'homme qui marche«) und seiner Geliebten Camille Claudel* tragen ebenso zum Straßenbild bei wie moderne, zeitgenössische Plastiken. Der *Brunnen* auf der *Place de la mairie* stammt aus dem 17.Jh. Das *Musée municipal* im Rathaus auf der Place de la Libération birgt römische Fundstücke und informiert über die Geschichte der Stadt.

Abbaye de Saint-Wandrille (4km ö): Das Kloster St-Wandrille de Fontenelle geht auf eine Gründung von 649 n.Chr. zurück. Brandschatzungen im 9.Jh. führten zum Niedergang des Klosters. Erst in der Romanik, ab 960, begann ihr Wiederaufbau. Der *Kapitelsaal* mit seinen glatten, massiven Wänden und dem schlichten Klostergewölbe stammt noch aus dieser Zeit. Der spätgotische *Kreuzgang* aus dem 16.Jh. besitzt ein kräftiges Kreuzrippengewölbe mit dekorativen Schlußsteinen. Eine breite Spitzbogenarkatur mit zierlichem Flamboyant-Maßwerk gibt den Blick auf den kleinen Garten frei. Im *nördlichen Flügel* fällt das zweiteili-

Villequier (Caudebec), Musée Victor Hugo

ge *Portal* mit spätgotischen Maßwerkverzierungen als Eingang zum Refektorium auf. Rechts daneben ein seltenes *Lavabo,* das zur Handwäsche diente, bevor man in den Speisesaal eintrat. Ein rechteckiges Steinrelief an der Wand zeigt Szenen aus dem Leben Christi, u.a. auch seine Taufe, eingerahmt in spätgotische Maßwerkformen. Eine Skulptur zeigt die Notre-Dame-de-Fontenelle. Das *Refektorium* erfuhr im Laufe der Jahrhunderte zahlreiche Umbauten. Erhalten ist noch heute die spätgotische Blendarkatur mit gerippten Bögen auf Blattkapitellen. Die Lanzettfenster sind mit schlichtem Flamboyant-Maßwerk gebildet. Nach dem Einsturz des Vierungsturmes wurde die Abtei 1636 von Benediktinermönchen kanonisiert. Unter ihnen erfuhr das Kloster eine kulturelle Blütezeit, die sich auch in der künstlerischen Ausgestaltung der *Kirche* niederschlug. Davon ist heute noch die *Chapelle de la Vierge* aus dem 14.Jh. mit einem Kreuzrippengewölbe und mehrteiligem Glasfenster erhalten. An den übrigen Ruinen läßt sich allerdings noch der einstige Glanz der Abtei ablesen, betrachtet man die reich gegliederten Bündelpfeiler oder die hohen, schmalen Lanzettfenster und Spitzbögen mit schönsten Maßwerkverzierungen. Die Pfarrkirche St.-Michel (11.–16. Jh.) besitzt zahlreiche interessante Skulpturen. Doch auch St-Wandrille wurde im Laufe der Franz. Revolution seiner Funktion enthoben. Ein Teil der Gebäude beherbergte eine Spinnerei. Erst gegen Ende des 19.Jh. wurde die Abtei wieder an Benediktinermönche zurückgegeben. Nach den schweren Beschädigungen im 2.Weltkrieg errichtete man 1968/69 eine neue, großzügige Klosterkirche.

Villequier (5km w): In der kleinen Ortschaft befindet sich als Andenken an den berühmten Schriftsteller das *Musée Victor Hugo.* Untergebracht ist es in dem herrschaftlichen Wohnhaus der Familie seines Schwiegersohnes, Charles Vacquerie, der kaum mit Hugos Tochter Léopoldine verheiratet war, als beide bei einem Bootsausflug ums Leben kamen. Von der Tochter wie auch von dem Vater selbst sind noch Schriftstücke, Zeichnungen und Porträts erhalten.

Cherbourg

Manche — Basse-Normandie

Einw.: 90 000 — Höhe: 8 m — S. 245 □ B2

Die lebhafte Hafen- und Industriestadt in strategisch wichtiger Lage ist das eigentliche Zentrum der Halbinsel Cotentin. Als bedeutender Fährhafen (England, Irland) und Überseehafen gilt Cherbourg als »Porte de l'Europe« (Tor nach Europa).

Geschichte: Schon in gallorömischer Zeit besiedelt (vermutl. als Coriovallum), war die Stadt bereits im Hundertjährigen Krieg stark befestigt (im 17. Jh. aufgelöst). Die von Stürmen bedrohten Hafenanlagen wurden ab 1776 immer besser gesichert und 1858 fertiggestellt. Sie dienten vor allem als Kriegshafen, aber auch für den Überseeverkehr (seit 1869). Im 2. Weltkrieg zerstört, im Juni 1944 wieder befreit und neu errichtet, ist der weitläufige Hafen heute neben seiner zivilen Nutzung (u. a. als Yacht- und Segelhafen) auch Stützpunkt der franz. Atom-Unterseeboote.

Basilique Sainte-Trinité: Die Dreifaltigkeitsbasilika in Hafennähe (Place Napoléon) wurde an der Stelle der Pfarrkirche des 11. Jh. im spätgot. Flamboyantstil (15. Jh.) neu erbaut. Der *Kirchturm* stammt aus dem 19. Jh. (Restaurierung). Interessant sind die hängenden *Schlußsteine* im Langhaus und am S-Portal. Die Seitenschiffe besitzen große Strebepfeiler; die *Archivolten* des inneren Portalbogens und die Arkaden des Langhauses sind bemalt. Sehenswert sind der *Barockaltar* mit Darstellungen der Taufe Jesu und das hölzerne bemalte *Taufbecken* mit Baldachindeckel im s Seitenschiff.

Abbaye du Vœu (Rue de l'Abbaye): Das Kloster im NW der Stadt wurde 1145 durch Mathilde, Tochter König Heinrichs I. von England, gegründet. Die Architektur des 12./13. Jh., die z. T. im 2. Weltkrieg beschädigt wurde, und die *Klostergebäude* (Kapitelsaal, Refektorium, z. T. aus dem 18. Jh.), sind lohnenswert.

Fort du Roule: Die Festungsanlagen auf der 112 m hohen *Montagne du Roule* mit schöner Aussicht stammen im wesentlichen aus dem 19. Jh. – Das dort errichtete *Musée de la Libération* (Befreiungsmuseum) bietet einen interessanten Einblick in die Kriegsereignisse des Jahres 1944 mit der alliierten Inva-

Denkmal Napoleons I., in Richtung England zeigend, das Wahrzeichen von Cherbourg ▷

Cherbourg, Dreifaltigkeitsbasilika

sion in und um Cherbourg (Normandie-Schlacht), wo das Fort eine der letzten Bastionen der deutschen Truppen war.

Musée Thomas-Henry (Centre Culturel): Das *Kunstmuseum* zeigt interessante Malereien aus vier Jahrhunderten (15.–19.Jh.). Hervorzuheben ist das Gemälde »Bekehrung des hl. Augustinus« von Fra Angelico und eine Pieta von Filippo Lippi. Für den im benachbarten Gréville geborenen Jean-François Millet* (1814–75) ist eine eigene Abteilung eingerichtet.

Musée d'Histoire Naturelle et d'Ethnographie: Im S des Militärhafens »Arsenal« liegt der reizvolle Parc Emmanuel Liais mit zahlreichen exotischen Pflanzen. Das dazugehörige *Museum* zeigt Mineralien, Fossilien und Tiersammlungen zur Archäologie, Natur- und Völkerkunde. Es ist benannt nach dem einheimischen Naturforscher und Astronomen Emmanuel Liais (1826–1900).

Außerdem sehenswert: An der Place Napoléon (vor der Basilika) steht das Reiterstandbild von Kaiser **Napoleon** (Bronze von Le Véel*, 1857), das zum Wahrzeichen der Stadt wurde. – Das *Stadttheater* beim Centre Culturel (Place de Gaulle) besitzt eine schöne Fassade von 1882.

Umgebung

Le Béquet (5 km nö): Das reizvolle Fischerdorf besitzt schöne *Häuser des 15./16. Jh.* und ein *Herrenhaus* (Manoir), das wesentlich aus dem 18./19.Jh. stammt. – Beim Nachbarort **Bretteville** (2 km ö) finden sich imposante megalithische Dolmenreste.

Fermanville (15 km nö): In dem küstennahen Ort sind hübsche, *landschaftstypische Häuser* aus rötlichem Granit zu sehen. Ganz in der Nähe liegt das romantische **Cap Lévy** (im NW) mit herrlichem Blick aufs Meer.

Gonneville (10 km ö): Das ma *Château* mit quadrat. Donjon und turmflankiertem Torhaus wurde im 18.Jh. wesentlich erneuert.

Martinvast (6 km sw): Das malerische Schloßensemble geht auf eine normannische *Festung* zurück. Erhalten ist der *Burgturm* aus dem 11.Jh., der durch einen Flügelbau des 19.Jh. mit dem *Schloß* (16.Jh.) verbunden ist. Der gut restaurierte Komplex ist von einem englischen Park umgeben.

Tollevast (8 km s): Die Pfarrkirche *St-Martin* ist ein gut restaurierter romanischer Bau des 12.Jh. mit schönem Skulpturenschmuck, Apsis und Kreuzrippengewölbe.

Tourlaville (Cherbourg), Château des Ravalet ▷

Martinvast (Cherbourg), Schloß

Tollevast (Cherbourg), St-Martin, Skulptur

Tourlaville (3 km ö): Das sehenswerte *Château des Ravalet* ist ein stattlicher Renaissancebau des 16. Jh. Er wurde von Jean de Ravalet um 1562 erbaut und ist heute im Besitz der Stadt Cherbourg. Der von Gräben umgebene Komplex besitzt eine Vielzahl von (dekorativen) Eck- und Erkertürmen.

Clères

Seine-Maritime — Haute-Normandie

Einw.: 1200 — Höhe: 49 m — S. 257 □ I 2

Der Marktflecken im n Hinterland von Rouen (20 km n) besitzt ein *Château* des 14.–16. Jh., das im 19. Jh. grundlegend restauriert wurde (neogotischer Stil). Ruinen der alten *Burg,* die bis ins 11. Jh. zurückreichen, sind in der Nähe sichtbar. Heute befindet sich das Schloß inmitten eines *Tierparks* (Parc zoologique). Dieser wurde 1920 von dem Schloßherrn und Naturforscher Jean Delacour angelegt und gehört zu den schönsten und interessantesten Tiergärten der Normandie.

Musée de l'Automobile: Das örtliche Automobilmuseum zeigt eine Reihe der ältesten Kraftwagen, u. a. ein Dampfmobil von 1876, einen Panhard von 1894 und einen Peugeot von 1892. Daneben werden auch Militärfahrzeuge, bes. von 1939–45, ausgestellt.

Umgebung

Montville (6 km s): Der Ort am Zusammenfluß von Cailly und Clérette besitzt eine *Kirche* mit schönem Chor und Glasfenstern um 1520. – Interessant ist das *»Feuerwehrmuseum«* (Musée des sapeurs-pompiers de France), wo Entstehung und Geschichte der franz. Feuerwehr veranschaulicht werden.

Pavilly (14 km sw): Schon um 662 soll Abt Philibert von Jumièges hier ein Kloster gegründet haben, worauf die erhaltene Kapelle des 12. Jh. deutet. Die hl. Austreberthe (»Oster-Bertha«), die auch dem Flüßchen Austreberthe den Namen gab, soll hier als Äbtissin gewirkt haben. – Die *Ortskirche* aus dem 12./13. Jh. wurde im 19. Jh. wesentlich umgebaut. – Am Ortsrand liegt das *Château d'Esneval,* aus dem 15. Jh. Der Zentralteil mit Flügeln wurde im 18. Jh. überholt. Die Kapelle mit schöner Skulpturenfassade stammt von 1770. – Etwa 3 km flußaufwärts (im Norden) liegt die alte Wallfahrtskapelle *Sainte-Austreberthe* an der Quelle des gleichnamigen Flüßchens. Beachtenswert ist das schön skulptierte Kreuz des 16. Jh.

Conches-en-Oucher

Eure — Haute-Normandie

Einw.: 3800 — Höhe: 144 m — S. 259 □ H 4

Der von Wäldern umgebene Ort liegt auf einem Hügel über dem Fluß Rouloir und ist das Zentrum des »Pays d'Ouche«.

Geschichte: Der Landedelmann Roger de Tosny soll Anfang des 11. Jh. aus dem südfranz. Conques-en-Rouergue die Reliquien der »Sancta Fides« (Sainte-Foy) hierhergebracht haben. Er gründete die Kirche »Sainte-Foy« (Heiliger Glaube) und das Benediktinerkloster St. Peter und Paul. In den Wirren der Zeit wurde die Kirche mehrfach beschädigt und das Kloster zerstört.

Kirche Sainte-Foy: Die einzig verbliebene von vier Ortskirchen wurde um 1500 auf den alten Grundmauern wiederhergestellt; davon zeugt das *Portal* im Stil der Flamboyant-Gotik. Besonders sehenswert ist das Ensemble der erhaltenen *Glasfenster* des 16. Jh.; in eindrucksvoller Weise sind biblische Szenen dargestellt (z. B. Passion Christi, Auferstehung, aber auch das Leiden der Kirchenpatronin Ste-Foy und anderer Heiliger.

Festung: Die Ruinen der alten Ortsfestung liegen in einem kleinen Park mit schönem Blick aufs Rouloir-Tal. Recht gut erhalten ist noch der *Bergfried* (donjon), ein Rundbau auf quadratischer Basis (12. Jh.).

Umgebung

Sainte-Marguerite-de-l'Autel (ca. 10 km sw): Die *Dorfkirche* aus dem 16. Jh. bewahr-

Conches-en-Oucher, Festung, Bergfried ▷

te einen Großteil ihrer originalen Innenausstattung, u.a. Taufbrunnen, Holztafelbilder und hölzerne Altarwand (Retabel) mit Passionsszenen.

Coutances

Manche Basse-Normandie

Einw.: 13500 Höhe: 92 m S.254 □ B4

Das idyllische Landstädtchen liegt, nur 10 Minuten vom Meer entfernt, in der typischen Bocage-Landschaft (Wiesen- und Buschland zwischen den Flüssen Bulsard und Prépont, ehe diese in den Soulles einmünden). Coutances ist neben der jüngeren Hafenstadt →Cherbourg der historische Mittelpunkt der Halbinsel Cotentin.

Geschichte: In der Frühzeit vom Keltenstamm der Unelli (Unelles) bewohnt, wurde der Ort unter dem römischen Teilkaiser Konstantius (um 300) zum Verwaltungszentrum der Halbinsel. Sowohl der Name »Coutances« (aus Constantiae) wie auch »Cotentin« (aus »ager constantinus) sind auf Constantius (Chlorus) zurückzuführen. Dieser Mitkaiser von Diokletian (Ostrom/Byzanz), Maximian (Italien/Afrika), und Galerius (Balkan) beherrschte den Westen (Spanien/Gallien/Britannien) und residierte in Trier (Augusta Treverorum) und dem britischen York. Auch die Stadt Konstanz am Bodensee wurde nach ihm benannt. Der Sohn von Konstantius (293–306) war Konstantin der Große, der sich 324 wieder zum Alleinherrscher des Weltreichs aufschwang und als erster römischer Kaiser (auf dem Sterbebett 337) die Taufe empfing. – Die frühe Bischofsstadt (ab 430) wurde um 860 von den Wikingern zerstört; erst 1024 kehrte der Bischof Herbert II. in seine Diözese zurück. Während des Hundertjährigen Krieges fiel die Stadt in die Hand der Engländer (wie der ganze Cotentin) und wurde erst 1449 wieder französisch.

Kathedrale Notre-Dame: Im Zentrum der Altstadt, auf einer Anhöhe, liegt weithin sichtbar die hochgotische Bischofskirche aus dem 12./13.Jh. Sie geht auf einen romanischen Vorgängerbau aus dem 11.Jh. zurück, der durch das benachbarte normannische Adelsgeschlecht der Hauteville gefördert wurde. Die 13 Söhne des Tankred von Hauteville versuchten ihr Kriegsglück auf Kreuzzügen und in Sizilien. Sie gründeten das normannische Königreich von Sizilien, das im 12.Jh. große Bedeutung erlangte und später von den Hohenstaufen geerbt wurde (Friedrich II., 1194–1250). – Nach dem verheerenden Brand von 1218 wurde unter Bischof Hugo de Morville mit dem Wiederaufbau der Kathedrale im Stil der klassisch-normannischen Gotik begonnen.
Äußeres: Die beherrschende symmetrische *Westfassade* mit ihren beiden 77 m hohen *Türmen* ist im Kern noch romanisch mit einer gotischen Ummantelung. Ebenfalls eine gotische Zutat sind die seitlich angefügten schlanken *Treppentürme* (um 1250). Die Portalzone umfaßt ein großes *Mittelportal* mit Trennpfeiler und zwei kleinere Seitenportale. Über der abschließenden Balustrade befindet sich das große *Spitzbogenfenster* mit kleiner *Rosette* im oberen Maßwerk, beiderseits von einer hochgezogenen Arkadenreihe im Turmbereich begrenzt. Das Hauptportal wurde leider während der Franz. Revolution seines Skulpturenschmuckes beraubt. Ebenfalls aus der zweiten Hälfte des 13.Jh. stammt der zweigeschossige, achteckige *Vierungsturm,* flankiert von vier *Ecktürmchen.* Mit seiner Höhe von über 57 m zählt er, vor allem im Innern, zu den architektonischen Meisterwerken der normannischen Gotik. Mit der ursprünglich geplanten Turmspitze anstelle der Haube hätte er wohl noch die Westtürme überragt. *Vierung* und *Chor* entstanden in rein gotischem Stil, während in Schiff und Fassade (auch im Grundriß) die romanischen Grundlagen erhalten blieben. Der *Kapellenkranz* um den *Chorumgang* mit der *Achskapelle* (Apsis) im Osten stammt aus dem 14.Jh. Damals hatte man die strategisch gut gelegene Kathedrale geradezu in eine Festung verwandelt.
Innenarchitektur: Der harmonische Grundriß zeigt einen *dreischiffigen* Aufbau mit *Seitenkapellen* aus dem 13. (im N) und 14.Jh. (im S). Das hochgewölbte *Mittelschiff* besteht aus sechs dreistöckigen Jochen, die ihm eine klare Schönheit durch sichere Linienführung verleihen. Seine *Stützpfeiler* sind mit kleinen Säulen verkleidet, wodurch sie leichter wirken. Über den *Arkadenbögen* befindet sich eine *Balustrade* mit Vierpaßornamentik, darüber das *Triforium.* Die Blendar-

Coutances, Kathedrale

kaden über dem begehbaren *Obergaden* besitzen je zwei Spitzbogen mit Überfang und Rosette. Dieselbe Art zeigt auch der Chor, allerdings mit niedrigerem Triforium. Der *Chor* besteht aus einem von sechs Doppelsäulen getragenen zweistöckigen Schiff und ist von zwei symmetrischen *Chorumgängen* in abnehmender Höhe umgeben. Höhepunkt der Innengestaltung ist am Schnittpunkt von Langhaus und Transept (Querschiff) der dreigeschossige *Vierungsturm.* Seine Innenhöhe unter dem Gewölbe beträgt fast 41 m und schließt in einer lichten achteckig-geometrischen *Kuppel.* Der laternenförmige Eindruck beim Blick nach oben hat dem ganzen Turmaufbau den Namen *»Laternenturm«* (tour-lanterne) gegeben. Darüber (von innen nicht sichtbar) erhebt sich der *Glockenturm* bis zu einer Höhe von 57 m. – Die im O anschließende *Achskapelle* mit Netzgewölbe und schlanken, bemalten Säulen wurde im 14. Jh. als Marienkapelle (auch »Circata« bzw. »La Cerclée« genannt) wiederaufgebaut. Sie besitzt schöne *Kapitelle* mit Akanthusblättern neben Mensch- und Tierformen. Die sehenswerte *Marienstatue* aus Carrara-Marmor (14. Jh.) ist eine der wenigen Skulpturen, die der Hugenottensturm von 1562 und die Franz. Revolution übrigließen. – Der *Hochaltar* wurde um 1755 aus mehrfarbigem Marmor mit Engeln und Putten im Barockstil erstellt, ebenso das Orgelgehäuse über dem Westportal. Aus derselben Zeit stammt das *Altarretabel* im s Querhaus (Immaculata). – Die z. T. erhaltenen *Kirchenfenster* des 13.–15. Jh. zeigen das Leben des hl. Thomas Becket (im N), St. Georg, St. Blasius und im S das Jüngste Gericht. – Die Kirche, von der Victor Hugo sagt, sie sei »die erste schöne Kathedrale, die ich seit der von Chartres gesehen habe«, wurde während der Franz. Revolution als »Tempel der Vernunft«, als Theater und sogar als Kornspeicher mißbraucht. Die letzte gelungene Renovierung, die auch die Schäden des 2. Weltkriegs beseitigte, fand um 1991 statt.

Église Saint-Pierre: Die bereits 1056 erwähnte romanische Kirche im S der Kathe-

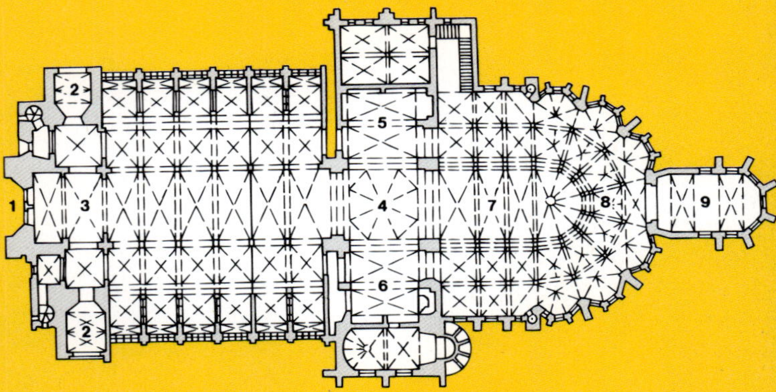

drale wurde um 1500 von Grund auf erneuert. Der sehenswerte und reichverzierte *Vierungsturm* (lanterne) wurde um 1580 im oktogonalen Renaissance-Stil errichtet. Die Kirche von 42 m Länge und einer Querschiffbreite von 25 m hat ein *Längsschiff* mit fünf Gewölbejochen und zylinderförmigen Pfeilern. Das *Chorgestühl* und die *Kanzel* stammen, ebenso wie die kostbare *Orgel,* aus dem 17. und 18. Jh.

Coutances, Kathedrale Notre-Dame 1 Portalzone mit Mittelportal und Seitenportalen **2** W-Türme **3** Orgelgehäuse **4** Vierung mit Laternenturm **5** n Querhaus **6** s Querhaus mit Altarretabel **7** Chor **8** Chorumgang **9** Achskapelle

Église Saint-Nicolas: Die auf das 13. Jh. zurückgehende Kirche im Norden der Kathedrale wird heute nicht mehr liturgisch genutzt (Ausstellungsraum des Musée Normandie traditionelle). Das im Hundertjährigen Krieg zerstörte Gebäude wurde im 15. und 17. Jh. restauriert. Im 17./18. Jh. wurde der heutige *Vierungsturm* (La tour-lanterne) errichtet.

Musée Municipal: Im *Stadtmuseum* (sö der Kathedrale), das im ehem. Stadtpalais Hôtel Le Poupinel des gleichnamigen Königsberaters des 17. Jh. untergebracht ist, sind Sammlungen regionaler normannischer Keramik, Skulpturen und Gemälde aus dem 17. bis 20. Jh. zu besichtigen. Der dazugehörige Park wurde ab 1860 als Jardin Public (Jardin des Plantes) mit interessanten exotischen Pflanzen ausgestattet. Von hier aus bietet sich ein schöner Blick ins nahe Bulsardtal und auf die Reste eines mittelalterlichen *Aquäduktes,* der z. T. auf die Römerzeit von Constantia zurückgeht.

Außerdem sehenswert: Das *Bischofspalais* (Palais épiscopal) befindet sich im O der Kathedrale. Das schöne, geradlinige Gebäude stammt aus dem 18. Jh. (mit Erneuerungen). Von seinem Park, dem Parc l'Évêque, bietet sich ein guter Ausblick sowohl auf den nahen Dom als auch auf das Talgelände im O der Stadt. Im Park ist ein mittelalterliches

Savigny (Coutances), Notre-Dame, Fresko

Torhaus zu sehen, mit kleinem Museum zum Bischofspalais und -park. – Im SW der Kathedrale steht das *Rathaus* (Hôtel de Ville), das ebenfalls im 18.Jh. erbaut wurde (guter Blick auf die W-Fassade der Kathedrale). – Der Gebäudekomplex *Les Unelles* im NW entstand im 19.Jh. über einem Dominikanerkloster. Das heutige Kultur- und Informationszentrum ist nach dem alten, hier beheimateten Keltenstamm der Unelli (Unelles) benannt.

Umgebung

Cerisy-la-Salle (13km sö): Das wehrhafte *Schloß* im Louis-Treize-Stil wurde um 1615 von der protestantischen Adelsfamilie Richier erbaut. Das strenge Bauwerk ist in einem Rechteckformat mit vier flankierenden Pavillons angelegt und war von Wassergräben umgeben. Heute fungiert das Schloß als internationales Kulturzentrum (Centre Culturel International).

Château de Gratot (4km nw): Das seit 1968 neu restaurierte sehenswerte *Schloß* liegt umgeben von Wassergräben in einer romantischen Buschlandschaft (Bocage). Eine schmale ehem. Zugbrücke und ein typisch normannisches Torhaus schützten die wehrhafte Schloßanlage. Der älteste Turm »Tour d'angle« (um 1300) wurde noch vom Gründergeschlecht der Grafen von Gratot erbaut. Durch Heirat ging der Besitz auf die berühmte Adelsfamilie d'Argouges über. Diese erweiterte die Anlage zu einem eindrucksvollen Ensemble von Herrenhäusern und Türmen: Um den Innenhof gruppieren sich das Wohnhaus (Maison seigneuriale), der Rundturm »Tour ronde« aus dem 15.Jh., das Gästehaus (Communs) des 16.Jh. mit Ausstellung zur Schloßgeschichte. Legendär ist der *»Turm der Fee«* (Tour à la Fée) aus dem späten 15.Jh. Im Unterbereich noch oktogonal, besitzt er ein quadratisches Dachgeschoß mit Satteldach. Vom höchsten Turmfenster aus soll die »Fee von Gratot« der Legende nach verschwunden sein. Die blonde Elfe Catherine, die der Burggraf an einer

Quelle fand und zu seiner Frau gewann, durfte nur bleiben, wenn er das Wort »Tod« (mort) nie aussprach. Einmal aber, als er ungeduldig auf seine Frau wartete, seufzte er: »Das dauert ja bis zum Tod!« Durch diese Unachtsamkeit verlor er die schöne Fee für immer.

Orval (5 km s): Die alte romanische *Kirche* im Mündungstal der Sienne geht auf das frühe 11.Jh. zurück. Sie besitzt eine sehenswerte *Krypta* und einen romanischen *Vierungsturm* (tour-lanterne) mit späteren Umbauten.

Regnéville-sur-Mer (11 km sw): Der kleine Fischerhafen an der Mündungsschleife der Sienne weist imposante Überreste eines mittelalterlichen *Châteaus* auf, das im 14.Jh. als »die schönste Burg der Normandie« beschrieben wurde. – Die *Ortskirche* mit massivem Glockenturm stammt aus dem 13.Jh. – Interessant sind auch die *Kalköfen* (les fours de Regnéville), die auf die alte Kalkgewinnung im Ort weisen.

Savigny (8 km ö): Die kleine *Ortskirche Notre-Dame* stammt in ihren wesentlichen Teilen noch aus der romanischen Zeit (11.Jh.). Im 15.–17.Jh. wurden Querhaus und Vierung erneuert. Reizvoll sind die erhaltenen romanischen *Skulpturen,* z.B. der thronende Christus und die Fresken aus dem 14.Jh.

Château de Gratot (Coutances), Torhaus

D

Dieppe		
Seine-Maritime		Haute-Normandie
Einw.: 35 000	Höhe: 7 m	S. 257 □ H 1

Geschichte: Die wohl ursprünglich römische Siedlung wird im MA, ab dem 12.Jh., zu einem strategisch wichtigen Seehafen und Handelsplatz, der noch heute eine bedeutende Rolle spielt. Täglich legen Fähren in Richtung England ab, und wichtige Handelsgüter werden umgeschlagen. Im 16.Jh. erlebte die Stadt ihre Blütezeit. Ansässige Reeder und Kapitäne kamen zu Wohlstand und Reichtum, den sie auch nach außen hin zur Schau stellten. So entstanden prächtige Stadtpaläste und großzügige Landsitze im Umkreis der Stadt. Das *Manoir d'Ango* des Reeders Jean Ango unweit von Dieppe zeugt noch heute von dessen Wohlstand. Auch das Kunsthandwerk erlebte einen enormen Aufschwung. Besonders die Elfenbeinschnitzerei wurde in Dieppe bis zur Vollendung perfektioniert. Fast 300 Schnitzer erfüllten die Aufträge der wohlhabenden Einwohner. Die schönsten, noch erhaltenen Stücke sind im Museum auf der Burg ausgestellt. Im darauffolgenden 17.Jh. war die Stadt vom Pech verfolgt. Der Schwarze Tod forderte über 10000 Opfer, was die Stadt sehr schwächte, so daß sie den Angriffen der niederländisch-englischen Macht nicht mehr standhalten konnte. 1694 brannte sie bis auf die Grundmauern nieder. Doch durch ihre geographisch günstige Lage gewann Dieppe im Laufe des 18.Jh. wieder an wirtschaftlicher Bedeutung. Im 19.Jh. wurde die Stadt auch als Badeort beliebt und galt besonders bei der vornehmen Pariser Gesellschaft als elegantes Ausflugsziel. Auch im 2. Weltkrieg spielte die Stadt eine Rolle. Bei der Operation »Jubilee« 1942, einem ersten Versuch der Alliierten, die Normandie zu besetzen, kamen Tausende von Soldaten ums Leben. Nach dem 2. Weltkrieg entwickelte sich Dieppe zu einem internationalen Handels-, Fähr- und Fischereihafen. So lauten auch die Bezeichnungen des dreigeteilten Hafengebietes: **Port de commerce, Port des voyageurs und Port de pêche.**

Église Saint-Jacques: Unweit des Hafens befindet sich Dieppes größte Kirche, die Église St-Jacques, die eine wichtige Pilgerstation auf dem Weg nach Santiago de Compostela war. Ihre Grundsteinlegung erfolgte 1185 anstelle einer romanischen Kapelle. Doch schon sechs Jahre später, während der Auseinandersetzungen zwischen Philipp II. August und Richard Löwenherz, wurde der Bau komplett zerstört. Nun erfolgte ein langsamer, bis ins 15. Jh. andauernder Wiederaufbau, diesmal im gotischen und spätgotischen Flamboyantstil. Nur noch die beiden Portale der Querschiffe stammen aus der romanischen Zeit. Beide wurden jedoch durch den Einsatz einer Rosette (Südportal) und Anbauten (Nordportal) verändert. Man betritt die Kirche durch das *Westportal,* dessen Eingang durch einen Trumeaupfeiler nochmals geteilt ist. Eine filigrane Balustrade trennt die Fassade von der darüberliegenden Rosette mit abschließenden Wimpergen. Dem Eintretenden öffnet sich nun ein dreischiffiger, sechsjochiger Kirchenraum mit zahlreichen Seitenkapellen, deren Ausstattung großenteils von vermögenden Reedern der Stadt übernommen wurde. Die Wände des Langhauses sind untergliedert in eine stützende Arkadenzone, ein Blendtriforium und eine lichtspendende Obergadenzone. Das Gewicht des Gewölbes tragen schlanke Dienste, die den Schub auf die Pfeiler ableiten. Beachtenswert sind die zahlreichen, teilweise aufwendig gearbeiteten *Schlußsteine im Gewölbe,* besonders im Chorumgang. An den vierjochigen Chorraum schließt ein Chorumgang mit nochmals vier apsidialen Kapellen und einer zweijochigen Marienkapelle an.

Église Saint-Rémy: Die Kirche wurde um die Mitte des 16. Jh. und in einer zweiten Bauphase in den Jahren 1605–40 errichtet. Die wuchtige Fassade mit dorischer, ionischer und korinthischer Säulenordnung stammt aus der Zeit um 1700. Der Komponist Camille Saint-Saëns arbeitete hier als Organist.

Blick auf Dieppe und die Église St-Jacques

Château: Hoch über der Stadt thront die ehem. Befestigungsanlage, deren Anfänge in den Hundertjährigen Krieg zurückgehen. Der heutige Bau der massiven Wehranlage geht auf das 15.Jh. zurück. Einige Anbauten aus dem 16. und 17.Jh., wobei man einen Teil der Kirche Saint-Rémy mit eingliederte, führten zu einem unregelmäßigen Gebäudekomplex mit mehreren Türmen.

Château-Musée de Dieppe (Rue de Chastes): Heute wird die Schloßanlage als Museum genutzt, das eine umfangreiche Sammlung wertvollster Kunstschätze der Stadt Dieppe besitzt. Ausgestellt sind *regionale, archäologische Fundstücke,* alte *Möbel, Skulpturen, holländische und flämische Malerei* sowie *Gemälde französischer Meister,* wie Sisley*, Pissaro*, Boudin*, die vorwiegend die normannische Küstenlandschaft zum Thema haben. Ein Saal ist dem *graphischen Werk Braques** gewidmet, eine Schenkung der Familie Laurens. Sehenswert sind auch die aufwendigen *Elfenbeinschnitzereien.* Das Rohmaterial, Stoßzähne aus Afrika, kam auf Grund der Handelsbeziehungen direkt in Dieppe an und wurde dort gleich weiterverarbeitet. Das Glanzstück des Museums, ein *dreimastiges Schiff,* ganz aus Elfenbein gearbeitet, veranschaulicht wohl am besten die Einnahmequelle und den damit verbundenen Reichtum der Stadt zur Zeit der Renaissance.

Außerdem sehenswert: *Boulevard de Verdun* mit Kasino, Porte de Tourelles und Rathaus sowie das *Fischerviertel* und das *Hafenviertel.*

Umgebung

Arques-la-Bataille (9 km s): Das kleine Städtchen südlich von Dieppe erhielt seinen Namenszusatz durch die dort ausgetragene Schlacht vom 21. Sept. 1589, bei der Heinrich IV. sich die Herrschaft über Frankreich sicherte. Auf einer Anhöhe liegt die ehem. *Burg.* Ursprünglich eine mächtige Wehr- und Befestigungsanlage des 12.Jh., wurde sie im Laufe des 14. bis 16.Jh. ständig durch Anbauten und Türme erweitert. Im 17.Jh. verlor sie ihre Bedeutung und wurde dem Verfall preisgegeben, so daß heute nur noch Ruinen zu sehen sind. Die Einwohner benutzten die Burg später als Steinbruch für ihre Wohnhäuser. Bemerkenswert sind die Reste der Burgtore und des mächtigen Don-

Varengeville-sur-Mer (Dieppe), Manoir d'Ango, Taubenturm ▷

Dieppe, Schloßmuseum, Dreimaster aus Elfenbein

jons, der von der Wuchtigkeit der ehem. Gebäude zeugt. Die *Kirche* im Ort ist ein schönes Beispiel spätgotischen Flamboyantstils. Errichtet ab ca. 1515, wurde sie bis in die Mitte des 17.Jh. hinein erweitert. In der *Chapelle Saint-Nicolas* erinnert eine Büste Heinrichs IV. mit Inschrift an die Schlacht des Ortes.

Bourg-Dun (17 km w): Die *Kirche* des kleinen Örtchens geht auf einen romanischen Bau aus dem 11.Jh. zurück. Teile davon sind noch im n Querschiff und der linken Chorwand erhalten. Das Hauptschiff wurde im 12.Jh. gotisiert. Der auffällige Vierungsturm (13.Jh.) wird von einer hölzernen Turmspitze (Ende 17.Jh.) bekrönt. Die Innenausstattung stammt noch steilweise aus der Renaissance, so z.B. die bemerkenswerten Taufbecken, verziert mit acht Flachreliefs und bedeckt mit einem spitz zulaufenden Holzaufsatz (17.Jh.). Am Choreingang befinden sich Figuren der Heiligen Antoine und Sébastien. Ein schönes Beispiel der Flamboyant-Gotik ist das Kreuzrippengewölbe mit herabhängenden Schlußsteinen im s Querschiff.

Saint-Aubin-sur-Seine (6 km s): Am südlichen Ortsausgang befindet sich das *Château de Miromesnil,* das am Anfang des 17.Jh. erbaut wurde und in einem üppigen Garten liegt. Einige Räume sind zu besichtigen, in denen auch Schriftstücke des wohl berühmtesten Bewohners dieses Schlosses aufbewahrt werden: Guy de Maupassant soll hier geboren worden sein und einige Jahre verbracht haben.

Varengeville-sur-Mer (8 km w): Auf dem Lande in der Nähe der Stadt Dieppe ließ sich der vermögende Reeder Jean d'Ango zusätzlich zu seinem Palast in der Stadt ab 1530 ein typisch normannisches Manoir (Landsitz) erbauen. Es trägt heute seinen Namen: *Manoir d'Ango.* Um einen großzügigen Innenhof gruppieren sich schlichte, massive Gebäude mit einem auffälligen Taubenturm. Dieser ist das Prunkstück der Anlage, da er mit verschiedenfarbigen Steinmaterialien, wie roter Ziegel, schwarzer Flint und weißer Natursandstein, dekorativ gestaltet ist. Die Wohntrakte besitzen im Erdgeschoß eine damals übliche Arkadenzone. Der Außenbau ist mit Wappen der Familie und mit Medaillons geschmückt. – Auf dem *Friedhof* des Dörfchens liegt der Maler Georges Braque*, der sich im Alter in dem Ort ein Atelier mietete, um die wechselnden Stimmungen an den Klippen auf der Leinwand festzuhalten. Sein Grab ziert ein Mosaik mit einer Taube, ein häufig verwendetes Motiv in seinen Spätwerken. In der dazugehörigen *Kirche Saint-Valéry* hinterließ Braque* im südlichen Teil ein Glasfenster. Weitere Glasar-

Arques-la-Bataille (Dieppe), Kirche, Wasserspeier

beiten schuf er für die ebenfalls im Ort gelegene Kapelle *Saint-Dominique.* Unbedingt sehenswert ist der herrliche *Parc des Moutiers.*

Veules-les-Roses (24 km w): Der kleine Ort an der Flußmündung des Veules, westlich von Dieppe an der Küste gelegen, zog ebenfalls zahlreiche Künstler an, u.a. auch *Victor Hugo,* der bei seinem Verleger Paul Merice wohnte. Ein *Denkmal* in Form zweier Bronzeplatten auf einer Terrasse stellt Hugo in die Tradition berühmter Schriftsteller und zeigt ihn als Redner vor der Nationalversammlung.

Dives-sur-Mer/Cabourg

Calvados — Basse-Normandie

Einw.: 10 000 — Höhe: 3 m — S. 256 □ F 3

Die beiden nur durch den Mündungslauf des Flusses Dives getrennten Städte sind heute zu einer Einheit zusammengewachsen. Beide Ortshälften zeigen jedoch einen historisch bedingten sehr unterschiedlichen Charakter.

Geschichte: Der historische Ort Dives spielte bei der Eroberung Englands durch Wilhelm den Eroberer im Jahr 1066 eine große Rolle. Hier stellte der Normannenherzog seine für die damalige Zeit gewaltige Invasionsflotte von fast 700 Schiffen und 15000 Mann zusammen. Vom alten Hafen, der inzwischen verlandet ist, stach er in See, um in England die ihm zugesicherte Königskrone zu erstreiten (vgl. dazu den Wandteppich von →Bayeux).

Église Notre-Dame: Die Ortskirche im alten Zentrum von Dives wurde im 14./15 Jh. auf den Ruinen einer romanischen Kirche des 11. Jh. erneuert. Vom Vorgängerbau aus der Zeit Wilhelms des Eroberers sind noch Reste in Vierung und Querschiff erkennbar.

Außerdem sehenswert: Von der mittelalterlichen Bedeutung der Stadt als Hafen- und Handelszentrum zeugt die erhaltene (restaurierte) *Markthalle* (Les Halles) aus Holz im N der Kirche. – Das pittoreske *»Village Guillaume le Conquérant«* ganz in der Nähe ist eine ehem. Poststation mit Gasthof aus dem 16. Jh., die zu einem attraktiven Kunsthandwerkermarkt umgeformt wurde.

Cabourg: Auf der linken Seite der Divesmündung bis zum Strand entwarf 1860 der Architekt Robinet* eine künstliche Vergnügungsstadt auf geometrischer Grundlage:

Dives-sur-Mer, Markthalle

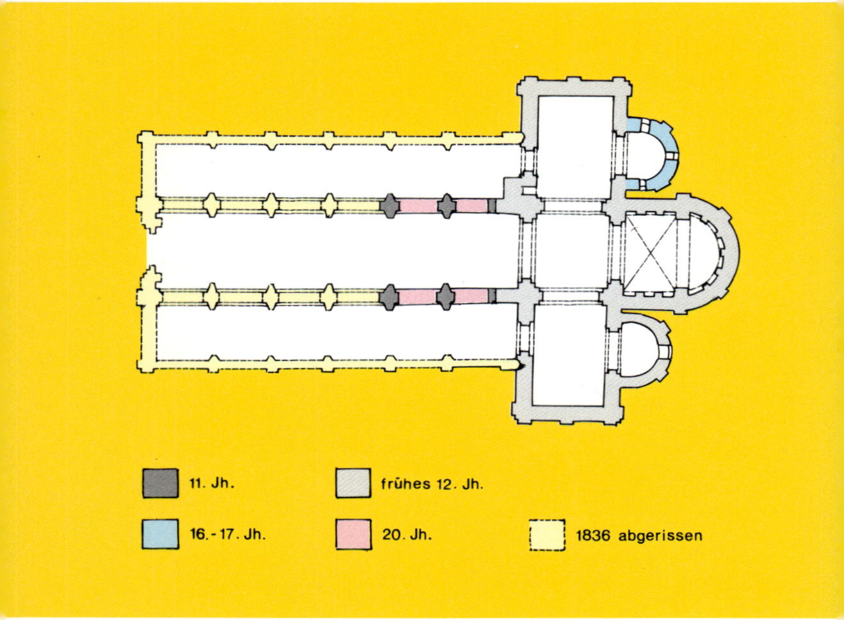

Domfront, Église Notre-Dame-sur-l'Eau

Vom Zentrum des strandnahen Grand Hotels (mit Casino) verlaufen die Straßen wie sternförmige Strahlen im Halbkreis. Den Abschluß am Meer bildet die Strandpromenade, die nach dem berühmtesten Kurgast, dem Dichter *Marcel Proust* (1871–1922), benannt ist. Schon der zehnjährige, asthmakranke Junge war dort zum erstenmal in dem kaum erbauten Badeort. Immer wieder suchte er zwischen 1907 und 1914 Linderung im Seeklima. Dabei entstanden wesentliche Teile seines Romanwerkes »Auf der Suche nach der verlorenen Zeit«, die in Cabourg, von ihm als »Balbec« verfremdet, spielen. Vom Ruhm dieses Dichters und feinsinnigen Beobachters zehrt Cabourg bis heute.

Umgebung

Beuvron-en-Auge (10 km sö): Der idyllische Ort in der Landschaft Pays d'Auge ist wegen seiner kunstvollen *Fachwerkhäuser* berühmt, die den Dorfplatz umgeben. Typisch für die normannische Fachwerkarchitektur sind die schmalen, hohen Fächer, die durch die dichtstehenden senkrechten Balken (Ständer) gebildet werden. Wie auch die ehem. *Markthallen* (Les Halles) geben sie dem Ort sein spätmittelalterliches Flair. – Im Nachbarort **Clermont-en-Auge** (1,5 km nö) befindet sich eine sehenswerte *Kapelle* mit schönen Statuen des 16. Jh. – Etwa 2 km sö liegt das hübsche Landschloß *Manoir de Victot* aus dem 16.–18. Jh.

Cricqueville-en-Auge (5 km sö): Das um 1584 erbaute *Château* erweckt mit seinen drei spitzenbewehrten Pavillons einen in sich geschlossenen spätmittelalterlichen Eindruck.

Houlgate (3 km nö): Der kleine Küsten- und Badeort mit dem anglonormannischen Namen (»Dünen-Weg«) liegt an der rechten Seite der Divesmündung am Anfang der beliebten Strände der Côte Fleurie (»Blumenküste«). Er wurde zur selben Zeit (um 1870) wie das gegenüberliegende Cabourg als Seebad ausgebaut, freilich nicht in so mondäner Art wie dieses. Das Grand Hotel von 1870 z.B. ist typisch für die Badearchitektur des ausgehenden 19.Jh. – Unweit am Strand steht eine *Gedenksäule* für Wilhelm den Eroberer. Die schwarzen Klippen der benachbarten »*Vaches Noires*« (zahlreiche Fossilienfunde) erwecken bei Ebbe tatsächlich den Eindruck weidender »schwarzer Kühe«.

Merville (7 km w): Ein *Gedenkmuseum* in einer ehem. deutschen Wehrmachtsstellung erinnert in dem kleinen Ort am rechten Ausgang der Kanalbucht von Ouistreham an die Kriegsereignisse des 6. Juni 1944 (alliierte Landung).

Domfront

Orne		Basse-Normandie
Einw.: 4500	Höhe: 215 m	S. 255 □ D 5

Die malerisch auf einem Felsplateau über der Varenne gelegene Kleinstadt hat noch viel von ihrem mittelalterlichen Gepräge bewahrt. Der Ort ist eines der Zentren des seit 1975 eingerichteten überregionalen Landschaftsschutzgebietes *Parc Naturel Régional Normandie-Maine*.

Geschichte: Der Einsiedler Saint-Front soll hier um 500 seine erste Klause »domus Frontis« errichtet haben. Um 1010 begann der Normannengraf Wilhelm (von Bellême), auf dem Steilfelsen über dem Fluß seine erste Festung zu erbauen. Der Sohn Wilhelms des Eroberers, König Heinrich I. (Beauclerc) verstärkte sie Anfang des 12.Jh. durch den wuchtigen Bergfried (Donjon) und Wehrmauern. König Heinrich II. (Plantagenet) hielt sich mit seiner Gemahlin, Eleonore von Aquitanien, häufig in der Burg auf; hier soll er auch um 1170 vergeblich versucht haben, sich mit seinem Kanzler, Thomas Becket von Canterbury, auszusöhnen. Im Hundertjährigen Krieg wechselten Burg und Stadt mehrfach die Fronten; 1574 wurde dort der Hugenottenführer Montgomery gefangengenommen und später in Paris hingerichtet.

Église Notre-Dame-sur-l'Eau: Der Name der sehenswerten Kirche »Unsere Liebe Frau überm Wasser« rührt von der alten Furtstelle über die Varenne her, die sich dort

Domfront, Notre-Dame, Fresko (Apostel)

befand. Der strenge, formschöne Bau im romanischen Stil des 11.Jh. bietet sich heute sozusagen in »verkleinerter« Form dar. Im Jahr 1836 wurde wegen einer Straßenziehung der größte Teil des w Kirchenschiffes abgerissen. Von den sechs Jochen des *Schiffs* blieben nur noch zwei des Mittelschiffes neben Chor, Querschiff und Vierungsturm erhalten. Die Seitenschiffe verschwanden gänzlich, und nach erneuter Beschädigung im August 1944 (Normandie-Schlacht) wurde auch das alte Portal verlegt. Der quadratische *Vierungsturm* mit Zeltdach zeigt jeweils über vier Blendbögen zwei Zwillingsöffnungen mit Überfangbögen. Im s *Querschiff* befinden sich Reste von *Fresken* aus dem 12.Jh. (später erneuert). In den Wänden sind über 30 Grabsteine von Persönlichkeiten des 17./18.Jh. und ein liegender Ritter (14.Jh.) mit steinernem Löwen eingelassen.

Église Saint-Julien: Die moderne Kirche von 1924 wurde als eine der ersten im Land nach Plänen des Architekten Guilbert* samt

Turm aus Beton aufgeführt. Sie stellt eine kuriose Wiederaufnahme neobyzantinischer Bauelemente dar. Im Innenraum befinden sich die farbigen *Glasfenster* und eine Apsis-Darstellung des Schutzpatrons St-Julien, der die Kirche an Christus überreicht (1929).

Außerdem sehenswert: Auf dem Burgfelsen beim *Burgpark* »Jardin public du donjon« befinden sich die Reste der Festungsanlagen von Heinrich II. (um 1100) mit der Ruine des wuchtigen *Donjon* (Bergfried). Die meisten Anlagen (mit Kasematten) wurden jedoch von König Heinrich IV. um 1608 geschleift. Beim Donjon befindet sich auch die Ruine der *Burgkapelle* St-Symphorien (11.Jh.), in der Königin Eleonore 1162 ihre Tochter taufen ließ. – Unterhalb der Burg sind noch die Reste der mittelalterlichen *Stadtmauer* mit sieben der ehemals 14 Türme zu sehen (entlang der Rue des Fossés Plissons).

Umgebung

Abbaye de Lonlay (9 km nw): Die mit dem nahen Domfront engverbundene altehrwürdige Benediktinerabtei wurde gleichfalls von Wilhelm von Bellême (Guillaume) bereits 1017 begründet. Das Kloster wurde durch wiederholte Brände und zuletzt 1944 zerstört. Durch das Kirchenportal (13.Jh.) gelangt man in das romanische Querhaus; auch im gotischen *Chorraum* sind noch romanische Kapitelle sichtbar. Die Reliefdarstellungen stammen aus dem 14. und 15.Jh. – In der Nähe (gegen SW) liegt die legendäre Stelle *»Fosse-Arthour«,* die auf den sagenhaften König Artus und seine Tafelrunde hinweist. Bei den Wasserfällen der Sonce zwischen zerklüfteten Felsen wird das Grab des Zauberers Merlin vermutet, der von der Fee Viviane verleitet wurde.

Dompierre (9 km nö): Am NW-Rand des Waldgebietes Forêt (Domaniale) des Andaines liegt der mit Domfront gleich anlautende Ort. Neben der *Kirche* befindet sich das interessante *Handwerksmuseum* »Musée de l'Artisanat« (von 1974), das Auskunft gibt über alte z.T. ausgestorbene Handwerkszweige der Umgebung, insbesondere der Holz- und Eisenverarbeitung.

La Haute-Chapelle (2 km nw): Auf dem alten Pilgerweg zur Abtei von Lonlay (siehe unten) liegt die kleine romanische *Kirche,* die z.T. auf das 11.Jh. zurückgeht.

Manoir de la Saucerie (3 km w): Das wie verwunschen wirkende ehem. *Torhaus* des ländlichen Adelsschlosses (Manoir) stammt aus dem 15./16.Jh. und zeigt über dem Torbogen ein Wappen mit drei Enten. Es wird von zwei Seitentürmen mit Wassergräben flankiert, die zusammen ein merkwürdiges Ensemble aus Naturstein, Ziegeln und Holz darstellen. Ursprünglich hatte Königin Eleonore von Aquitanien um 1195 das Gut ihrem Vasallen Robert le Sauxier geschenkt.

E

Écouis

Eure		Haute-Normandie
Einw.: 800	Höhe: 131 m	S. 257 □ I3

Der kleine Ort liegt am W-Rand des alten Grenzgebietes »Vexin normand«, dessen Grenzfluß Epte die Normandie von Frankreich (Vexin français) abtrennte.

Collégiale Notre-Dame: Die Stiftskirche mit ihren zwei gedrungenen W-Türmen unter hohen Spitzhauben zeigt eine einfache, geradlinige Architektur. Sie wurde um 1313 vom Chevalier Enguerrand de Marigny im hochgotischen Stil erbaut. Enguerrand wurde 1260 im nahen Lyon-la-Forêt geboren und brachte es zum einflußreichen (Finanz-) Berater König Philipps des Schönen (Philippe le Bel); sein Bruder Jean war Erzbischof von Rouen. Die Kirche weist einen etwas eigentümlichen Grundriß ohne Seitenschiffe und mit zur Mitte vorgezogenem Querhaus auf. Der langgestreckte Chor (ohne Umgang) besitzt zwei Seitenkapellen. Besonders diese, die Chapelle de Saint-Jean im S und die Chapelle de Saint-Martin im N, desgleichen die Südschiffkapelle der »Unbefleckten Empfängnis Mariens« sind reich mit interessanten Statuen und *Skulpturenschmuck* des 14. und 15.Jh. ausgestattet. Der ganze Innenraum ist gleichfalls mit Figurenensembles (z.B. Verkündigungsgruppe des 15.Jh.), Statuen, Steinverzierungen und einem schönem Chorgestühl aus dem Mittelalter geschmückt und erweckt so den Eindruck eines Museums. Besonders hervorzuheben ist die zart lächelnde *Statue der Notre-Dame d'Écouis* (an der Vierung) und die hl. Magdalena (n Querschiff). Das ursprüngliche einfache Gewölbe wurde Ende des 18.Jh. durch ein Steingewölbe ersetzt.

Umgebung

Abbaye de Fontaine-Guérard (8km nw): Um 1185 gegründet, trat das Kloster alsbald (1219) dem Zisterzienserorden bei. Die idyllisch an der Andelle gelegenen Ruinen lassen noch die Abteikirche von 1218 und den Ostflügel des Klosterbaus mit dreischiffigem got. Kapitelsaal und Dormitorium erkennen. Die benachbarte *Kapelle Saint-Michel* wurde von Guillaume de Léon Anfang des 15.Jh. erbaut. Es war die Buße für die Ermordung seiner Frau Marie de Ferrières, die er wegen seiner Geliebten von gedungenen Mördern im Kloster niederstechen ließ.

Côte des Deux Amants (9km w): Der 138m hohe Steilfelsen über der Mündung der Andelle bei Amfreville ist von einer traurigen Liebeslegende umrankt: Der junge Ritter Edmond hatte die schöne Calliste im Wald vor einem wilden Eber gerettet. Die beiden verliebten sich ineinander, doch ihr Vater, ein strenger Graf, war dagegen. Nur wenn Edmond seine Geliebte auf eigenen Händen und ohne Rast den steilen Berg bis zur Spitze hinauftragen könne, würde er sie ihm zur Frau geben. Edmond schaffte zwar die Aufgabe, doch am Berggipfel brach er vor Überanstrengung tot zusammen. Das

Écouis, Notre-Dame-d'Écouis

Entsetzen über den Tod des Liebsten brach auch dem Mädchen auf der Stelle das Herz. Der untröstliche, reuige Vater stiftete auf dem »Berg der zwei Liebenden« ein Kloster. Die Liebesgeschichte wurde schon im 12.Jh. von der (ersten) franz. Dichterin Marie de France in heute noch ansprechender Form geschildert.

Elbeuf

Seine-Maritime — Haute-Normandie

Einw.: 50000 — Höhe: 11 m — S.257 □ H3

Die lebhafte Industriestadt (20000 Einw.) stellt mit ihren Randgemeinden Caudebec-lès-Elbeuf, Saint-Pierre-lès-Elbeuf (beide l der Seine) und Saint-Aubin-lès-Elbeuf (r der Seine) eine Einheit um die nahe Seineschleife mit über 50000 Einw. dar. Diese liegt wiederum im Einzugsbereich des Ballungsraums Rouen in der folgenden nördlichen Seineschleife.

Geschichte: Der Name weist auf eine ursprünglich frühnormannische Siedlung Welleboe (boe = »Bau, Siedlung«), die zu Elbeuf verformt wurde. Schon im 16.Jh. war hier die Tuchweberei zu Hause, die Minister Colbert im 17.Jh. zu einer der führenden Textilmanufakturen Europas machte. Die Tuchindustrie, gefördert durch moderne Techniken, behauptete sich bis heute. Nach dem 2.Weltkrieg errichtete Renault im Vorort Cléon ein modernes Automobilwerk.

Église Saint-Jean: Die spätgotische Kirche wurde im 17.Jh. im klassischen Stil wesentlich umgestaltet (bes. die Fassade). Auch die Innenausstattung ist im zeitgleichen Stil erstellt; die erhaltenen *Glasfenster* des 16.Jh. zeigen u.a. die Wurzel Jesse.

Église Saint-Étienne: Die Kirche im W des Zentrums zeigt spätgot. Flamboyantstil (um 1517) mit schönen *Glasfenstern* aus dieser Zeit. Fassade und Innenausstattung sind aus dem 17./18.Jh. (u.a. Chorpult in Adlerform).

Musée d'Histoire naturelle: Im Rathaus ist das *Naturkundemuseum* mit Exponaten zur örtlichen Naturgeschichte (auch gallorömische Fundstücke) eingerichtet.

◁ *Elbeuf, St-Jean, Wurzel-Jesse-Fenster*

Umgebung

Château de Robert le Diable (9 km nw): Die imposante z.T. restaurierte Burgruine beherrscht von ihrer Höhe herab die Seineschleife im S von Rouen. Die Flußfestung wurde im 11.Jh. von den ersten Normannenherzögen an strategisch wichtiger Stelle errichtet. Die Sage nennt als Erbauer den Vater von Wilhelm dem Eroberer, Herzog Robert den Prächtigen (Robert le Magnifique), der 1035 starb. Dieser legendäre, hünenhafte blonde Ritter ohne Furcht und Tadel wurde von seinen Feinden »Robert der Teufel« genannt (Robert le Diable). Der Legende nach soll er sich auch mit Dämonen und Teufeln gestritten haben, um ihnen fromme Seelen zu entreißen. – Die Burg war seit 1204 in der Hand der Franzosen unter König Philipp II. August (mit Garnison) und wurde 1418 vom Magistrat von Rouen gesprengt, bevor die Engländer sie erobern konnten. Auch Jeanne d'Arc wurde hier vor ihrem Prozeß in Rouen gefangengehalten. Völlig zerstört wurde die Anlage dann in den Religionskriegen des 16.Jh., und die Ruinen wurden noch einmal im Deutsch-Französischen Krieg von 1870 umkämpft. Seit 1903 begann man mit dem nostalgi-

Château de Robert le Diable, Wikingermuseum, Boot

schen Wiederaufbau der symbolträchtigen Festung, der heute teilweise durchgeführt ist. – Ein *Wikingermuseum* (Musée des Vikings) zeigt in verschiedenen Burgräumen (Tour de Rouen) den Wandel der räuberischen Wikingerhorden zu den staatstragenden, christl. Normannen. Es beherbergt u.a. ein über 20 m langes Modell eines Wikingerschiffes samt Kriegsausrüstung (mit Wachsfiguren). Vom restaurierten *Bergfried* bietet sich ein prachtvoller Ausblick auf die Seine und das Waldgebiet Forêt de Rou-mare.

Étretat

Seine-Maritime		Haute-Normandie
Einw.: 1600	Höhe: 6 m	S. 256 □ F2

Die bizarren Kreidefelsen von Étretat, die den langen weißen Kieselstränden vorgelagert sind und an denen sich die Wellen brechen, war bald ein beliebtes Motiv für die Malerei. Dieses Naturschauspiel zog besonders im 19. Jh. zahlreiche Impressionisten und ihre Vorläufer an, darunter Delacroix*, Courbet* und Eugène Boudin*, den Lehrer Monets*; sie alle ließen sich vom Spiel des Lichtes und der Abenddämmerung faszinieren. So entstanden zahlreiche »Impressionen« des Augenblicks. Von der höchsten Klippe aus, der *Falaise d'Amont,* genießt man den besten Blick über die wohl bekannteste Felsformation der Küste, die *Porte d'Aval,* und die kleine, vorgelagerte Spitze *Aiguille d'Aval* sowie über die Stadt. Auf der Falaise d'Amont befindet sich das kleine *Musée Nungesser-et-Coli,* erkennbar durch ein steinernes Flugzeug im Boden. Es ist den beiden verschollenen Piloten Charles Nungesser und François Coli gewidmet, die 1927 bei ihrer Atlantiküberquerung (Paris–New York) ums Leben kamen und von der Falaise d'Amont aus zum letzten Mal gesehen wurden. Das Stadtbild von Étretat wird bestimmt durch alte normannische *Fachwerkhäuser.* Der Schriftsteller Guy de Maupassant ließ sich in der Stadt nieder und baute sich 1882 ein Haus namens »La Guilliette«, das heute in privater Hand ist.

Umgebung

Angerville (15 km ö): Bei dem in einem romantischen Park gelegenen Dörfchen befindet sich das kleine *Château de Bailleul* aus der Zeit der Renaissance um 1533. Es trägt den Namen seines Bauherrn, Bertrand de Bailleul. Über einem quadratischen Grund-

Étretat, Fachwerkhaus

riß erheben sich drei Stockwerke, die von Eckpavillons mit überhöhten Dächern eingefaßt werden. Sehenswert ist besonders die Innenausstattung des Schlosses mit wertvollen Gemälden und Tapisserien des 17. und 18. Jh. aus Frankreich und den Niederlanden. – In **Cuverville** (7 km sö) befinden sich der Herrensitz (18. Jh.) und das Grab des Literaturnobelpreisträgers André Gide.

Eu		
Seine-Maritime		Haute-Normandie
Einw.: 9000	Höhe: 17 m	S. 257 □ I1

Der Ort geht, wie viele weitere Siedlungen in der Region, auf eine römische Gründung mit dem Namen Augum zurück.

Église Notre-Dame-et-Saint-Laurent: Die ehem. Stiftskirche liegt oberhalb des Ortes und erhielt ihren Beinamen von dem hl. Laurent O'Toole, dem 1181 in Eu verstorbenen Erzbischof von Dublin. Die erste Bauphase im Stil der Frühgotik erfolgte von 1185 bis ca. 1280. Im frühen 16. Jh. änderte man den Chorabschluß, indem neue Kapellen an die bereits bestehende Apsis angesetzt wurden. Das erklärt auch das aufwendige Strebewerk am Außenbau. Im Laufe des 19. Jh. wurden noch zahlreiche An- und Umbauten vorgenommen. So errichtete man 1825 eine Marienkapelle, 1839 wurde das Gewölbe erneuert. Auch einige gotische Glasfenster wurden ersetzt. An ein elfjochiges Langhaus schließt sich ein eingeschobenes Querhaus an, dem wiederum der zweijochige Chorraum mit Umgangschor und Kapellen folgt. Der Wandaufriß des Langhauses zeigt die typische Gliederung einer Arkadenzone, über der sich ein Triforium und eine lichtspendende Obergadenzone erheben. Die zweite Kapelle des Chorumgangs verdankt ihren Namen der gefaßten Skulptur der Grablegung Christi aus dem 15. Jh: *Chapelle du Saint-Sépulcre.* Die Skulptur wird durch einen spätgotischen Baldachin mit Maßwerk bekrönt. In der *Krypta* unter dem Chor befindet sich das Grabmal des hl. Laurent. Außerdem birgt die Krypta noch einige Marmorsarkophage der Verstorbenen aus der Familie des Grafen d'Artois.

Château: Ursprünglich stand an seiner Stelle eine normannische Burg, in der Herzog Wilhelm II. Kontakte mit England aufnahm und 1050 Mathilde von Flandern heiratete. Auch soll dort die Freiheitskämpferin Jeanne d'Arc kurzzeitig festgehalten worden sein. 1475 wurde die Anlage jedoch kom-

Eu, Notre-Dame-et-St-Laurent, Krypta

plett zerstört. Das heutige Renaissanceschloß wurde nach der Grundsteinlegung 1578 häufig umgestaltet. Das Schloß gelangte in die Hände der königlichen Familie, die hochrangige Künstler heranzog, u.a. den Gartenarchitekten Le Notre*, der gegen Ende des 17. Jh. den hervorragenden Park nach französischem Muster anlegte. Gleichzeitig wurde auch die Gartenseite des Schlosses verschönert. Nach der Franz. Revolution ließ der Herzog von Orléans, der spätere König Louis Philippe, den Bau repräsentativ gestalten. Nach ihm ist auch das *Musée Louis-Philippe* benannt, das in den Appartements des ehem. Königs wertvolle Gläser, Flakons und eine rekonstruierte Glaswerkstätte ausstellt. Besichtigt werden können auch einige Räumlichkeiten, z.B. das Montpensier-Zimmer, der Schwarze und der Gobelin-Saal.

Évreux		
Eure		Haute-Normandie
Einw.: 55 000	Höhe: 65 m	S. 259 □ I4

Die lebendige Stadt am Fluß Iton ist Hauptstadt des Départements Eure. Sie ist nicht nur Schul- und Verwaltungsmittelpunkt, sondern auch ein wichtiges Handels-, Wirtschafts- und Industriezentrum der Großregion im SO von Rouen.

Évreux, Kathedrale, Vierung

Geschichte: Die Hauptsiedlung des keltischen Stammes der Eburovices, von denen sich der Ortsname Évreux ableitet, lag etwas weiter ö beim heutigen Dorf *Vieil-Évreux.* Der Name der römischen befestigten Siedlung »Mediolanum« (vgl. Mailand/Milano) konnte sich nicht durchsetzen. Schon im 4. Jh. wurde der gallorömische Verwaltungsdistrikt zum christlichen Bistum mit Bischofssitz in Évreux. Es ghört damit neben Rouen, Lisieux, Sées, Coutances und Avranches zu den ältesten Wiegen des Christentums in der (späteren) Normandie. – Von Vandalen (5. Jh.) wie Wikingern (9. Jh.) heimgesucht, stand die Stadt auch später immer wieder im Brenpunkt kriegerischer Auseinandersetzungen, die ihr schweren Schaden zufügten. Dabei wurde die Stadt mehrfach von Bränden zerstört, so unter Heinrich I. von England 1119 und Philipp II. August von Frankreich 1194. Auch im Hundertjährigen Krieg mußte Evreux mehrmals unter großen Verlusten die Fronten wechseln. Die letzte schwere Beschädigung erlitt es durch die Luftangriffe im 2. Weltkrieg von 1940 und 1944 (fast 50% Zerstörung, bes. der Altstadt).

Kathedrale Notre-Dame: Ein Spiegelbild des Auf und Ab der Stadtgeschichte stellt besonders die heutige Bischofskirche dar. Einer der ersten Bischöfe war der *hl. Taurinus* im 4./5. Jh.; doch eine Bischofskirche wurde erstmals 912 erwähnt. Der bekehrte Wikingerherzog Rollo (Rolf), der 897 die Stadt geplündert hatte, spendete nun als Schutzherr für den Wiederaufbau der Kirche. Doch nach wiederholter Zerstörung der romanischen Vorgängerbauten kam es erst im 13. Jh. zum heute sichtbaren Neubau. Im Chorboden finden sich Spuren des frühen Baus (10. Jh.); die Mittelschiffarkaden sind weitgehend romanisch (12. Jh.), und der Chor wurde im späten 13. Jh. angefügt. Im 14. und 15. Jh. kamen dann die Seitenschiffkapellen und der Chorumgang dazu (insgesamt 23 Kapellen). Die Vierung und der 45 m hohe Vierungsturm (Laternenturm)

Évreux, Kathedrale Notre-Dame, Westfassade ▷

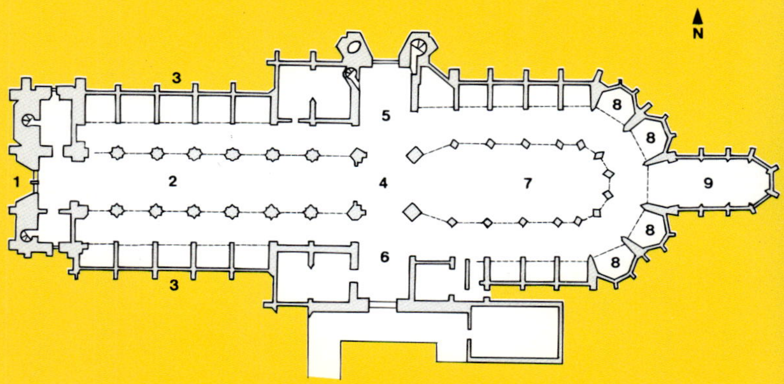

Évreux, Kathedrale Notre-Dame 1 W-Fassade **2** Mittelschiff **3** Seitenkapellen **4** Vierung **5** n Querschiff mit N-Portal und Fensterrose »Jüngstes Gericht« **6** s Querschiff **7** Chor **8** Kranzkapellen **9** Achskapelle

gehen auf den Anfang des 15. Jh. zurück und verbinden den breiteren Chorraum mit dem Hauptschiff. Vor allem das *Nordportal* zeigt einen reichen Skulpturenschmuck im Flamboyantstil: Fabeltiere, Dämonen, Wasserspeier neben dem filigranen Maßwerk. Die *Westfassade* des 16. Jh. mit Fensterrosette im Portalteil bildet einen eigenartigen Kontrast zu den Renaissancetürmen: Beide sind typisch gegliedert in Stockwerke; jedoch ist der ältere Südturm helmlos, während der jüngere Nordturm des 17. Jh. eine Kuppelhaube mit Aufbau besitzt. Bei aller scheinbaren Gegensätzlichkeit bewirkt das Ganze doch einen Gesamteindruck, der die Kathedrale zur bedeutendsten Frankreichs macht. – Der dreischiffige *Innenraum* mit Querhäusern, Chor und Chorumgang ist nahezu durchgängig von *Seitenkapellen* gesäumt, die mit kunstvollen Holzgittern (16. Jh.) abgetrennt sind. Zu beiden Seiten der dreijochigen *Achskapelle* befinden sich je zwei halbrunde *Kranzkapellen.* Über den romanischen Arkaden des siebenjochigen *Mittelschiffs* ruht das gotische Triforium mit spätgotischem Obergaden. Sehenswert ist die n *Querschiffrose* mit der Darstellung des Jüngsten Gerichts. Auch die *Glasfenster* der Chorkapellen und des Obergadens (14. und 15. Jh.), die vor den Kriegseinwirkungen gerettet werden konnten, verdienen besondere Beachtung; ferner das schmiedeeiserne Chorgitter und das *Chorgestühl* mit schönen Miserikordien.

Église Saint-Taurin: Die Kirche liegt im W der Stadt zwischen den Flußarmen des Iton an der von schönen *Fachwerkhäusern* umgebenen Place St.-Taurin. Zur Erinnerung an den legendären ersten Bischof von Évreux, den hl. Taurinus (4./5. Jh.), wurde im 10. Jh. hier von Herzog Richard I. (943–96) an der Stelle eines wohl schon von St. Taurin selbst erbauten Klosters die gleichnamige *Abtei*

Coudres (Évreux), Pfarrkirche, Bedeutendstes romanisches Relief der Normandie

gegründet. Sie wurde immer wieder von Zerstörungen heimgesucht; während der Franz. Revolution mußten die Mönche fliehen, und die Klosterräume verfielen. Seit 1803 ist St-Taurin Pfarrkirche und wurde mehrmals (1836, 1906) restauriert. – Die heutige Kirche wurde im 14./15.Jh. auf den Resten des 10.Jh. erneuert; auf den romanischen Bau weisen noch Bögen und Blendarkaden am s Querschiff hin. Die *Westfassade* stammt von 1715. Sehenswert sind die *Glasfenster* des 15.Jh., die u.a. das Leben des Heiligen schildern (Apsis). – Prachtstück der Kirche ist jedoch der glanzvolle *Reliquienschrein* des hl.Taurinus (linke Vierungskapelle). Die kunstvolle Gold-Silberschmiede-Arbeit aus der Klosterwerkstatt wurde im 13.Jh. in Form einer Miniaturkapelle (hochgotisch) gefertigt. Der Schrein (la châsse) von 1,20m Höhe und 1m Breite stellt vor allem den hl.Bischof Taurin mit Mitra und Stab beim Einzug in Evreux dar. Seine Gebeine wurden damals in der Krypta des 11.Jh. entdeckt und in den Schrein überführt.

St. Taurin und der »Gehörnte«

Die Legende schreibt dem hl.Taurin folgende Geschichte zu: Eines Nachts hatte der Teufel erneut eine Kirche zerstört, die Taurin erbaut hatte. Der Heilige verlor darüber seine Gelassenheit und stürzte sich entschlossen in den Zweikampf mit dem Widersacher. Dabei zerrte er ihn so heftig an den Hörnern, daß er ihm eines davon ausriß. Dieses Beutestück soll bis ins 18.Jh. in der alten Abtei aufbewahrt worden sein. Es wurde den Gläubigen gezeigt, und wenn man sein Ohr daran legte, so hörte man es raunen: »Taurin, Taurin – gib mir mein Horn!« (Taurin, Taurin, rends moi ma corne!)

Ancien Palais Épiscopal (Ancien évêché): Im S der Kathedrale schließt sich in schöner Lage über dem Fluß das ehem. Bischofspalais an. Es wurde nach Bränden des alten

Gebäudes um 1500 von dem Architekten Pierre Smoteau* im spätgot. Flamboyantstil mit Türmen und Erkern burgähnlich errichtet. Seit 1955 ist hier das *Stadtmuseum* untergebracht. – Spärliche Reste der galloröm. *Stadtmauer* finden sich neben dem Palais.

Ancien Cloître de Capucines: Beim Jardin Public (Jardin botanique) im SO der Altstadt stehen die 1963 restaurierten Gebäude des ehem. Kapuzinerklosters (gegr. 1613), das heute als Schule dient. – Sehenswert ist der erhaltene *Kreuzgang* mit Wandtafeln (Ordensregel), Brunnen und Innenhof.

Beffroi (Bergfried): Der ehem. Wachtturm, auch *Tour de l'Horloge* genannt (w des Rathauses), wurde 1490–97 von Pierre Smoteau* an der Stelle des alten Stadttors erbaut. Der schlanke Turm mit Treppentürmchen ist 44 m hoch und neben der Kathedrale ein weithin sichtbares Wahrzeichen. Die Turmspitze ist mit bleiüberzogenen Holzzinnen verziert. Im offenen Teil der Turmspitze ist die Sturmglocke »La Louyse« aufgehängt. Diese in Mantes im Jahr 1406 gegossene, 2 t schwere Glocke läutet noch heute stündlich (zwei Schlagglocken von 1620 halbstündlich). Von hier kann man entlang der z.T. erhaltenen alten *Stadtmauern* bis zur Kathedrale gehen (am Flußlauf des Iton).

Musée: Das Museum im ehem. Bischofspalast, der mit der Kathedrale durch einen Kreuzgang verbunden ist, besitzt seit 1985 eine ausgezeichnete archäolog. Abteilung. Im Untergeschoß wird neben Funden von der örtlichen Altsteinzeit bis zur Merowingerzeit ein 60 m langes Mauerstück der *gallo-röm. Stadtmauer* des 3.Jh. (unter den Domfundamenten) in Rekonstruktion gezeigt. Beachtenswert ist auch der *römische Jupiter* aus dem 1.Jh. Daneben gibt es in entsprechend gestalteten Räumen eine Sammlung von Möbeln, Gemälden und Kunstgegenständen des 15.–19.Jh. zu bewundern. Interessant ist auch die *Gemäldesammlung* des 19.Jh. mit Werken von Boudin*, Lebourg*, Géricault* u.a.; ferner zahlreiche Keramik- und Fayencegegenstände.

Außerdem sehenswert: Das *Rathaus* (Hôtel de Ville) wurde 1895 im neoklassizist.

◁ *Évreux, Kathedrale, Glasfenster*

Stil auf dem Gelände der ma Burg erbaut. Der imposante *Freibrunnen* auf dem Rathausplatz wurde 1882 vom Bildhauer Decorchemont* geschaffen. Er symbolisiert die Region Eure als junge Frau. – Daneben befindet sich das *Théâtre Municipal* (Stadttheater). – Aus derselben Zeit (um 1880) stammt der neobarocke *Justizpalast* im SW der Altstadt. – Das ehem. *Ursulinenkloster* (n vom Rathaus) wurde 1623 gegr. Die Gebäude des 18. Jh. wurden 1874 in eine Kaserne umgewandelt und 1934 z.T. restauriert.

Umgebung

Caugé (8 km w): Die *Kirche Notre-Dame* wurde über romanischen Ruinen im 16. Jh. erneuert. Um 1845 wurde die Fassade umgestaltet. Die Innenausstattung (Altarretabel) entstand im 17./18. Jh. – In der Nähe liegt das hübsche *Manoir de Luhéré* (16. Jh.) mit Fassadenmuster aus verschiedenfarbigem Stein.

Reuilly (7 km nö): Im Dorf steht die hübsche kleine *Kirche St-Christophe,* deren Ursprung auf das 11. Jh. zurückweist (roman. Fenster). Die Statuen im Innern stammen aus dem 15./16. Jh., bes. St-Christophe (aus Holz), Jungfrau mit Kind; Taufbrunnen.

F

Falaise

Calvados		Basse-Normandie
Einw.: 9000	Höhe: 132 m	S. 258 □ EF 4

Auf einem steilen Fels über der Talschlucht des Flüßchens Ante war der ideale Platz für die frühnormannische »Felsburg«, die der ganzen Kleinstadt den Namen gab (franz. falaise = »Steilfels, Klippe« kommt vom germanischen falisa = »Fels«). – In der Entscheidungsschlacht um die Normandie (August 1944) zwischen Falaise und Chambois

Falaise, Église de la Trinité, Nordportal, Relief, Moses- und Mannawunder

(→ Argentan) wurde die Stadt schwer zerstört und ist heute leidlich wiederhergestellt.

Geschichte: Der Ort ist untrennbar mit dem berühmten Normannenkönig Wilhelm dem Eroberer verbunden. Dieser wurde auf der Felsburg (»Falaise«), die sein Großvater, Herzog Richard II., um 1000 hier errichtet hatte, im Jahr 1027 geboren. Sein Vater war Herzog Robert, der sich selbst »der Prächtige« (le Magnifique) nannte, aber von seinen Feinden den Beinamen »der Teufel« (le Diable) erhielt. Seine Mutter war die legendäre Färberstochter Arlette, um die der Volksmund viele Legenden rankte. Ihr Sohn Wihelm trug wegen ihrer bürgerlichen Herkunft zunächst den Beinamen »der Bastard« (Guillaume le Bâtard), bis er nach dem Sieg über die Engländer 1066 den Ehrennamen »der Eroberer« (le Conquérant, the Conqueror) bekam. Er verbrachte seine Kindheit auf Falaise.

Église de la Trinité: Im Zentrum der Stadt (Place Guillaume le Conquérant) steht die der Hl. Dreifaltigkeit geweihte Hauptkirche, die vom 13. bis 16. Jh. errichtet und ausgebaut wurde. Das Querhaus stammt aus dem 13. Jh., das Hauptschiff mit Seitenschiffen aus dem 14. Jh.; der Chor entstand um 1510 am Übergang der Spätgotik zur Renaissance. Auch das sehenswerte *Nordportal* (mit Karyatiden, Medaillons, mythischen Szenen) ist in diesem Mischstil erstellt.

Église Saint-Gervais: Im N der Stadt (Rue de Caen) befindet sich die älteste Ortskirche, deren Südseite auf die romanische Anfangszeit (11. Jh.) zurückgeht. Dies belegen die doppelt gestuften rundbogigen *Arkaden* des s Langhauses. Ebenfalls romanisch (12. Jh.) ist der *Vierungsturm* mit je vier seitlichen Bogenstellungen. Ansonsten ist der Innenraum gotisch gestaltet. Beachtenswert sind Chorraum, -umgang und Kranzkapellen im deutlichen Flamboyantstil des 15./16. Jh. (mit hängenden Schlußsteinen). In Querhaus und Seitenkapellen befinden sich zahlreiche Grabplatten des 15.–17. Jh. Die modernen *Glasfenster* stammen von Le Chevallier*.

Église Notre-Dame de Guibray: Die interessante Kirche im sö Stadtteil Guibray zeigt noch ihren romanischen Ursprung aus dem 12. Jh., vor allem an der Fassade und im Chorraum. Das Schiff wurde im Stil der Gotik des 13./14. Jh. gestaltet, jedoch im 17./19. Jh. mehrfach umgeformt. Eindrucksvoll sind auch die *Altargruppe* »Himmelfahrt Mariens« (18. Jh.) und das Orgelpult von 1746. – Der Vorort **Guibray** war schon in normannischer Zeit (12. Jh.) wegen seiner Pferdemärkte (Jahrmärkte) weithin bekannt.

Château: Das Wahrzeichen der Stadt ist die imposante *Festungsruine* auf dem Falaise-Felsen über dem Flußtal. Der größte Teil des ausgedehnten Festungskomplexes geht auf den baufreudigen Sohn Wilhelms des Eroberers, König Heinrich I. (Beauclerc), im 12. Jh. zurück. Der guterhaltene, wehrhafte *Donjon* (Bergfried) mit rechteckigem Grundmaß (27×25 m) wurde 1127 gebaut. Hinter den über 3 m dicken Mauern befinden sich eine zweigeschossige *Burgkapelle* und das Geburtszimmer Wilhelms. Der Bergfried wurde im 14. Jh. restauriert, ebenso wie der kleinere *Wehrturm* von 1150 daneben. Noch eindrucksvoller ist der massige Rundturm *Tour Talbot*. Der 35 m hohe Turm (mit schöner Aussicht) wurde unter König Philipp II. August um 1210 erbaut. Seine Mauern sind 4 m dick, und er ist mit dem Donjon durch einen überwölbten Gang verbunden. Er umfaßt fünf Stockwerke mit saalartigen, z. T. gewölbten Räumen. Von der alten *Burgmauer* mit ehemals 16 Türmen ist am besten das Tor *Porte des Cordeliers* aus dem 14./15. Jh. erhalten; die Ringmaueranlage wurde nach der Zerstörung im August 1944 erneuert.

Außerdem sehenswert: Am Fuß des Burgfelsens wird der legendäre *Brunnen der Arlette* (fontaine d'Arlette) gezeigt, wo Herzog Robert die junge Arlette beim Wäschewaschen angetroffen haben soll. – In der Nähe auch Reste eines mittelalterlichen *Waschhauses* (Vieux lavoir). – Am Hauptplatz Place Guillaume-le-Conquérant erinnert ein bronzenes *Reiterstandbild* von 1851 an Wilhelm den Eroberer. Er wird von sechs kleineren Figuren seiner Ahnen, von Herzog Rollo (um 900) bis Robert le Diable, flankiert. – Im Stadtnorden befindet sich das alte romanische Felskirchlein *Saint-Laurent* (11. Jh.) im typischen Stil einer normannischen Dorfkirche. – Das *Château de la Fres-*

Falaise, Château ▷

naye in einem Parkgelände im NO wurde im 18. Jh. errichtet und von so berühmten Gästen wie Napoleon und Blücher besucht. In der Bibliothek und im Salon befinden sich schöne Holztäfelungen. Es beherbergt heute die *Städtische Ausstellung* zur Ortsgeschichte. – Im *Musée Août 1944* (unter der Burg) werden Dokumente, Modelle und Fotos zur historischen Kesselschlacht von Falaise-Chambois gezeigt.

Umgebung

Aubigny (2 km n): Das eindrucksvolle *Schloß* (Château) der Grafen von Aubigny mit reichen Fassadenverzierungen (Dachlukarnen) wurde unter Heinrich IV./Ludwig XIII. Anfang des 17. Jh. erbaut. – Die nahe gelegene *Dorfkirche* aus derselben Zeit diente als herrschaftliche Grablege. Sehr interessant ist das Votivensemble der Grafenfamilie im Chorraum (hinter schmiedeeisernem Gitter): Die sechs lebensgroßen Steinfiguren (17./18. Jh.) kniender Edelleute zeigen die sechs aufeinanderfolgenden Familiengenerationen. Sie geben u.a. Aufschluß über den Wechsel der Zeitmode.

Beaumais (9 km ö): Das Dorf an der Dives besitzt eine alte normannische *Kirche* aus dem 12. Jh., restauriert im 19. Jh. Interessant sind das Seitenportal und geometrische Dekors. – Das örtliche *Schloß* mit Festungselementen und schönem Ehrenhof (Cour d'honneur) stammt aus dem frühen 16. Jh.

La Brèche au Diable (9 km n): Der bildhafte Name »Teufelsschlucht« bezieht sich auf den Durchbruch (»Bresche«) des Flüßchens Laison durch die Sandsteinfelsen. Spuren des nahe gelegenen gotischen *Kirchleins* Chapelle Saint-Quentin-de-la Roche (13. Jh.) weisen auf die Ortslegende hin. Danach soll der hl. Quentin (Saint-Quentin) seine Kapelle ursprünglich an einem Platz gebaut haben, der immer wieder vom Hochwasser des Laison überschwemmt wurde. Der Teufel machte ihm daraufhin das Angebot, einen Durchbruch (»Bresche«) für das angestaute Wasser zu schaffen. Dafür wollte er jedoch die Seele von Quentins ältester Tochter. Der Heilige aber überlistete den dummen Teufel durch die Bedingung, mit einem Sieb Wasser zu schöpfen; die »Teufelsbresche« war jedoch geschaffen. Bei dem nahen Felshügel **Mont Joly** wurden prähistorische Funde aus der späten Stein- und Eisenzeit gemacht (ca. 700–450 v. Chr.) mit Skeletten, Schmuck und Waffen. Dort befindet sich auch das Grabdenkmal für die seinerzeit berühmte Schauspielerin Marie Joly (gest. 1798), nach der der Hügel benannt ist. – Im benachbarten

Aubigny (Falaise), Dorfkirche, Votivensemble der Grafenfamilie

Gutshof *St-Quentin* aus dem 17./18.Jh. ist heute ein *Bauernmuseum* (Musée ethnographique) untergebracht.

Château d'Assy (13km n): Das repräsentative Adelsschloß wurde um 1788 erbaut, zeitgleich mit dem Beginn der Franz. Revolution (1789). Das Gebäudeensemble ist beispielhaft für den ländlichen Stil der Neoklassik. Die Kapelle stammt noch aus dem spätgotischen Flamboyantstil (15.Jh.).

Noron-l'Abbaye (3km w): In dem Dorf gibt es als Rest einer ehem. *Abtei* eine romanisch-gotische Mischkirche (13.Jh.) mit zweistöckigem Glockenturm zu sehen.

Perrières (10km nö): Verschiedene Spuren weisen auf ein altnormannisches *Kloster* (Ancien Prieuré) hin, das urkundlich um 1075 gegründet wurde. Die erhaltene *Kirche* des 11.Jh. (restauriert im 19.Jh.) besitzt eine interessante Fassade im normannisch-romanischen Stil.

Soumont-Saint-Quentin (11km n): Der kleine Ort (ca. 600Einw.) nennt sich ebenfalls nach dem Lokalheiligen St.Quentin, der bei La Brèche au Diable (siehe oben) seine Kapelle gründete. – Die *Ortskirche* stammt aus dem 12.–14.Jh. mit schönem Turm in romanisch-gotischem Stil. – Erwähnenswert ist hier die letzte verbliebene *Eisenmine* der Region (mine de fer), die auf eine lange, bis in die Prähistorie reichende gallokeltische Tradition der Eisengewinnung und -verarbeitung zurückblicken kann.

Torps (7km nw): Der Ortsname weist auf eine altnormann. Gründung hin, die eigentlich »Dorf« (nordgermanisch torp) bedeutet. Hier befindet sich einer der landschaftstypischen Gutshöfe im Stil der *»manoirs-fermes«*. Das Anwesen aus dem 16.Jh. wurde im 18.Jh. erweitert und abgesichert.

Fécamp

Seine-Maritime		Haute-Normandie
Einw.: 23000	Höhe: 14 m	S.256 □ G1

Die Gründung des Ortes geht, einer Legende zufolge, auf eine Reliquie zurück, die an der Küste bei Fécamp angeschwemmt wurde. Es war ein kleines Gefäß mit dem Blut Christi darin, versteckt in einem Holzstamm. In dem späteren Fécamp schlug der Baum wieder Wurzeln. Ein Frauenkloster aus dem 7.Jh. bewahrte die Reliquie auf. Doch die Anlage wurde um die Mitte des 9.Jh. zerstört und der Neubau erst 990 unter Herzog Richard I. geweiht. Sein Sohn, Richard II., berief den Abt Guillaume de Volpino in die Abtei, der sie reformierte und vor allem erweiterte. Schon bald entstand der Wunsch

Beaumais (Falaise), Kirche, (l); Fécamp, Denkmal für die unbekannten Fischerfrauen (r)

nach einem größeren Kirchenbau, der im romanischen Stil zwischen 1082 und 1107 errichtet wurde. Nach einem verheerenden Brand von 1168 begann man mit dem heutigen Kirchenbau.

Église de Sainte-Trinité: Der eindrucksvolle Bau entstand von 1175 bis 1220. Der Grundriß zeigt ein extrem langes Hauptschiff mit zehn Jochen. Diesem folgt ein eingeschobenes Querhaus mit anschließendem dreijochigem Chor, dessen Abschluß ein fünffacher Kapellenkranz bildet. Der Chorumgang besitzt insgesamt elf Kapellen, die durch Lettner abgeschlossen sind. Durch das *Westportal* (1748) betritt man den *Innenraum,* zu dem nochmals zwölf Stufen hinabführen. Gleich am Eingang bemerkt man die reiche *Innenausstattung* der Kirche. Das Orgelgehäuse aus der Mitte des 18.Jh. stammt aus dem Kloster Montivilliers. Betritt man den südlichen Querschiffsarm, so stößt man auf die *Chapelle de la Dormition* mit einer gefaßten Steinplastik des Marientodes aus der Zeit um 1495. Im Chor beginnt der Rundgang durch die Kapellen. Die erste Kapelle dient als Durchgang zur Sakristei, die man ebenfalls besichtigen kann. Sie wird von einer Tür im Stil der Renaissance abgeschlossen. Es folgt die *Chapelle Saint-Martin,* mit einer Holzskulptur, die die Vision des hl.Martin zeigt, und einer Reiterstatue des Heiligen. Nun schließen sich die *Chapelle de Notre-Dame-de-Bon-Secours* und die *Chapelle des Saints-Potras* an.

Distillerie de la Bénédictine: Das 1892 errichtete Gebäude besteht aus einem Konglomerat verschiedener Stilelemente der Gotik und Renaissance, wie es zur damaligen Zeit des Historismus üblich war. Der findige Geschäftsmann Alexandre Le Grand begann Mitte des 19.Jh. wieder mit der Produktion eines Kräuterlikörs, dem er den Namen »Bénédictine« gab, da es ein Benediktinermönch gewesen war, der 1510 die Rezeptur dafür erfand. Neben der Distillerie ist besonders das angeschlossene *Museum* einen Besuch wert. Dort kann man sich von dem Reichtum Le Grands in Form seiner Sammlung überzeugen. Er trug wertvolle Kunstgegenstände aller Art und Epochen zusammen. In der *Salle gothique* (gotischer Saal) und in der *Salle du dôme* (Kuppelsaal) sind neben zahlreichen Gemälden, Skulpturen u. Elfenbeinarbeiten die Bildwerke sakraler Kunst hervorzuheben, wie das Christusbild aus dem 16.Jh., das Quentin Metsys* zugeschrieben wird. Wertvolle Kunstschmiedearbeiten aus dem 15. bis 18.Jh. beherbergt die *Salle Renaissance* (Renaissancesaal). Im Oratorium sind neben einem bemerkenswer-

Fécamp, Église de Ste-Trinite

ten Tafelbild der Kölner Schule (16.Jh.) ein Taufbecken aus Blei und fein gearbeitete Alabastertäfelchen (15.Jh.) aus England ausgestellt.

Musée municipal (Rue Alexandre-Legros): Ausgestellt sind Fayencen aus Rouen und dem holländischen Delft, das besonders durch seine Porzellanherstellung berühmt wurde, außerdem noch Gläser und Gemälde aus dem 16., 18. und 19.Jh.

Außerdem sehenswert: *St-Étienne* (um 1500), *Musée des Terre-Neuvas* (Küsten- u. Hochseefischerei), *Hafen* sowie in der Umgebung die Schlösser von *Auffray* und *Sassetot-le-Mauconduit* und das Taubenzuchtmuseum von *Grainville-la-Teinturière.*

Umgebung

Cany-Barville (20km ö): Südlich des kleinen Städtchens liegt das *Château de Cany,* das in der Mitte des 17.Jh. (1640–46) wahrscheinlich von François Mansart* erbaut wurde. Der Renaissance-Komplex aus zweifarbigem Stein wird von zwei vorspringenden Eckpavillons bestimmt, zwischen denen der siebenachsige Hauptbau zurücktritt. Eine Freitreppe schwingt sich zum Piano nobile empor. Der gesamte zweistöckige Bau erhebt sich über einer kleinen Sockelzone. Aus den steilen Dächern ragen, der Symmetrie entsprechend, einzelne Fenstergauben hervor. Die noch reichlich erhaltene Innenausstattung mit Möbel, Gemälden und Teppichen des 17.Jh. vermittelt einen umfassenden Eindruck vom damaligen herrschaftlichen Lebensstil. Der großzügige Park greift das Vorbild englischer Landschaftsgärten auf.

Saint-Valéry-en-Caux (32km nö): Das als Badeort beliebte und wegen seines Yachthafens geschätzte Städtchen liegt eingeschlossen von der Falaise d'Aval im Westen und der Falaise d'Amont im Osten an der Küste. Auf Grund massiver Gebäudeverluste im 2.Weltkrieg sind heute neben der *Église St-Martin* aus dem 16.Jh. nur noch die alten Wohnhäuser sehenswert. Das wohl schönste Beispiel profaner normannischer Renaissancebaukunst ist das *Maison Henry IV,* erbaut um 1560. Die vom Kontrast zwischen weißem Putz und dunklem Holz geprägte Fassade ist mit zierlichen Holzskulpturen geschmückt. Ein Beispiel moderner Sakralbaukunst ist die *Chapelle Notre-Dame-du-Bon-Port* von 1963.

Valmont (11km ö): Der kleine Ort wurde vor allem durch das jahrhundertelang hier

Fécamp, Distillerie de la Bénedictine, Glasbild

Literatur der Normandie

Dank der Vielzahl der Klöster entwickelte sich schon ab dem 13.Jh. die Literatur in der Normandie. Zu dieser Zeit beschäftigte sie sich aber hauptsächlich mit historischen Themen, und die Texte waren in Latein abgefaßt.

Ab dem 16.Jh. kamen mehrere Schriftsteller in der Normandie zur Welt. Es seien hier einige erwähnt.

Pierre Corneille (1606–1684) aus Rouen. Er studierte Rechtswissenschaft und widmete sich dann dem Schreiben von Tragödien (u.a. »Le Cid«). Er verstand sich als Dichter des Willens und behauptete in seinen Werken die Obergewalt der Vernunft, ohne jedoch die leidenschaftliche Komponente in den Menschen zu ignorieren. Er ist der unbestrittene große klassische Dichter Frankreichs.

Bernard de Bovier de Fontenelle (1657 bis 1757), auch aus Rouen stammend, war Philosoph. Seine Beschreibungen der Entwicklung der Wissenschaften kündigten schon die Aufklärungszeit an.

Bernadin Saint-Pierre (1737–1814) aus Rouen war Schüler von Rousseau. Sein Werk »Paul et Virginie« machte ihn berühmt.

Alexis de Tocqueville (1805–1859) kam zwar in Paris zur Welt, stammte aber aus einer normannischen Familie. Der Jurist und Politiker schrieb sein bekanntestes Werk »Über die Demokratie in Amerika« (These: die Demokratie sei die zukünftige Organisationsform moderner Gesellschaften) in seinem Schloß unweit von Cherbourg.

Gustave Flaubert (1821–1880), in Rouen geboren und Sohn eines Chirurgen, studierte wie Corneille zuerst Rechtswissenschaft. In seinen Werken ist er bemüht, die Provinz und ihre Sitten zu beschreiben. Von sich selbst sagte er, er wolle »die Wahrheit soviel wie möglich erforschen«. Sein berühmtes Werk »Madame Bovary« spielt in Ry, 20 km von Rouen entfernt (im Roman: Youville-l'Abbaye) und wurde zum Auslöser eines Prozesses wegen Gefährdung der Moral.

Guy de Maupassant (1850–1893), bei Dieppe geboren und in Fécamp zu Hause, war ein Freund von Flaubert, »diesem tadellosen Meister«. Er schrieb kurze Romane und über 300 Novellen, die zum Teil phantastischer Natur waren, sich jedoch zumeist der präzisen und oft sarkastischen Beschreibung der Normandie und ihrer verschiedenen Gesellschaftsschichten widmeten.

Emile Chartier, **Alain** genannt, **(1868 bis 1951)** in Mortagne-au-Perche geboren, unterrichtete Philosophie in Rouen. In seinen Werken widersetzt er sich konsequent jeder Form der Tyrannei. Sein Buch »Propos sur le bonheur« enthält eine Vielzahl von Aphorismen, die in jedem französischen Gymnasium zum Grundstoff der Philosophiestunde gehören.

Jean de la Varende (1887–1957) aus dem Gebiet Pays d'Ouche beschreibt in seinen Romanen die Normandie von heute und gestern.

Wenn Sie Lust haben, die Normandie von ihrer literarischen Seite kennenzulernen, können Sie bei jedem Verkehrsamt die Broschüre **»Route historique des Maisons d'Écrivains«** (historische Straße der Schriftstellerhäuser) anfordern. Mit dieser Hilfe werden Sie nach und nach die Orte entdecken, an denen die bekanntesten französischen Schriftsteller ihre Werke geschrieben haben und von denen sie sich oft inspirieren ließen. Ein Genuß für »Lesegourmets«!

ansässige Geschlecht der Estouteville geprägt. Sie beherrschten die Stadt vom 11. bis zum 16.Jh. Die *Burg,* deren Anfänge bis ins 11.Jh. zurückreichen, geht auf eine Gründung dieser Familie zurück. Im Mittelalter und in der Renaissance mehrfach erweitert, z.B. um den Renaissanceflügel Franz' I., steht die Anlage heute im Mittelpunkt eines Freizeitparks. Die *Abtei* des Ortes wurde 1169 unter Nicolas d'Estouteville gegründet und mit Benediktinermönchen besetzt. Der Maler Eugène Delacroix* wohnte während eines längeren Aufenthaltes in diesem Kloster. Besichtigt werden können im Rahmen einer Führung nur die Reste der *Kirche,* die Klostergebäude sind in privater Hand. Bauelemente aus der Hochgotik und der Renaissance, wie der Chor, das Querschiff und die *Chapelle de la Vierge* aus dem frühen 16. Jh., zeugen von dem ehemaligen Glanz der Abtei. Die Glasfenster (1552) der Marienkapelle erzählen die Vita der Muttergottes nach.

Flers

Orne — Basse-Normandie

Einw.: 20 000 — Höhe: 188 m — S. 255 □ E 5

Die lebhafte Kleinstadt zwischen →Vire (im NW) und →Argentan (im O) ist zu einem industriellen Zentrum der Region geworden.

Château: Das *Wasserschloß,* die Hauptsehenswürdigkeit von Flers, wurde um 1540 erbaut; Ehrenhof und großes schmiedeeisernes Gitter sowie Hauptfassade datieren um 1760. Während der Franz. Revolution von 1789 war es ein Zentrum der Königstreuen (Chouans) und wurde deshalb von den Republikanern eingeäschert. Durch die Kriegswirren von 1944 erlitt es, wie die ganze Stadt, erhebliche Schäden. – Von der normannischen Vergangenheit unter den Baronen von Aunou, Gefährten von Wilhelm dem Eroberer (1066), blieben kaum Spuren.

Musée du Bocage normand: Im Schloß ist das Heimatmuseum des Gebietes »Bocage Normand« untergebracht. Der normannische Name ist mit dem englischen boscage = »Gebüsch« verwandt. Diese ländliche Gegend ist gekennzeichnet durch ihre Begrenzungen aus Hecken und Gebüsch zwischen den Äckern. Neben einer interessanten *Gemäldesammlung des 17.–19. Jh.* wird die Lokalgeschichte einschließlich der Franz. Revolution dokumentiert (Chouans).

Außerdem sehenswert: Die Hauptkirche *Saint-Germain* ist ein geräumiger neugotischer Bau aus der Zeit um die Jahrhundertwende. Er wurde nach dem Plan von Paul Hulot* aus Granit erstellt; die modernen *Glasfenster* stammen von 1962.

Umgebung

Abbaye de Belle-Étoile (7 km nw): Unweit des Dorfes *Cerisy-Belle-Étoile* mit schönem Aussichtspunkt (Mont de Cerisy, 264 m)

Cany-Barville (Fécamp), Château de Cany

über die Landschaft des Bocage liegen die Ruinen der um 1215 gegründeten *Abtei Belle-Étoile* (»schöner Stern«). Von dem ehem. Prämonstratenserkloster sind Teile des *Kreuzgangs,* der *Abteikirche* und eine »Zehntscheune« erhalten.

La Lande-Patry (2 km nw): Am alten Friedhof mit tausendjährigen Eiben ist die mittelalterliche Kapelle *Notre-Dame* (15. Jh.) zu besichtigen.

Tinchebray (15 km w): Der rührige Marktflecken mit über 3000 Einw. ist bis heute ein Zentrum der Eisenverarbeitung für das in den Minen der umliegenden Bocagelandschaft gewonnene Metall. – Zu historischer Bedeutung gelangte der Ort durch die folgenreiche Schlacht von Tinchebray am 28.9. 1106. Mit dem Sieg über seinen Bruder Robert Kurzhose (englisch Curthose) riß Heinrich I. Beauclerc, seit 1100 König von England, auch das Herzogtum Normandie an sich. Damit war das Doppelreich seines Vaters Wilhelm der Eroberer (gest. 1087), das durch Erbteilung getrennt war, wieder in einer Hand. – *Église Saint-Remi:* Aus dem 12. Jh. stammt die befestigte Ortskirche. Ein eigener *Wehrturm* mit Pechnasen fügt sich an den konisch zulaufenden Glockenturm an. Chor und Querschiff gehen z. T. noch auf die Reste einer früheren romanischen Kapelle zurück. Bemerkenswert sind die restaurierten Fresken aus dem 14. Jh., die den hl. Martin mit Bettler darstellen. – *Musée ethnographique:* Das Volkskundemuseum (Rue de Geole) ist im ehem. *Königlichen Gefängnis* (prison royale) aus dem 18. Jh. untergebracht. Es zeigt neben erhaltenen Zellen auch interessantes Mobiliar (normannische Möbel, alte Küchengeräte), sakrale Kunst und Gefängnisutensilien. – *Église Notre-Dame des Montiers:* Die Friedhofskirche wurde im 17. Jh. an der Stelle der alten Festung Heinrichs I. erbaut. Zierbalken und Hochaltar stammen aus der ehem. Abteikirche Abbaye Belle-Étoile. – Tinchebray ist der Geburtsort des berühmten Malers und Begründers des Surrealismus, André Breton* (1896–1967).

Forges-les-Eaux

Seine-Maritime — Haute-Normandie

Einw.: 3700 — Höhe: 125 m — S. 257 □ K2

Das Städtchen am Oberlauf der Andelle und Epte ist neben →Gournay-en-Bray (20 km sö) Mittelpunkt der bäuerlich geprägten Landschaft Pays de Bray. Sein Name (forge

Abbaye de Belle-Étoile (Flers) ▷

Saint-Valery-en-Caux (Fécamp), Maison Henry IV (l); Flers, Château (r)

= »Schmiede«) weist auf die alte Eisengewinnung und -verarbeitung in der Gegend hin (von der Römerzeit bis zum 15.Jh.). Nach der Entdeckung der eisenhaltigen Mineralquellen im 16.Jh. wurde der Ort als Kurzentrum bekannt. Einer heilsamen Kur in Forges-les-Eaux, der sich die Gemahlin Ludwigs XIII. unterzog, ist nach 23jähriger kinderloser Ehe die Geburt des ersehnten Thronfolgers, des späteren »Sonnenkönigs« Ludwig XIV. (geb. 1638), zugeschrieben worden. – Der heutige Thermalpark (10 ha) besitzt drei Quellen und eine schöne Anlage mit See am Ufer der Andelle. Das eisenhaltige und radioaktive Wasser mit einer Temperatur von 7°C wirkt gegen Anämie und Nervenleiden.

Museen: Im Rathaus (Hôtel de Ville) ist das *»Musée des Faiences«* untergebracht. Es zeigt schöne Gegenstände der einheimischen Fayencetechnik des 18./19.Jh. – Das benachbarte *Musée de Maquettes* besitzt interessante Modelle der Fahrzeugentwicklung (zum Beispiel das Hippomobil). – Das *Musée de la Résistance* (am Rathauspark) in einer Poststation des 19.Jh. erinnert an die Zeit des Widerstandes und der Deportation während der deutschen Besatzung im 2. Weltkrieg.

Umgebung

Beaubec-la-Rosière (3,5 km nw): Der Ort, dessen Name »Schön-Bach« bedeutet, war im 18./19.Jh. bekannt für seine Möbelherstellung (Schränke, Büfetts, Uhrkästen). – Die schlichte Nachbarkirche von *La Rosière* stammt aus dem 13.Jh. – Von der nahe gelegenen *Abbaye de Beaubec,* 1127 als Zisterzienserkloster gegründet und während der Französischen Revolution aufgehoben, sind nur noch Reste vorhanden. Die *Kapelle Sainte-Ursule* von 1266 wurde im 18.Jh. erneuert.

Sigy-en-Bray (9 km sw): Der kleine Ort (550 Einw.) an der Andelle wird überragt von der *ehemaligen Abteikirche* (12./13.Jh.). Die dazugehörige Abtei wurde schon im 11.Jh. von Hugo I. von Gournay gegründet (Reste sind sichtbar). – Vom nahen **Mont de Sigy** (186 m) bietet sich ein schöner Rundblick.

G

Gaillon

Eure		Haute-Normandie
Einw.: 5000	Höhe: 30 m	S. 257 □ I3

Das malerische Städtchen mit schönen Fachwerkhäusern liegt über dem linken Seineufer vor der Flußschleife nach Les Andelys. Ähnlich wie das dortige Château Gaillard bewachte es im 11./12.Jh. die Grenze der Normandie gegen Frankreich. Ab 1204 in der Hand der Franzosen, kam es 1262 in den Besitz der Erzbischöfe von Rouen. Im Hun-

Gaillon, Fachwerkhaus

derjährigen Krieg teilweise zerstört und ab 1454 erneuert (Westflügel), wurde es insbesondere von dem berühmten Erzbischof und Kardinal Georges d'Amboise 1502 im damals hier noch neuen italienischen Renaissancestil aufgebaut. Es diente als Vorbild für spätere ähnliche Bauten in der Normandie. Geblieben ist von dieser Zeit bes. der kunstvolle *Eingangspavillon* (Torhaus) mit Seitentürmchen und hochgezogenem Schieferdach, der das Städtchen als Wahrzeichen krönt. – Im 17. Jh. waren so berühmte Architekten wie Hardouin-Mansart* mit dem weiteren Gebäudeausbau und André Le Notre* mit der Gartengestaltung beauftragt. In den Wirren der Franz. Revolution aber verfiel der ehem. Sommersitz der Bischöfe von Rouen immer mehr, zumal er ab 1812 als Gefängnis und Kaserne diente. In letzter Zeit wurde mit den notwendigen Restaurierungsarbeiten begonnen.

Gisors

Seine-Maritime		Haute-Normandie
Einw.: 9000	Höhe: 58 m	S. 254 □ B4

Der Ort besaß vor allem im Mittelalter eine wichtige militärische Bedeutung. Vom alten Glanz zeugen noch die Burg und die Kirche, die trotz massiver Zerstörungen im 2. Weltkrieg noch im guten Zustand sind.

St-Gervais-et-St-Protais: Ein Konglomerat verschiedenster Bausubstanz über Jahrhunderte verteilt bestimmt den interessanten Kirchenbau. Die Weihe eines ersten Teiles, durch den die Grundkonzeption festgelegt wurde, erfolgte bereits 1119. Im 13. Jh. erweiterte man den Ostteil mit einem geraden Chorabschluß, dem um 1500 zu beiden Seiten Anbauten in Form von Kapellen folgten. Zu Beginn des 16. Jh. veränderten umfangreiche Arbeiten entscheidend das Äußere der Kirche, da die Querschiffe und somit die Vierung komplett erneuert wurden. Auch das Hauptschiff erfuhr einschneidende Veränderungen, allerdings noch im Stil der Spätgotik. Die Glasfenster schuf zur Zeit der Spätgotik Nicolas Le Prince*.

Burg: Erbaut wurde die mächtige Festung gegen Ende des 11. Jh., um 1097, unter dem englischen König Wilhelm II., der damit seine militärische Stärke gegenüber Philipp II. August demonstrierte. Im Laufe des 12. und 13. Jh. wurde die Anlage mit zusätzlichen Ringmauern und Wassergräben immer stärker befestigt. Neben dem Donjon stand die Tour de Prisonnier mit ihren Ker-

Gisors, Burg Wilhelm des Eroberers

Heudicourt (Gisors), St-Sulpice, Skulptur

kern und Verliesen, die heute noch im Rahmen von Führungen zu besichtigen sind.

Außerdem sehenswert: Die Umgebung mit **Heudicourt** (St-Sulpice und Châteaux), **Mainneville** (St-Pierre) und **Neaufles-St-Martin** mit prächtigem roman. Wegkreuz.

Gournay-en-Bray

Seine-Maritime		Haute-Normandie
Einw.: 7000	Höhe: 94 m	S. 257 □ K2

Der an der Grenze zur Picardie gelegene Ort ist besonders durch die Käseherstellung der Firma Gervais-Danone bekannt, die hier vor allem den beliebten Frischkäse produziert, dessen Rezeptur schon im 19. Jh. erfunden wurde. Der Betrieb liegt in dem kleinen Vorort Ferrières-en-Bray.

Église Saint-Hildevert: Der Bau geht großenteils auf das 12. und 13. Jh. zurück. Die Chorfenster wurden allerdings erst im 14. Jh. eingesetzt. Im 19. Jh. veränderte man die ursprünglich gotische Fassade. Sehenswert sind im Innenraum die außergewöhnlichen *Kapitelle des Hauptschiffes,* die außer den typischen romanischen Schmuckformen wie Blattwerk und Zickzackmuster auch menschliche und tierische Darstellungen aufweisen. Zwei gefaßte Holzskulpturen des Namenspatrons der Kirche und der hl. Maria, beide aus dem 15. Jh., befinden sich vor dem Chorraum.

Außerdem sehenswert: Im Stadtzentrum ist noch die *Tour de Rempart* als Rest der ma Befestigung zu sehen. Die *Porte de Paris* aus dem 18. Jh. ersetzt ein ehemaliges ma Stadttor.

Umgebung

Saint-Germer-de-Fly (7 km sö): Die monumentale *Kirche* des Ortes wurde zwischen

1150 und 1175 im frühgotischen Stil erbaut. Sie birgt einen romanischen Altar sowie eine Kapelle aus dem 13.Jh.

Granville	
Manche	Basse-Normandie
Einw.: 15000 Höhe: 15 m	S.254 □ B4

Der beliebte Bade- und Kurort im N der Meeresbucht Baie du Mont-Saint-Michel ist eine wichtige Hafenstadt (Fährverbindungen) und ein traditioneller Stützpunkt der Meeresfischerei.

Geschichte: Der Ortsname auf -ville, der auch in der Umgebung sehr häufig auftritt (bes. in Küstennähe) weist auf frühe fränkische Besiedlung hin (6.–8.Jh.). Zu eigentlicher Bedeutung aber gelangte der Ort durch seine strategisch günstige Lage auf einem in das Meer hineinragenden Felssporn. Dieses Steilplateau befestigten während des Hundertjährigen Krieges die Engländer mit einem mächtigen Mauergürtel aus Granit von den gegenüberliegenden Chausey-Inseln (Îles Chausey). Nach vergeblichen Versuchen, von hier aus den →Mont-Saint-Michel zu erobern (1425), gelang es statt dessen den Franzosen 1442, die Felsenfestung in ihre Hand zu bringen und die Engländer für immer zu vertreiben. Weitere Festungsbauten erfolgten bis zum 19.Jh. So ist Granville heute geteilt in eine historische *Oberstadt* (la Haute Ville) und eine neuere *Unterstadt* (la Basse Ville) mit dem Meereshafen (le port).

Église Notre-Dame: Die Liebfrauenkirche im Zentrum der Oberstadt wurde im 15.–18.Jh. aus dem strengen Chausey-Granit erbaut bzw. umgebaut. Der älteste Teil ist der *Vierungsturm* (15.Jh.); der Ostteil geht auf das 16.Jh. und die Hauptfassade im W mit ihren ionischen Säulen auf den Barock des 17./18.Jh. zurück. Die modernen *Glasfenster* im Chorumgang stammen von Le Chevalier*. In der n Seitenkapelle befindet sich die Statue der Notre-Dame-de-Lihou (14.Jh.). Sie erinnert an die ursprüngliche Felskapelle des 12.Jh., als das heutige Kap Pointe du Roc (im SW) noch den alten Namen Cap-de-Lihou trug.

Gournay-en-Bray, St-Hildevert, Kapitell

Musée du Vieux Granville: Das historische Ortsmuseum ist im Wahrzeichen von Granville, der *Grand'Porte* eingerichtet. Es handelt sich um das Torhaus mit Zugbrücke zur Oberstadt (17.Jh.), das in den Kämpfen der Franz. Revolution eine Rolle spielte. Das Museum dokumentiert die historische Entwicklung der Stadt, das Leben vom Spätmittelalter bis heute und die Etappen von Hafen und Seefahrt; außerdem sind Gemälde des 19. und 20.Jh. zu sehen.

Musée Richard-Anacréon: Das am Place de l'Isthme im NO der Oberstadt gelegene Museum bietet neben Wechselthemen der Kunst verschiedenste Objekte (auch zur Literatur- und Modegeschichte). Es wurde von dem hier geborenen Pariser Bibliothekar gleichen Namens begründet.

Historial Granvillais (Musée de Cire): Das Wachsfigurenmuseum in der Unterstadt (Rue Couraye 79) stellt bedeutende Ereignisse der Ortsgeschichte plastisch vor (mit Tonbildschau).

Außerdem sehenswert: Die *Oberstadt* mit ihren etwas streng wirkenden grauen Granithäusern aus dem 16.–18. Jh. und den engen Gäßchen besitzt historisch interessante Bürgerhäuser, wie z.B. das »Adam-und-Eva-Haus« (Maison d'Adam et Ève) von 1652 mit Terrakottareliefs zum »Sündenfall«, oder La Maison de Fortuné du Boisgobey, L'Hôtel Ganne-Destouches und L'Hôtel des Picquelin (alle in der Rue Saint-Jean). – Der Rundweg entlang der Stadtmauer führt an der W-Spitze zum Aussichtspunkt (mit Leuchtturm) von Pointe du Roc, dem alten Cap-de-Lihou. Im nahen *Aquarium du Roc* werden seltene Fische und Unterwassertiere (Muscheln, Korallen) gezeigt. – In der Nähe des Strandes im NO der Unterstadt, liegt der reizvolle Jardin public Christian Dior mit dem *Musée Dior,* eine Hommage an den weltbekannten Modeschöpfer Christian Dior, der 1905 in Granville geboren wurde. In der Nähe befindet sich ferner das Meerwasser-Kurhaus Centre de Thalasso-Therapie (seit 1967). – Der *Hafen* mit schönen Kais und Promenaden diente im 19. Jh. als Zentrum der normannischen Eisenerzausfuhr und der Hochseefischerei. Er ist der einzige Meereshafen der Halbinsel Cotentin, der durch die gewaltigen Gezeitenunterschiede von über 12 m unbeeinträchtigt bleibt.

Toranlage des Château de Chanteloup (Granville)

Umgebung

Abbaye de la Lucerne (11 km sö): In einem Waldtal am Flüßchen Thar liegt die *ehem. Prämonstratenserabtei,* deren *Kirche* als interessante Ruine erhalten ist. Gestiftet vom Großneffen Wilhelms des Eroberers (Hasculfe de Subligny) um 1143, wurde die Abteikirche um 1164 errichtet. Aus romanischer Zeit (12. Jh.) stammen die W-Fassade mit Portal, der Säulengang der S-Seite und ein Teil der N-Seite. Das Querschiff (um 1200) und der eindrucksvolle Zentralturm (Anfang 13. Jh.) weisen bereits gotische Elemente auf. Von den *Klostergebäuden,* die z.T. aus dem 12.–15. Jh. stammen, sind der Eingang zum Kapitelsaal, Refektoriumgewölbe, Lavatorium des 12. Jh. und Teile eines späteren Kreuzgangs (um 1700) sichtbar. Das Abthaus (Logis abbatial) aus dem 18. Jh. ist Privatbesitz; zu besichtigen ist die alte Zehntscheune mit Taubenturm von dem idyllischen Klosterensemble.

Bréville-sur-Mer (3 km nö): Der kleine Küstenort besitzt eine romanische Kirche aus dem Granit der Nachbarinsel → Chausey (Îles Chausey). Der Kirchturm aus dem 15. Jh. ist von einer schönen Spitze gekrönt; dazu romanisches Ornamentportal.

Château de Chanteloup (11 km nö): Das im Mittelalter gut befestigte Schloß wurde in den Revolutionswirren zerstört und geschleift. Erhalten sind die Ruinen des Torhauses mit zwei Rundtürmen und der *Bergfried* (Donjon) aus dem 14. Jh.

Lezeaux (7 km sö): Am Mündungslauf des Flüßchens Thar, Richtung Jullouville, befindet sich das reizvolle *Landgut* (ferme-manoir) des 16./17. Jh. mit Herrenhaus, Tourelle und Taubenturm.

Saint-Pair-sur-Mer (3 km sö): Der beliebte Meerbadeort führt seinen Namen auf den hl. Pair zurück, der hier schon im 6. Jh. sein Kloster gegr. haben soll. Die *Ortskirche* aus roman. Zeit (Turm) mit Chor aus dem 14. Jh. wurde im 19. Jh. mit einem neugot. Lang- u. Querschiff erneuert. Die Kanzel, verschiedene Holzfiguren (Christus) und Sarkophage stammen aus dem 14./15. Jh. Der Reliquienschrein (l Seitenkapelle) birgt die sterblichen Überreste des hl. Gaud (7. Jh.).

Granville, Oberstadt ▷

H

Hambye/Abbaye d'Hambye		
Manche		Basse-Normandie
Einw.: 1200	Höhe: 92 m	S. 254 □ C 4

Der kleine Bocage-Ort liegt ca. 14 km nw von → Villedieu-les-Poêles. Er ist bekannt geworden durch die benachbarte Ruine der Abtei **Abbaye d'Hambye,** die romantisch am Ufer der Sienne liegt (ca. 3 km sö).

Geschichte: Das ehem. Benediktinerkloster wurde um 1145 von dem normannischen Landadeligen Guillaume Paynel von Hambye gegründet. Es gelangte rasch zu Bedeutung, und er errichtete mehrere Tochterklöster (auch in England). Schon vor der Franz. Revolution von 1789 von den Mönchen aufgegeben, wurde es unter Napoleon zum Steinbruch für Ortsbauten und verfiel zunehmend.

Le Havre, Chorhaupt der Kathedrale

Église abbatiale: Die eindrucksvolle Ruine der ehem. Abteikirche stammt überwiegend aus der Hochgotik des 13. Jh. Wie der Grundriß zeigt, war für die Mönchsgemeinschaft der großzügige *Chorraum* das Zentrum. Über der Vierung erhebt sich die Ruine des 30 m hohen *Glockenturmes* über achtteiligem Gewölbe. Nach zwei geraden Chorjochen beginnt die Apsis-Rundung mit Chorumgang und fünf Bogenkapellen. Das Schiff, hinter zwei kurzgehaltenen Querhäusern, war ursprünglich nur einjochig und besitzt nur hier Seitenschiffe. Später (im 14. Jh.) wurden noch drei Joche im Mittelschiff angefügt. Die Arkaden des Chors, mit bloßer Andeutung des Triforiums, wirken sehr hochgezogen; die Chorkapellen sind dagegen niedriger abgesetzt. Seit der Vernachlässigung um 1810 stürzten auch die meisten Gewölbe (z. B. im Chor) ein.
Klosterbauten: Sehenswert ist der schöne zweischiffige *Kapitelsaal* (la Salle du chapitre) mit Ostapsis. Erhalten sind auch Teile eines heizbaren Krankenraumes, die Klosterküche und einige Wirtschaftsräume. Sie werden heute z. T. als kleines *Museum* genutzt.

Le Havre		
Seine-Maritime		Haute-Normandie
Einw.: 255 000	Höhe: 0–110 m	S. 256 □ F 2

Wie der Name bereits sagt, ist Le Havre in erster Linie ein Hafen: der fünftgrößte Europas und nach Marseille der zweitgrößte Frankreichs. Die Stadt liegt am rechten Seineufer, direkt an dem 9 km breiten Mündungstrichter des Flusses, in einer Schlemmlandebene. Die Porte Océane (Meerestor) am Ende der Avenue Foch und vor dem Strand ist vermutlich das beste Symbol des Wesens von Le Havre: die Öffnung zum Meer.

Abbaye d'Hambye, Ruine der Abteikirche ▷

Geschichte: Le Havre ist die Folge einer Königsentscheidung. 1517 befahl Franz I., hier einen Hafen zu bauen, hauptsächlich um den im Sand versinkenden Hafen von Harfleur zu ersetzen. Die Lage im Schlemmland, obwohl sie zunächst nicht so attraktiv erscheinen mag, wurde zu einem wichtigen Vorteil des Hafens: hier bleibt die Flut bis über zwei Stunden. Bereits 1518 fuhr das Kriegsschiff »Hermine« in den Hafen ein. Der König gab bei diesem Anlaß der Stadt ihr Wappen, einen flammenumzüngelten Silbersalamander, und ihren Namen: Françoise-de-Grâce. Dieser konnte sich jedoch in der Bevölkerung nicht durchsetzen, und nach einigen Umbenennungen blieb der Name Havre-de-Grâce (Hafen der Gnade) haften.

Die Stadt entwickelte sich stetig. Einzig eine verheerende Sturmflut 1525 und die einjährige Besetzung durch die Hugenotten 1562 trübten das positive Bild ihrer Geschichte bis zum 20. Jh. Unter Kardinal Richelieu, der sowohl Minister Ludwigs XIII. als auch Gouverneur der Stadt war, wurden Befestigungs- und Vergrößerungsarbeiten am Hafen unternommen, die eigentlich bis ins 19. Jh. andauerten.

Seine schwersten Stunden erlebte Le Havre am Ende des 2. Weltkrieges. Paris war schon befreit, aber während die deutschen Truppen die Hafeneinrichtungen sprengten, bombardierten die Alliierten ihrerseits gnadenlos die Stadt. Wer Le Havre in dem Film von Carné, »Quai de Brumes« (dt. Titel: »Hafen im Nebel«, 1938), gesehen hat, wird diese Stadt heute bei einem Besuch nicht mehr wiedererkennen können.

Nach 146 Bombardierungen dauerten allein die Aufräumarbeiten zwei Jahre. Eine völlig neue Stadt, »la ville moderne«, entstand nach den Plänen des franz. und im Betonbau führenden Architekten Auguste Perret*.

UNBEDINGT SEHENSWERT:
der Hafen
Église St-Josef
Espace Niemeyer
Musée des Beaux-Arts

Sakralbauten

Kathedrale Notre-Dame: Diese Kirche wurde im 2. Weltkrieg teilweise beschädigt und benötigte deshalb Renovierungsarbeiten. Sie wurde 1575–1630 gebaut und vereint in ihrer Architektur gotische (der Turm) und Renaissance-Elemente (Portale). Das *Nordportal* ist der Jungfrau Maria gewidmet

Le Havre, St-Joseph, Glockenturm von innen

(siehe Inschrift oberhalb der Rose) und wie die Ostfassade mit ionischen Säulen geziert. Die obere Etage mit ihrem großen Fenster ist im korinthischen Stil gehalten. Beachtenswert sind auch ihre Wasserspeier in Form von Salamandern. Die *Orgel* im Innern der Kirche wurde 1637 von Richelieu gestiftet und trägt sein Wappen.

Église St-Joseph: Diese durch ihre schlichte und zugleich mächtige moderne Architektur beeindruckende Kirche ist ein Meisterwerk des Architekten Perret* aus den Jahren 1951–57. Sie ist ganz in Eisenbeton auf einem viereckigen Grundriß errichtet, und in ihrer Mitte ragt ein 109 m hoher achteckiger Glockenturm empor. Im Innern stehen 4 Gruppierungen von jeweils nochmals 4 Pfeilern von 25 m Höhe. Der Anblick vom Eingang aus ist atemberaubend. Die vielfarbigen Glasfliesen an den Fenstern lassen einen je nach Tageszeit unterschiedlichen Lichteinfall durch.

Abbaye de Graville: Man erreicht den Eingang der Kirche durch den Friedhof, auf dem im 6. Jh. ein Heiligtum zu Ehren der Märtyrerin Honorine (4. Jh.) errichtet wurde. Ihre Reliquien liegen aber jetzt in der Nähe von Pontoise in Conflans-Ste-Honorine. Die ihr geweihte romanische Kirche (11.–14. Jh.) wurde leider 1944 stark beschädigt. Im Garten befindet sich eine Statue der Schwarzen Madonna, die 1873 zu den Feiern der Niederlage der Preußen vor den Toren der Stadt konzipiert worden war.
Im *Musée de Sculpture Médiévale et d'Archéologie* in den ehem. Abteigebäuden aus dem 13. und 17./18. Jh. sind mittelalterliche Bildhauerarbeiten zu besichtigen.
Ein Spaziergang auf den Gartenterrassen lohnt sich wegen des schönen Blicks über die Mündung der Seine und das Industriegebiet von Le Havre.
Durch die Rue du Prieuré erreichen Sie das Musée de Prieuré de Graville (s. Museen).

Museen

Musée des Beaux-Arts: Dieses aus Stahl, Beton und Glas erbaute Museum galt in seinem Gründungsjahr 1961 als modernste Architektur. Die Dachkonstruktion – ein Spiel aus Glas und Aluminium – soll im Innern die besten Lichtverhältnisse gewährleisten. Die Ausstellungsräume sind durch Laufstege miteinander verbunden und erinnern, wie so vieles in Le Havre, an Schiffe. Direkt vor dem Museum steht eine riesige *Betonskulptur,* die »das Auge« genannt wird und zum Meer hinausschaut. Werke der verschiedenen französischen (u. a. Vouet*, Fra-

Le Havre, Abbaye de Graville

Abbaye de Graville, Museum, Skulptur

gonard*, Courbet*, Fantin-Latour*), flämischen und italienischen Schulen vom 16. bis zum 19.Jh. werden gezeigt; den Schwerpunkt dieses Museums bildet jedoch die moderne Malerei des 20.Jh.

Das *Erdgeschoß* ist hauptsächlich dem aus Le Havre stammenden Maler Raoul Dufy* (1877–1953) gewidmet. Er gehörte der Gruppe der Wilden (les Fauves) an, die ihren Namen aufgrund der intensiven Farbeneinsätze in ihren Gemälden bekamen. Weitere Arbeiten dieser Stilrichtung, u.a. von Marquet*, Friesz* und Van Dongen* und impressionistische Werke von Jongkind*, Monet*, Pissaro*, Sisley* und Renoir* sind vertreten.

An den Vorläufer der Impressionisten, Eugéne Boudin* (1824–1898), der in Honfleur zur Welt kam und in Le Havre lebte, erinnert im *2. Stock* eine große Ausstellung von Gemälden, Zeichnungen und Aquarellen. Sie ermöglicht es, die Entwicklung seiner Arbeit bestens nachzuvollziehen. Seine Hauptthemen sind normannische Landschaften und Strandszenen von Deauville und Trouville. Gemälde seiner Zeitgenossen wie Corot*, Manet* und J.F. Millet* begleiten die Werke Boudins.

Musée de l'Ancien Havre: Dieses Museum ist in einem renovierten Haus des 17.Jh., einem typischen Beispiel für die Bürgerhäuser aus Stein dieser Zeit, untergebracht. Wie der Name »Museum des alten Le Havre« bereits ankündigt, widmet sich das Museum anhand von Dokumenten und Plänen der Stadt und des Hafens sowie bürgerlichen Alltagsgegenständen in erster Linie der Geschichte Le Havres vom 16.Jh. an. Jeder Raum ist um eine Zeitperiode aufgebaut.

Musée du Prieuré: Dort kann man Grabsteine, Holz- und Steinfiguren vom 12. bis 15.Jh. besichtigen. Ferner befinden sich im Museum Skizzen und Modelle alter normannischer Häuser aus dem 13. und 17.Jh.

Musée Maritime et Portuaire: Dieses Museum ist auf dem Quai de Norvège in einer Halle von 1500 m² Größe untergebracht und der Handelsmarine, den Hafentechniken und dem internationalen Handel gewidmet. Dort kann man auch Modelle, Mobiliar und Gemälde von Überseeschiffen besichtigen oder ausführliche Informationen über die verschiedenen Berufe und Dienstleistungen eines Hafens erfahren.

Musée d'Histoire Naturelle: Das Naturhistorische Museum ist im *ehem. Justizpalast* des 18.Jh. untergebracht. Besonders interessant ist der Raum, der der Vogelkunde

Le Havre, Musée des Beaux-Arts, Betonskulptur »Das Auge«

am Meer und an der Seinemündung gewidmet ist. Eine nördlich von Le Havre stehende Felswand wurde nachkonstruiert, um dem Besucher diese Vogelwelt näherzubringen.

Ville Nouvelle

Die alte Stadt auf einem schachbrettähnlichen Grundriß, den der Architekt Perret* (1874–1954) für den Aufbau der modernen Stadt nach den Verwüstungen des 2. Weltkrieges übernahm. Es gelang ihm, städteplanerisch eine sehr großzügig angelegte Stadt zu errichten, in der der Betrachterblick weit schweifen kann, obwohl die Gebäude am Rand der Straßen von beeindruckender Größe und immer wieder von hohen Türmen begleitet sind.

Place de l'Hôtel de Ville: Dieser Platz gehört zu den größten Europas (Länge 243 m, Breite 193 m). Er besteht aus einem ausgeglichenen Zusammenspiel zwischen dreistöckigen Gebäuden mit Terrassendächern und hoch emporragenden zehnstöckigen Wohntürmen. Mit seinen Grünanlagen und Brunnen lädt er zum Spaziergang ein. – In seinem Zentrum steht ein *Denkmal für die Deportation und Résistance* des Bildhauers Adam*, das zwei verwundete Vögel darstellt. – Das *Rathaus* ragt durch seinen 72 m hohen Turm heraus. Im Parterre ist das Touristische Informationsbüro untergebracht. In südlicher Richtung erstreckt sich vom Platz aus die neugebaute *Rue de Paris,* die im 18. Jh. die schönste Straße Le Havres war. Sie beherbergt heute unter ihren vielen Arkaden zahlreiche Geschäfte.

Avenue Foch: Die Hauptader von Le Havre, breit und symmetrisch angelegt, reicht von der Place de l'Hôtel de Ville bis zum Meer und gleicht einer Promenade. An ihrem Ende, direkt vor dem Meer und von zwei großen Gebäuden umrahmt, sehen Sie die *Porte Océane* (Meerestor), die die enge Wechselbeziehung zwischen Meer und Stadt bestens zum Ausdruck bringt. – Von dort aus erreichen Sie direkt links den Damm *(Digue Nord).* Er schützt den Yacht- und Freizeithafen und bietet einen sehr schönen Überblick über die Hafenanlagen. – Auf der rechten Seite des »Meerestores« liegt der *Strand* (Kiesel bei Flut und Sand bei Ebbe). Im Sommer sind dort kleine weiße Strandhäuschen aufgestellt. Den Strand können Sie bis zum Ort Sainte-Adresse entlangwandern.

Bassin du Commerce: Dieses Becken ist für die Segelschule reserviert. Es wird von einer Fußgängerbrücke überspannt, die von den Architekten Gillet* und Du Pasquir* ge-

Le Havre, Bassin du Commerce

baut und 1972 als schönste metallische Konstruktion prämiert wurde. An der westlichen Seite steht das Kulturzentrum des brasilianischen Architekten Niemeyer* (*Espace Oskar Niemeyer* – Le Volcan, 1982), das durch seine kurvigen Linien mit dem Gesamtbild der neuen Stadt stark kontrastiert. Es besteht aus zwei Teilen: An der unteren Seite des einen ragt eine bronzene Hand, aus der Wasser in einen Brunnen fließt. Nebenan steht die Inschrift, deren Übersetzung lautet: »Eines Tages werden die Erde, die Strände und die Berge wie dieses Wasser jedem gehören.« – Nördlich des Beckens sehen Sie das *Palais de la Bourse,* das die Industrie- und Handelskammer *(Chambre d'Industrie et du Commerce)* beherbergt. Im Innern ist ein Fresko zu besichtigen, das das Wirtschaftsleben Le Havres darstellt. In östlicher Richtung erblicken Sie das Gebäude des Internationalen Handelszentrums.

Hafen: Schiffsrundfahrten werden von Ostern bis zum Herbst veranstaltet, Auskünfte erhalten Sie im Office de Tourisme. Wenn Sie den Hafen allein besichtigen möchten, empfiehlt es sich aufgrund der Größe, ihn mit dem Wagen zu befahren. Gegen Kaution können Sie bei der Hafenbehörde *(Centre administratif du Port Autonome)* Tonbandkassetten für eine Führung durch den Hafen ausleihen. 1992 wurden 54 Millionen Tonnen Güter in Le Havre umgeschlagen, etwa 8000 Passagier- und Lastschiffe legten hier an. Der Hafen ist ein Umschlagplatz hauptsächlich für Öl, Methan, Kohle, aber auch für Holz, chemische Produkte und Getreide und umfaßt ca. 8000 ha. Er steht in Verbindung mit rund 500 Häfen und unterhält 250 reguläre Linien. Der Personenverkehr mit Fähre nach Großbritannien und Irland ist ebenfalls sehr rege. Genauer besehen besteht der Hafen aus 5 Kais (Gesamtlänge der Kais: 28 km), 2 Terminals für die Fähren und unterschiedlichen Hafenbecken, die zusammen 2000 ha ausmachen. An seinem Eingang steht die 53 m hohe *Signalstation* (sémaphore, 1973), von der aus alle Schiffsbewegungen beobachtet werden. Der Zugang zu der Aussichtsterrasse ist möglich. An das *Bassin René-Coty,* das Schiffe bis 250000 BRT aufnehmen kann, schließt die Schleuse *Écluse François 1er* (1971) an, die durch ihre Maße beeindruckt: Länge: 401 m, Breite: 67 m, Tiefe: 24 m. Sie gehört damit zu den größten Schleusen der Welt. Sie verbindet das Meer mit dem inneren Hafen und gleicht den bis 8 m großen Wasserhöhenunterschied aus, der zwischen Ebbe und Flut besteht. Die Schiffe können auf diese Weise den *Grand canal du Havre* erreichen, der das Industriegebiet direkt versorgt. – Das *Industriegebiet* deckt eine Fläche von 8000 ha das Tal entlang bis zur Brücke von Tancarville (ca. 21 km) ab. Hier sind Industrien für Petrochemie, Elektromechanik, Automobile, Raffinerien, Zement, Dünger u.a. vertreten. Ein weiterer Hafen wurde 1972, 22 km nördlich von Le Havre, in Betrieb genommen: der *Port pétrolier du Havre-Antifer.* Er kann Schiffe bis 550000 BRT aufnehmen.

Außerdem sehenswert: *Panorama von Fort de Tourneville:* In der Rue Gustave Flaubert befindet sich die Drahtseilbahn (finiculaire), die Sie zu einem Spottpreis hinauf bis zur Rue Felix Faure bringt. Beim Ausgang gehen Sie rechts. Bald werden Sie eine Aussichtsterrasse vorfinden, von der aus sich ein schöner Blick auf Le Havre, die Seinemündung und den *Pont de Normandie* (siehe Kasten) bietet. – *Forêt de Mougeo:* Dies ist der ideale Ort für alle, die sich in Le Havre nach grüner Natur sehnen. Der Wald im Nordteil Le Havres mit schönem Baumbestand umfaßt 280 ha und ist mit seinen Seen, Tiergehegen und vielen Sporteinrichtungen ein beliebter Freizeitort der Einwohner der Stadt.

Umgebung

Gonfreville-l'Orcher (8 km ö): Das *Château d'Orcher* erhebt sich im O von Le Havre auf einem Felsen über der Seine. Das Schloß stammt aus dem 11. Jh. Es diente zuerst der Verteidigung der Mündung. Im 14. Jh. wurde es aber ausgebaut, um eine Übernahme durch die Engländer zu vermeiden. Im 18. Jh. zerstörte sein Besitzer drei seiner Seiten und ließ die vierte im Louis-Quinze-Stil einrichten. Der Park wurde 1735 angelegt. Zuletzt renovierten es die Erben der Familie Harcourt nach den Beschädigun-

Gonfreville-l'Orcher (Le Havre), Château d'Orcher, Taubenhaus u. Brunnen ▷

gen des 2. Weltkrieges. Beachten Sie das *Taubenhaus* aus Stein (18. Jh.). Die Besichtigung des Schlosses ist möglich.

Harfleur (7 km ö): Der Ort war bis zur Kaiserzeit ein wichtiger Handels- und Militärhafen. Sein Ursprung liegt schon in der Jungsteinzeit. Unter den Römern erhielt die Stadt den Namen *Caracotinum,* bevor sie von den Sachsen in *Harofloth* umbenannt wurde. Seit der Entstehung von Le Havre-de-Grâce konnte Harfleur seine Stellung nicht länger behaupten und gehört heute zum Vorortgürtel der Großstadt. Der berühmteste Bau von Harfleur ist die *Prioratskirche St-Martin* mit ihrem 83 m hohen Turm aus dem 15. Jh. Im Innern ist das Gewölbe besonders interessant: auf einer Seite stützt es sich direkt auf die Säulen, auf der anderen aber auf deren Kapitelle. Ein Grabmal des 14. Jh. ist auch zu sehen. – Das *Musée du Prieuré* ist in einem Spital des 14. Jh. mit schönem Fachwerk untergebracht. Das Museum ist der Geschichte Hafleurs als Hafen und Stadt von der Jungsteinzeit an gewidmet.

Manéglise (5 km nö): Der Besuch dieses Ortes lohnt sich wegen seiner *Kirche,* die eine der schönsten romanischen Bauten der Normandie ist. Sie stammt aus dem 10. Jh.; die äußere Fassade des Hauptschiffes wurde aber im 17. Jh. neu bearbeitet. Unter der getäfelten Decke des Schiffes sind insbesondere zahlreiche Holz- und Steinskulpturen des 16.–18. Jh. zu bewundern.

Montivilliers (11 km n): Dieser Ort ist wegen seiner im 7. Jh. vom heiligen Philibert gegründeten *Frauenabtei* bekannt. Die Äbtissin Louise de l'Hospital (1593–1643) und ihre Lehre der Gegenreformation führte zur Entstehung weiterer Abteien u. a. in Caen. Die hiesige Abtei verfiel während der Franz. Revolution, die romanische Kirche mit ihrer gotischen *Pfarrkirche St-Sauveur* (15. Jh.) besteht aber noch. Außen ragen zwei Türme empor: ein gotischer mit hoher Spitze und ein romanischer Laternenturm über der Vierung. Die schöne Portalvorhalle an der NW-Seite stammt aus dem 15. Jh. Im Innern sind das Hauptschiff und das Querhaus romanischen Ursprungs. Der Durchgangsbogen im s Querhausarm ist mit einmaligem Skulpturenschmuck geziert (12. Jh.). Der Chorabschluß stammt aus dem 16. Jh. und wurde im 17. Jh. restauriert. Er birgt einen großen Barockaltar. Das Chorgestühl von 1671 weist sehenswerte skulptierte Sitze aus Eichenholz auf; die Orgel entstand 1784. – Ein Rundgang durch die Stadt wird seit 1991 dank eines ausgeschilderten Führungsweges *(Parcours du Patrimoine)* zu einem angenehmen langen Spaziergang mit Sehenswürdigkeiten. Das *Cloître du Brisgaret* (16. Jh.)

Manéglise (Le Havre), Kirche St-Germain

Manéglise (Le Havre), Kirche, Gewölbe

am Eingang des ältesten Teils des Friedhofs ist die eine weitere bedeutende Sehenswürdigkeit der Stadt. Wie in der Aître Saint-Maclou in Rouen befand sich auch hier im Mittelalter ein Scheiterhaufen. Im Innenhof verläuft ein Wandelgang, dessen Stützpfeiler mit Holzschnitzereien zum Thema »Tod« geschmückt sind. Zu erkennen sind z.B. ein Skelett, das eine Sense schwingt, und ein hüpfendes Skelett. Gegenüber steht ein gotisches Kreuz aus Stein mit Statuen Mariens, ihrer Mutter Anna und der Heiligen Josef und Johannes. Die Kapelle stammt aus dem 17.Jh. – In der Innenstadt stehen zahlreiche typische *normannische Häuser.* In der *Rue Guy-de-Maupassant* Nr.57 (Privatbesitz) ließ Maupassant sein Haus bauen; in seiner Kindheit hatte er in der Avenue Verdun gewohnt.

Sainneville (13km nö): In dieser kleinen Stadt steht eine *romanische Kirche.* Ihr Glockenturm stammt aus dem 17.Jh. Die Kapitelle des Hauptschiffes sind besonders sehenswert.

Sainte-Adresse (2km w): Unter dem Namen St-Denis Chef de Caux war diese Stadt im 14.Jh. eine bereits blühende Hafenstadt. Heute ist sie ein Vorort von Le Havre in Richtung des Vorgebirges Cap de la Hève. Sie ist in zwei Teile gegliedert. Zuerst das alte Viertel von Ste-Adresse im Tal Ignauval, wo noch viele sehenswerte Bürgerhäuser mit Garten des 19.Jh. und aus der Zeit der Jahrhundertwende stehen; dann zum Meer hinaus der Badeort Nice-Havrais, der am Anfang des Jahrhunderts auf Initiative des Pariser Kaufmannes Dufayel entstand. Während des 1.Weltkrieges hatte die belgische Exilregierung hier ihren Sitz. Der *Boulevard François 1er* und eine Statue des belgischen Königs Franz I. *(Place Clemenceau)* erinnern daran. Der schönste Blick über die Stadt, den Hafen, die Côte de Grâce, bei gutem Wetter sogar die Küste des Calvados und die Mündung des Flusses Orne, können Sie von der Aussichtsterrasse vom *Fort-de-Ste-Adresse* genießen. Auf der rechten Seite, jenseits des Tales Ignauval, erkennen Sie den *Pain de Sucre* (Zuckerhut). Dieses konisch geformte Denkmal wurde von der Witwe von Général-Comte Lefèvre-Desnouettes errichtet. Es sollte den Seeleuten den Weg zeigen, denn ihr Mann war 1822 vor Island mit seinem Schiff untergegangen. Direkt daneben befindet sich die neugotische *Kapelle Notre-Dame-des-Flots.* Im Innern sind Votivschiffe zu sehen, mit denen man früher für das Wohl der Seeleute bat. Am *Cap de la Hève,* wo noch zahlreiche Kasematten des 2.Weltkrieges vorhanden sind, haben Sie einen guten Blick über den Strand, die Küste und die Stadt.

Harfleur (Le Havre), Rathaus (l); Montivilliers, Cloître du Brisgaret, Holzschnitzerei (r)

Der Pont de Normandie

Diese Brücke aus Stahl und Beton wurde nach sechs Jahren Ende 1994 fertiggestellt. Zwischen den zwei 215 m hohen Masten spannt sich die Brücke über 856 m Länge und wird durch 92 Paare von Stahlseilen gehalten. Die Gesamtlänge beträgt 2141 m, die Autos fahren über 50 m über dem Meer.
Bis die Brücke in Tatara (Japan) fertig wird, ist der Pont de Normandie mit seinen Maßen die größte Brücke ihrer Art auf der Welt.
Dieser Bau ermöglicht die direkte Verbindung zwischen Le Havre u. Honfleur und schließt den Ärmelkanaltunnel an den Osten und Südosten Frankreichs an.

Honfleur

Calvados		Basse-Normandie
Einw.: 9000	Höhe: 0–10 m	S. 256 □ F 3

Das malerische alte Hafenstädtchen liegt an der linken Seinemündung und gilt als die Perle der Normandie. Sein Weltruhm, der bis heute unzählige Touristen anlockt, wurde vor allem durch die neuartigen Bilder der Künstlerkolonie von Honfleur (besonders Eugène Boudin* und Claude Monet*) ab Mitte des 19. Jh. begründet.

Der Pont de Normandie (Le Havre)

Geschichte: Das in der Umgebung mehrfach vorkommende Hinterglied des Ortsnamens auf -fleur (z. B. Har-fleur bei Le Havre und Fique-fleur gegen O) bedeutet wie das verwandte englische floor »flache Stelle, Fußboden« (vgl. dt. Flur). Es weist somit auf eine frühnormannische Besiedlung hin (alter Name: Honneflor). Vermutlich war hier im 9. Jh. schon eine Anlegestelle der kriegerischen Wikingerhorden für ihre berüchtigten Raubzüge die Seine aufwärts. – Eigentlich bekannt geworden ist der Hafenort aber erst im Hundertjährigen Krieg, wo er ein strategisch wichtiger Punkt war, der zwischen Franzosen und Engländern heiß umkämpft war. Nach englischer Besatzung 1419–50 wurde Honfleur von den Franzosen zurückerobert und in der Folgezeit (im 16. Jh.) zu einem florierenden Welthafen ausgebaut. Da jedoch das Hafenbecken immer wieder zu versanden drohte, wurde unter König Franz I. an der gegenüberliegenden Seinemündung ab 1517 der neue Hafen »Le Havre« gegründet. Freilich dauerte es noch Jahrhunderte, bis dieser Honfleur den Rang ablief und selbst zum Welthafen emporstieg. Vor allem im 16. und 17. Jh. begaben sich von hier aus bedeutende Entdecker und Seefahrer auf ihre abenteuerlichen Reisen (z. B. 1503 nach Brasilien, 1506 nach Kanada). Im Jahr 1608 stach von Honfleur aus Samuel de Champlain in See, mit der Erlaubnis, in Quebec eine französische Kolonie (franz. Kanada) zu errichten. – Das zunehmende Hintertreffen, in das Honfleur gegenüber dem Rivalen Le Havre geriet, bewirkte aber, daß gerade die kleinräumige Idylle von Altstadt und Hafen erhalten blieb. Dies macht den Charme aus, den die Freilichtmaler des 19. Jh. in ihren Meisterwerken zur Geltung brachten.

Église Saint-Étienne: Im Altstadtkern, beim alten Hafen *Vieux Bassin* erhebt sich

Honfleur, Vieux Bassin

die älteste Kirche der Stadt, die Karl V. um 1370 erbauen ließ (1432 erweitert). Die gotische Kirche wurde nach der Franz. Revolution als Speicher, Theaterraum, Börse und Fischhalle (1802–09) verwendet. Heute ist in ihr das *Marinemuseum* untergebracht.

Église Sainte-Catherine: Die Kirche im gleichnamigen Hafenviertel im NO des *Vieux Bassin* wurde nach der Zerstörung im Hundertjährigen Krieg in eigenwilliger Weise wiederaufgebaut: Auf Steinfundamenten wurde um 1468 durch einheimische Zimmerleute ein *Holzbau* errichtet (heute das linke n Schiff). Ihm folgte 1496 ein ähnliches s Parallelschiff aus Holz. Im 16. Jh. kamen die Seitenschiffe und die Vorhalle hinzu. Selbst die Pfeiler und Kapitelle sind aus Holz gefertigt und mit Schnitzwerk verziert. Der freistehende *Glockenturm*, ebenfalls größtenteils aus Holz, ist wie die ganze Kirche mit Kastanienholzschindeln verkleidet. In dieser »skandinavischen« Form ist der Sakralbau in der Normandie nahezu einmalig. Durch verschiedene Restaurierungen (19./20. Jh.) wurde heute der ursprüngliche Zustand wieder erreicht. Im Innern ist neben Schnitzwerken ein schönes bronzenes *Lesepult* des 16. Jh. mit Symbolen der Evangelisten erhalten.

Église Saint-Léonard: Die Kirche im S der Altstadt geht auf eine im Hundertjährigen Krieg zerstörte spätgot. Flamboyant-Kapelle des 15. Jh. zurück (Portal erhalten). Der dreischiffige Neubau entstand im 17. Jh., die Ausmalung erfolgte im 19. Jh.; der *Glockenturm* mit großer Uhr wurde im 18. Jh. angefügt. Interessant ist neben bemalten Holzfiguren (Peter und Paul) das *Lesepult* von 1791 aus der Bronzegießerei von →Villedieu-les-Poêles.

Vieux Bassin: Das historische Hafenbecken (130 m lang, 90 m breit) ist seit den Zeiten der Künstlerkolonie des 19. Jh. die eigentliche Touristenattraktion von Honfleur. Die rechteckigen Quais werden nach Schleifung der Hafenbefestigungen 1630 von den pittoresken, meist schiefergedeckten, unregel-

Fiquefleur (Honfleur), Kirche, Relief (Agnus Dei)

mäßigen Häusern gesäumt. Eindrucksvoll ist die *Lieutenance* am Schleusenausgang im NO. Als Rest der alten *Hafenfestung* war sie Sitz des Gouverneurs und Kommandanten. Daneben befindet sich die *Porte de Caen*, mit einer Gedenktafel (Relief) für Samuel de Champlain, den Gründer von Quebec.

Musée du Vieux Honfleur: Das zweigeteilte Stadtmuseum befindet sich im Südosten des Alten Hafens. In der *Kirche St-Étienne* ist das *Marinemuseum* mit alten Hafen- und Schiffsmodellen untergebracht (seit 1976). Auch die Geschichte der See- und Entdeckungsfahrten wird mit zahlreichen Büsten und Porträts dokumentiert. – Im anderen Teil, dem *Musée d'Art Populaire* (im ehemaligen Gefängnis), wird die traditionelle Wohn- und Lebensweise in der Normandie rekonstruiert; auch bedeutende Persönlichkeiten und Ereignisse der Ortsgeschichte werden veranschaulicht.

Musée Eugène Boudin (Place Eric Satie): Hier wird Leben und Werk des berühmten Vorläufers des Impressionismus anhand von zahlreichen Dokumenten und Gemälden vorgestellt. Boudin* kam am 13.7. 1824 in Honfleur als Sohn eines Seemanns zur Welt. – Daneben werden Exponate seiner Künstlerschule *École Saint-Siméon* und Gemälde von Monet* und anderen berühmten Malern des 19. Jh. gezeigt. Außerdem gibt es eine Sammlung schöner normannischer Möbel, Gegenstände und Trachten.

Außerdem sehenswert: Die ehemaligen Salzspeicher *»Greniers à sel«* im Südosten des Stadtmuseums wurden um 1670 aus den Steinen der Hafenfestung zur Lagerung des Fischsalzes erbaut (für Salzfischpökelung). Sie dienen heute als Konzert- und Theatersäle. – Auf dem Aussichtshügel *Mont Joli* im Westen der Stadt wurde Anfang des 17. Jh. die Wallfahrtskapelle *Notre-Dame-de-Grâce* über den Resten einer Kapelle von 1026 erbaut. Sie wurde vor allem von Seeleuten verehrt, und nach ihr ist auch der anschließende Küstenstreifen *Côte de Grâce* benannt.

Die Malerei der Normandie

Die Normandie hat auf dem Gebiet der Malerei mehrere berühmte Söhne hervorgebracht: Einer der wichtigsten Vertreter der französischen klassischen Malerei war ein Normanne: **Nicolas Poussin*** (1593 bis 1665), der in Villiers bei Les Andelys geboren wurde. Seine Gemälde stellen meistens südliche Landschaften und biblische Figuren dar.
Théodore Géricault*, 1791 in Rouen geboren, wurde zum Maler des Pferdes und des Reitens überhaupt. Sein Meisterwerk ist jedoch ein Bild des Meeres, »Das Floß der Medusa«.
Die Themen von **Jean-François Millet*** (1815–1875) aus dem Cotentin konzentrierten sich auf die arbeitende Bevölkerung. Im 19.Jh. wurde die Normandie und insbesondere die Côte de Grâce zum privilegierten Ort der Maler, die die *Freiluftmalerei* entdeckten.
Eugène Boudin* (1824–1898), aus Honfleur stammend, entwickelte sich zum Vorläufer des Impressionismus: Er beschäftigte sich in seinen Himmels- und Landschaftsgemälden intensiv mit der Problematik des Lichtes und deren Umsetzung in der Malerei. Boudin war ein Schützling von Millet, den er während seiner Lehrzeit als Drucker in Le Havre kennengelernt hatte. Boudin selbst half später einem anderen jungen Mann auf den Weg zur Kunst: *Claude Monet** (1840–1926). Boudin empfahl ihm, die Malerei der Karikaturzeichnung vorzuziehen. Monet ist heute als einer der bedeutendsten Maler des *Impressionismus* anerkannt. Sein Zyklus von Gemälden, in denen er den Dom von Rouen immer wieder malte, jedoch bei unterschiedlichen Tageszeiten, ist ein Musterbeispiel für das Wesen dieser damals neuen Stilrichtung. Die Maler dieser Schule widmeten sich nicht der Wiedergabe der Realität, sondern versuchten ihre persönlichen Eindrücke über die Stimmung von Landschaften festzuhalten. Zu diesem Zweck benutzten sie eine neue Maltechnik, die bald zur Entstehung des Pointillismus führen sollte: Sie malten mit kleinen Farbstrichen, die es ermöglichten, die Spiele des Lichtes darzustellen.
So entstand nach und nach die **»Künstlerkolonie von Honfleur«**, ein Freundeskreis der Impressionisten, zu dem u.a. **Camille Pissaro*** (1830–1903), **Auguste Renoir*** (1841–1919), **Paul Cézanne*** (1839–1906), der Engländer **Alfred Sisley** (1839–1899), **Frédéric Bazille*** (1841 bis 1870) u. der Niederländer **Johan-Bartold Jongkind** (1819–1891) gehörten. Bis 1869 blieben sie der Normandie treu. Nach dem Krieg von 1870 kamen sie aber seltener. Einzig Monet ließ sich 1881 in Giverny bei Vernon nieder.
Die *Neoimpressionisten* gingen auch in der Normandie auf die Suche nach Inspirationen. Sie führten mit dem *Pointillismus* die Technik des Impressionismus weiter, indem sie ihre Werke lediglich mit kleinen, reinen Farbtupfern bemalten und dadurch erst im Gesamtbild gemischte Farben erreichten. Die wichtigsten unter ihnen sind **Seurat*** (1859–1891) und **Signac*** (1863–1935).
Ein weiterer Nachfolgestil des Impressionismus entstand Anfang des 20.Jh.: der *Fauvismus.* Die »Wilden« (von fauve = »wild«) legten ihren Schwerpunkt in die kraftvollen Farben und vereinfachten die Formen. **Raoul Dufy*** (1877–1953), **Matisse*** (1869–1954) oder **Van Dongen** sowie **Marquet** und **Friesz*** sind dieser Gruppe zuzuordnen. **Fernand Léger*** (1881–1955) aus Le Havre gehörte zuerst auch zu den Fauves, schloß sich aber schließlich den Kubisten an.

Umgebung

Barneville (5 km sw): Der kleine Ort besitzt eine *Kirche* mit roman. Glockenturm aus dem 12.Jh. (Umbauten 18.Jh.). Auch die Innenausstattung stammt aus dieser Zeit. – In der Nähe liegt das *Château de Bertran de Rocheville* aus dem 18.Jh., nach dem die Ortschaft Barneville-la-Bertran (im Unterschied zu Barneville-Carteret) benannt ist.

Ivry-la-Bataille, Portal der zerstörten Abtei von Ivry, Detail

Fiquefleur (5 km ö): Das Dorf führt denselben Namensteil -fleur wie Honfleur (Wikingerzeit), dessen Vorderglied »Fique-« vielleicht sogar auf »Wik-inger« schließen läßt (also: Wikinger-Platz). Hier steht eine der ältesten *Kirchen* der Region (11. Jh.) in frühroman. Stil. – In der Nähe sind die Überreste der alten Abtei *Abbaye de Grestain* zu sehen, deren Gründung auf die Mutter von Wilhelm dem Eroberer zurückgeführt wird.
Gonneville-sur-Honfleur (4 km s): Die *Dorfkirche* in Form eines latein. Kreuzes stammt aus dem 13. Jh. und zeigt zwei Lanzettfenster und Reste von alten Wandmalereien.
Manneville-la-Raoult (8 km sö): Die romanische *Dorfkirche* des 12. Jh. mit einfacher W-Fassade und Rundbogenportal weist einen sehenswerten Chor auf: Er besitzt archaische Kreuzrippengewölbe mit kräftigem Wulst ohne Schlußsteine. Die massiven Rippen stützen sich auf gewaltige Konsolen oder Ecksäulchen mit schlichten Kapitellen. Im Chorjoch sind Spuren eines *Figurenfreskos* des 15. Jh. sichtbar.

I

Îles Chausey/Chausey

Manche	Basse-Normandie
Einw.: 50	Höhe: 0–20 m S. 254 □ A 4

Die Inselkette der Îles Chausey mit ihren bizarren, vom Meerwasser geschaffenen Felsformationen liegt ca. 17 km w von der Hafenstadt →Granville, auch Verwaltungssitz der Inselgruppe mit der alleinig bewohnten Hauptinsel Grande Île (Fährverbindung).

Grande Île: Die »Große Insel« ist 2 km lang und bis zu 700 m breit. Im N der Inselmitte liegt das kleine Fischerdorf Village des Blainvillais mit seinen gedrungenen Steinhäusern aus Inselgranit. An der Ostseite erhebt sich das befestigte Fort von 1866 mit benachbartem Leuchtturm (Phare). Die Lichtsignale des 37 m hohen Turms sind über 40 km weit zu sehen. Die typische *Fischerkapelle* weist moderne Glasfenster mit Szenen aus dem Fischfang auf. – *Château Renault:* Die älteste Inselfestung an der SW-Bucht (Vieux Fort) geht auf das Jahr 1558 zurück. Sie wurde jedoch von dem Autohersteller Louis Renault 1923 zu einem imposanten Schloß umgebaut. Von der nahen Bucht Plage Port-Homard ist das einzigartige Gezeitenschauspiel, das die Insel berühmt gemacht hat, gut zu beobachten. Da zwischen Ebbe u. Flut ein Tidenunterschied von ca. 14 m besteht, taucht bei Flut ein Großteil der 365 Felseninselchen unter (bis auf 52). Die bei Ebbe ca. 5000 ha große »wasserfreie« Fläche vermindert sich auf etwa 75 ha. – Vom höchsten Punkt der

Marcilly-sur-Eure (Ivry-la-Bataille), Château de Brazais

Hauptinsel, dem *Gros Mont* im NW, wo 1867 ein Signalturm (sémaphore) errichtet wurde, hat man einen guten Ausblick auf die vorgelagerten Felsformationen mit den bildhaften Namen *»Les Moines«* (Mönche) und *»L'Eléphant«* (Elefant). Aus Chausey-Granit wurden im übrigen auch eine Reihe von Kirchen der Region, u.a. ein Großteil von → Mont-Saint-Michel, erbaut.

Ivry-la-Bataille

Eure		Haute-Normandie
Einw.: 2600	Höhe: 50 m	S. 259 □ I4

Das kleine Städtchen an der Eure verdankt seinen Beinamen dem historischen Sieg Heinrichs IV. in den Religionskriegen gegen die katholischen Ligisten am 14.3.1590. Daran erinnert auch ein Obelisk in der Nähe, den Napoleon 1804 errichten ließ. Die ganze Gegend, besonders aber der Nachbarort **Ézy-sur-Eure** (2 km sw) ist auch als »Heimat der Kämme« (les peignes) bekannt, worüber das *Musée d'Ézy* informiert.

Église Saint-Martin: Die Ortskirche wurde im 15./16. Jh. am Übergang vom spätgot. Flamboyantstil zur Renaissance über älteren Resten erbaut. Der got. *Turm* und das (vermauerte) *Südportal* tragen üppigen Skulpturenschmuck. Das Innere birgt schöne *Statuen* (Maria mit Kind) und einen Taufbrunnen (15./16. Jh.). – Die alte *Abtei* wurde 1071 von Roger d'Ivry gegründet. In der Revolutionszeit wurde sie zur Kammfabrik und brannte 1869 nieder. Nur ein *Portal* des 12. Jh. ist erhalten. – Die *Maison de Henri IV* (auch Maison de l'Ange) mit Renaissancefassade in der Rue de Garenne soll das Schlachtquartier Heinrichs IV. gewesen sein.

Umgebung

Das waldige Flußtal der Eure im S und N von Ivry (Vallée de l'Eure) lohnt wegen der

Pacy-sur-Eure (Ivry-la-Bataille), Kirche, Pieta

reizvollen Ortschaften, vor allem aber wegen der herrlichen **Schlösser** im Renaissancestil und im Stil des 17.Jh. einen Besuch, wobei der nahe Fluß mit der Architektur in Harmonie gebracht wird (vgl. die Loire-Schlösser).

Das Eure-Tal nach Süden (flußaufwärts):

Château d'Anet (2,5 km s): Das herrlich geplante Renaissanceschloß wurde im 16.Jh. von Diane de Poitiers erbaut. Die einst weiträumige Anlage mit zahlreichen Vor- und Hauptgebäuden in Rechteckform ist heute nur noch in geringen Teilen erhalten (Portalhaus und Frontteile). Das elegante Schloßensemble galt als »Reine sans couronne« (ungekrönte Königin) unter ihresgleichen. Gegenüber (am linken Ufer) liegt **Ézy-sur-Eure** mit seinem kuriosen *»Musée du Peigne«* (Kamm-Museum).

Marcilly-sur-Eure (8 km sw): In der Nähe liegen die Ruinen der ehem. Abtei *Abbaye du Breuil-Benoit* aus dem 12.Jh. Die erhaltenen Reste der *Abteikirche* des 13.Jh. und der Abteigebäude (14./15.Jh.) lassen auf die einstige Größe der Anlage schließen. – In der Nähe befindet sich das elegante *Château de Brazais* und am rechten Ufer das *Château de Sorel.* – Etwa 3 km w sind Spuren des Châteaus von Illiers-l'Évêque (1273) mit Kapelle des 12.Jh. und einer Kirche aus dem 15./16.Jh. zu sehen.

Louye (12 km sw): Das *Château* wurde Ende des 15.Jh. aus Ziegeln und Stein erbaut und besitzt eine stilvolle Inneneinrichtung im Louis-Quatorze- und Louis-Seize-Stil. Sehenswert ist auch die *Kirche* (15.Jh.); die Kapelle des 16.Jh. zeigt ein schönes Altarretabel mit dem Tod Mariens (16.Jh.).

Saint-Georges-Motel (20 km s): An der Grenze des Départements Eure und zugleich der Normandie liegt am rechten Eureufer das gleichnamige *Château.* Es ist ein Bauwerk aus Ziegeln und Naturstein vom Anfang des 17.Jh., umgeben von Wassergräben. Der gepflegte *Schloßpark* soll von Le Notre* stammen. Hier hielt sich auch Win-

Château d'Anet (Ivry-la-Bataille) ▷

Renaissance, Barock und Klassizismus in der Normandie

Nach einer Reise mit Ludwig XII. durch Italien führte der Erzbischof von Rouen, Georges I. d'Amboise, die Stilrichtung der *Renaissance* in der Normandie ein. Zuerst an seinem eigenen Schloß Gaillon im Jahr 1501. Die neuen Elemente der italienischen Dekoration waren u.a. Arabesken, Medaillons und Muscheln, die überall angebracht wurden. Diese Stilrichtung, die sich in sakralen Bauten schwer und langsam durchsetzte, entwickelte sich rasch bei der profanen Architektur. Meistens wurde der schon vorhandene Bau um ein weiteres verziertes Gebäude bereichert. Die Manoirs des Mittelalters, größere Anwesen mit Wohn- und Wirtschaftsbereichen, manchmal auch einer Kapelle, wurden von ihren Befestigungsmauern befreit. An deren Stelle legte man großzügige Gärten an.

In den Städten errichtete man viele Renaissancehäuser aus Stein, »Hôtels« genannt. Hinter ihren schlichten Fassaden liegen reichgeschmückte Innenhöfe. Nach den Religionskriegen im 17.Jh. mußte gespart werden, es wurde mit Ziegeln gebaut. So entstanden viele Schlösser mit einfachen Weiß-rosa-Fassaden und Schieferdächern: der Stil Ludwigs XIII. *(Louis-Treize-Stil).* In den sakralen Bauten behauptete sich der noch schlichtere und strengere *Jesuitenstil.*

Die Antwort darauf war der *Barock:* die Symmetrie der Formen wurde durch überschwengliche Dekoration überdeckt. Der humanistische Einfluß und die Besinnung auf antike Vorbilder wirkten jedoch bald auf die Architektur, die klassizistische Züge annahm. Im 18.Jh. herrschte die Suche nach wohlproportionierter und strenger Schlichtheit vor. Der Ausgleich zu dieser Nüchternheit fand sich in den Gärten, die in dem lebendigen und natürlichen englischen Stil angelegt wurden.

ston Churchill häufig auf. – Die *Kirche* mit Elementen des 11.Jh. wurde im 16.Jh. umgestaltet. Sie besitzt schöne Glasfenster aus dieser Zeit (Wurzel Jesse, Tod Mariens). – Gegenüber, bei **Muzy** (1,5 km w) sind die Reste der *Zisterzienserabtei L'Estrée* zu sehen. Sie wurde 1144 gegründet, im 16.Jh. restauriert, jedoch 1803 nach der Franz. Revolution aufgegeben und in eine Fabrik umgewandelt.

Das Eure-Tal nach Norden (flußabwärts):

La Couture-Boussey (2 km nw): Der Ort ist seit dem 17.Jh. weltbekannt für die Herstellung von Musikinstrumenten. Im *Musikmuseum* (gegründet 1887) kann man wertvolle Instrumente aus mehreren Jahrhunderten besichtigen.

Neuilly (4 km n): Gegen Norden liegt das sehenswerte *Château de la Folletière,* das Ende des 16.Jh. aus Ziegeln und Naturstein erbaut wurde. Es beeindruckt durch seine typischen hochgezogenen Dächer, Kamine und Seitentürme mit Zentralbau. Die Schloßkapelle des 13.Jh. wurde im 16. bis 17.Jh. erneuert.

Pacy-sur-Eure (19 km n): Der lebhafte Fremdenverkehrsort (3700 Einw.) besitzt Spuren eines *Châteaus* (bereits 1378 zerstört). – Die sehenswerte *Kirche Saint-Aubin* vom Anfang des 13.Jh. ist für ihre Entstehungszeit selten harmonisch gestaltet. Das von Seitenschiffen flankierte Langhaus zeigt einen stilreichen Wandaufbau mit Arkaden, Pfeilern und Triforium. Die Glasfenster und die Innenausstattung stammen z.T. aus dem 16.Jh.

Menilles (22 km nw): *Kirche* und *Château* bilden hier ein schönes Ensemble. Die *Kirche* stammt aus dem 14.–16.Jh. mit Renaissanceelementen (1562). – Das nahe Château aus Ziegeln und Naturstein auf einer Terrasse über dem Ort wurde im späten 16.Jh. erbaut.

Chambray (25 km nw): Das gleichnamige *Schloß* am Ufer der Eure wurde Anfang des 17.Jh. aus Ziegeln und Naturstein erstellt. Bei einer späteren Restaurierung (mit Flügelanbau) hat es seine ursprüngliche Stilreinheit z.T. eingebüßt. Die *Kirche* wurde im 16.Jh. wiedererrichtet und birgt schöne Statuen aus dieser Zeit (Ecce Homo, Saint-Adrien, Saint-Antoine, Sainte-Catherine).

Duclair (Jumièges)

J

Jumièges		
Seine-Maritime		Haute-Normandie
Einw.: 1300	Höhe: 10 m	S. 257 □ H2

Église abbatiale Notre-Dame: Die heutige baufällige Kirche ruht auf älteren Fundamenten früherer Kirchenbauten. Bereits im 7. Jh. wurde ein Kloster gegr., das jedoch ab Mitte 9. Jh. Opfer von Plünderung und Bränden wurde. Ab 940 kehrten Benediktinermönche nach Jumièges zurück und begannen gegen Ende des 10. Jh. mit dem Neubau der Kirche St-Pierre. Schon bald entstand der Wunsch nach einer großen, repräsentativen Abteikirche. In nur 26 Jahren (1040–66) wurde ein beachtl. Komplex errichtet. Die Westfassade mit zwei Türmen ist noch von roman. Strenge und Einfachheit. Der rekonstruierte Grundriß zeigt ein achtjochiges basilikales Langhaus im gebundenen System, an den sich ein zweijochiges Querhaus mit geosteten Apsiden anschließt. Aus dem Querhaus läuft der Chorumgang, ohne weitere Kapellen, apsidenförmig zusammen. Die einstigen Ausmaße der Kathedrale werden deutlich, wenn man die steinernen Reste am Boden betrachtet, die den Chor und die Apsis nachziehen. Eine Wand des Vierungsturmes, durchbrochen durch drei Triforienfenster und zwei Rundbogenfenster, ragt hoch über das Mittelschiff hinaus. Der An-

Le Mesnil-sous-Jumièges (Jumièges), Manoir de Mesnil

satz von Kreuzrippen, die auf Halbsäulen zusammenliefen, ist an der Querschiffswand noch sichtbar. Der dreiteilige Wandaufriß im achtjochigen Langhaus ist noch gut zu erkennen. Über einer Arkadenzone im Rheinischen Stützenwechsel von Pfeiler und Säule schließt sich die Emporenzone mit je zwei Triforienfenstern pro Joch an. Den abschließenden Obergaden bilden schlichte Rundbogenfenster. Die Dienste der Pfeiler betonen die Gliederung der Joche und laufen über alle drei Geschosse hinweg an die Decke. Die Kirche besaß noch keine Einwölbung, sondern nur eine schlichte Holzdecke.

Während der Franz. Revolution erlitt die Kirche Verwüstungen. Der Chor wurde zerstört und das Dach abgetragen.

Umgebung

Duclair (5 km nö): Der beliebte Ausflugsort der Bewohner von Rouen (18 km w) liegt an der Mündung des Flüßchens Austreberthe in die Seine (ca. 3800 Einw.). Auf Resten eines merowing. Klosters wurde im 11. und 12. Jh. eine romanische *Kirche* mit Glockenturm erstellt (Turmspitze 16. Jh.). Im Innern befinden sich schöne Holzfiguren des 14. und 15. Jh.; im n Seitenschiff sind Steinstatuen der Apostel (14. Jh.) aus der Abtei von Jumièges zu sehen. Die Glasfenster stammen aus dem 16. Jh.; ein modernes Chorfenster schuf Max Ingrand* (»Pfingsten«, 1968).

Le Mesnil-sous-Jumièges (5 km sö): Das Herrenhaus *Manoir du Mesnil* (z. T. Ruine) stammt aus dem 13./14. Jh. und wurde durch die Liebesgeschichte zwischen dem späteren König Karl VII. und der Lebedame (dame de Beauté) Agnes Sorel bekannt. Das Liebespaar traf sich zum letztenmal vor seiner Krönung im Schloß, und die trauernde Agnes starb hier 1450 und wurde in Jumièges bestattet. Ihr Grab wurde 1562 von den Hugenotten zerstört.

Yainville (3 km n): Die roman. *Kirche Notre-Dame* mit zweigeschossigem Turm und Chor aus dem 11. Jh. ist ein schönes Beispiel des frühnormann., ländlichen Kirchenbaus.

L

Lessay

Manche — Basse-Normandie

Einw.: 1400 — Höhe: 8 m — S. 254 □ B3

Der Marktflecken nahe der Mündungsbucht des Flusses Ay ist sowohl durch seine sehenswerte Abteikirche als auch durch das alljährliche Landfest »Grande Sainte-Croix« bekannt. Das dreitägige Fest, das schon seit dem 13. Jh. am zweiten Wochenende im September gefeiert wird, zieht zahlreiche Besucher an (bis zu 300000).

Église abbatiale: Die altehrwürdige Abteikirche *Sainte-Trinité* geht auf die Klostergründung des Normannenbarons Turstin Haldup vom nahe gelegenen La Haye-du-Puits (8 km n) aus dem Jahr 1056 zurück. Die Kirche ist eine der sehenswertesten romanischen Sakralbauten der Normandie. Hier findet sich zum ersten Mal das *romanische Kreuzrippengewölbe* anstelle des üblichen Kreuzgratgewölbes. Dabei sind die Grate, die beim Zusammentreffen zweier Flächen entstehen und als scharfe Kanten sichtbar sind, durch Rippen verstärkt. Die Architekturformen der späteren Gotik sind hier (um 1100) bereits vorbereitet. Der Bau strahlt in Grundriß und Aufbau eine hohe Gleichmäßigkeit und erhabene Strenge aus. Die Kirche ist dreischiffig bis zum Chor, der in einer halbrunden Apsis endet. Die sieben Joche im Hauptschiff, die beiden Chorjoche und das je einjochige Querschiff bilden eine ausgewogene Proportion. Die schlichte, zweistöckige *W-Fassade* mit Bogenportal

Château de Pirou (Lessay)

stellt das Gegenstück zum vielteiligen *O-Ensemble* dar: Zwei Fenstergeschosse sind durch Gesimsabsätze unterschieden und vom Sockel getrennt. Über dem Halbkegeldach der Apsis erscheinen Chordach und Querhaus, überragt vom wuchtigen, zweigeschossigen *Vierungsturm* mit Zeltdach und je vier einfachen Rundbogenöffnungen an den Seiten. Die *Innenarchitektur* ist schlicht und gleichmäßig angelegt. Das Hauptschiff zeigt einen dreiteiligen Wandaufbau mit Arkaden, Halbsäulen als Dienste und Säulen im Triforium. Zur Vierung hin erscheinen drei statt zwei Triforium-Arkaden, so daß der Begriff »Tri-forium« (Drei-Flügel-Tor) hier demonstriert wird. Den erwähnten Kreuzrippengewölben im Hauptschiff stehen die üblichen Kreuzgratgewölbe der Seitenschiffe gegenüber. Die *Chorapsis* mit zwei Stöcken rundbogiger Fenster hat im Oberstock eine offene, umlaufende Galerie. Emporen besitzen auch die Querschiffe. Vom einfachen Skulpturenschmuck ist neben weiteren Steinfiguren unter gotischen Baldachinen die *Statue der Sainte-Oppor-*

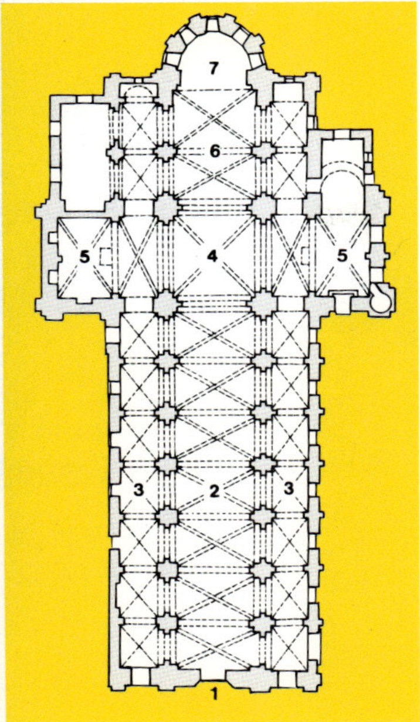

Lessay, Abteikirche 1 W-Fassade **2** Hauptschiff **3** Seitenschiffe **4** Vierung **5** Querschiffe **6** Chor **7** Apsis

tune (13.Jh.) im n Seitenschiff hervorzuheben. – Die Abteikirche der Benediktiner wurde mehrfach schwer beschädigt (um 1400 während des Hundertjährigen Krieges) und durch die alliierten Bombenangriffe 1944 fast zerstört. Durch die großartige Restaurierung von 1945–57 hat sie ihre alte Ausdruckskraft wiedergewonnen. – Die benachbarten *Klostergebäude* stammen dagegen aus jüngerer Zeit (18.Jh.).

Umgebung

Château de Pirou (10 km sw): Das imposante, guterhaltene und mit Wassergräben, Wällen und Toren stark befestigte *Schloß* gilt als eines der ältesten in der Normandie.

◁ *Lessay, Abteikirche*

Schon im 11.Jh. begann die Normannenfamilie de Pirou, verwandt mit den Hautevilles von →Coutances, den meernahen Platz zu befestigen. Weitere Anbauten mit Mauern und Türmen erfolgten im 12., 14. und 17.Jh. Im Innern befindet sich eine *Ausstellung* (mit Wandteppichen im Stil von Bayeux) zur normannischen Eroberung Siziliens.

Périers (10 km sö): Die mittelalterliche *Ortskirche* besitzt Bauteile aus dem 12. bis 15.Jh. (Apsiskapellen, Vierungsturm). Im Innern Reste romanischer Fresken; dazu eine Muttergottes mit Kind (15.Jh.) und ein Ecce Homo (16.Jh.).

Saint-Germain-sur-Ay (5 km nw): Der kleine Hafen- und Badeort an der Mündung des Flusses Ay besitzt eine romanisch-gotische *Kirche* mit Kreuzrippengewölbe im Chor. Interessant sind auch die Säulenkapitelle und der romanische Taufbrunnen.

Lillebonne

Seine-Maritime — Haute-Normandie

Einw.: 10 000 — Höhe: 32 m — S. 256 □ G 2

Die Stadt geht auf eine römische Siedlung mit dem Namen *Juliobona* zurück. Sie war damals während des Gallischen Krieges ein strategisch wichtiger Handels- und Militärstützpunkt. Fragmente antiker Bauten sind noch im Stadtmuseum im Rathaus sowie im Museum von Rouen zu besichtigen. Heute lebt die Stadt vorwiegend von der Textil- und der Kautschukindustrie.

Église de Notre-Dame: Die Kirche stammt aus dem 15.Jh. Das Eingangsportal ist erst im 16.Jh. entstanden.

Antikes Theater: Das bedeutendste antike Bauwerk der Normandie ist das Amphitheater aus dem 1. und 2.Jh. n.Chr. Die Anlage faßte bis zu 10000 Zuschauer, die von steinernen Rängen aus die Aufführungen verfolgten. Heute kann man die Formen des Theaters nur noch an den Grashängen ablesen.

Burg (Rue Césarin): Den Rest einer ma Befestigungsanlage aus dem 10.Jh. bildet der 34 m hohe Donjon. Erweitert wurde die Burg im 12. und 13.Jh. Hier soll Wilhelm

Lillebonne, Antikes Theater

der Eroberer den Plan zur Invasion und Eroberung Englands 1066 gefaßt haben.

Musée municipal (Jardin Jean-Rostand, Rue Victor-Hugo): In dem kleinen Museum sind einige Funde, wie Münzen, Tonscherben und Bronzestücke, ausgestellt, die man während der Ausgrabungen eines gallisch-römischen Grabmals entdeckte. Darüber hinaus dokumentiert es die Vorläufer der Textilherstellung und zeigt handwerkliche Geräte der Perückenmacher des 18. Jh.

Umgebung

Bolbec (7,5 km nw): Das Städtchen mit ca. 13000 Einw. ist ein wichtiges landwirtschaftliches und industrielles Zentrum. – Die *Pfarrkirche Saint-Michel* stammt von 1773. In der Kapelle befindet sich ein Altar(blatt) aus dem 17. Jh. – Im nahen *Jardin Public* sind schöne Skulpturen von 1714 (aus dem Schloßpark von Marly) mit den Themen »Diana« und »Die Künste« (Les Arts) aufgestellt.

Notre-Dame-de-Gravenchon (4 km sö): Hier steht die moderne *Kirche Saint-Georges* mit einer Georgsfigur (aus Blei) an der Fassade. Die interessanten Fenster sind ein Werk von Max Ingrand*, der zahlreiche Kirchenfenster der Umgebung gestaltete.

Saint-Jean-d'Abbetot (14 km w): Die frühromanische *Kirche* vom Anfang des 11. Jh. besitzt – leider schlecht restaurierte – Wandmalereien. Die Fresken im Chor datieren aus dem 12./13. Jh. und stellen die Apostel dar. Die Gemälde unter dem Turm (16. Jh.) zeigen »Himmel und Jüngstes Gericht«, die »Seelenwaage« und die Heiligen Martin, Katharina, Anna und Margarete. Auch in der Krypta (Zutritt von außen) befinden sich Fresken des 14.–16. Jh.

Saint-Romain-de-Colbosc (15 km w): Der Ortsbeiname Col-bosc (»Kühl-Busch«) erinnert an die frühnormannische Besiedlung. Vor der spätmittelalterlichen *Kirche* steht ein schönes Steinkreuz von 1528. – In der Nähe (3 km n) liegt das sehenswerte *Châ-*

Romanik und Gotik in der Normandie

Die Architekturform der *Romanik* (11. bis Anfang des 12.Jh.) hat in der Normandie ihre eigene, typisch normannische Richtung ausgeprägt, die teilweise auch zum Wegweiser für die darauffolgende Gotik in der Normandie wurde. Vor allem die Benediktinerklöster wurden von den frühen Normannenherzögen sehr gefördert. Dadurch konnten schon bald (zumeist im 11.Jh.) große Abteikirchen unter der Aufsicht der besten Baumeister ihrer Zeit entstehen. Diese Kirchen sind vor allem durch die für die damalige Zeit noch ungewöhnlich hohen Türme gekennzeichnet: In der Regel flankieren zwei Türme die Westfassade. Ein dritter, der sogenannte »Laternenturm« (tour lanterne), ragt meist quadratisch über der Vierung empor. Diese Türme werden für das Auge nach oben hin »leichter«, indem sie in den oberen Stockwerken immer mehr Bogenöffnungen erhalten. Im Innenraum sind die Proportionen erstaunlich großzügig angelegt: Das Mittelschiff ist relativ breit und über zwei Stockwerke hochgezogen. Die wichtigsten normannischen Abteikirchen besitzen kein Tonnengewölbe, sondern sind bereits mit dem zukunftsweisenden Rippen- oder Kreuzgratgewölbe versehen. Die in der üblichen Romanik so schwer wirkenden Wände sind im »normannischen« Stil mit Triforienlaufgängen durchbrochen, d.h. aufgelockert. Ein weiteres Kennzeichen der normannischen Stilform ist die häufige Verwendung geometrischer Muster und Ornamente, insbesondere im Portalbereich.

Der Weg von der *Hochgotik* hin zum spätgotisch-normannischen *Flamboyantstil* (von flamboyer »aufflammen«) läßt sich wohl am besten an den beiden Fassadentürmen des Doms von Rouen erkennen: Der Turm »Saint-Romain«, einer der frühesten seiner Art in der Normandie, zeigt bereits die Merkmale der Gotik, nämlich die durch Spitzbögen aufgelokkerten Wände. In der Tat beruht nun die Statik der Kirchenbauten nicht mehr auf der Mächtigkeit ihrer Wände, wie in der Romanik, sondern auf den Stütz- und Strebpfeilern. Bei dieser Stilart, die von der franz. Île de France (Paris) herkam, arbeiteten alle Zünfte vor allem an der gotischen Ornamentik zusammen. Besonders die Portalzonen glichen wahren Bilderbüchern aus Stein. Alles wurde getan, um die Verherrlichung Gottes grandios zum sichtbaren Ausdruck zu bringen.

In der Zeit des Hundertjährigen Krieges (14./15.Jh.) wurden kaum neue Kirchenbauten in Angriff genommen; vielmehr wurden die überkommenen Baulichkeiten erneuert und »verschönert«. So entstand allmählich die spätgotische Gattung des *Flamboyantstils,* der sich nach Beendigung des Hundertjährigen Krieges allenthalben durchsetzte. Die Kirchenfassaden wurden überall verziert (»geflammt«), an den Außenwänden und Türmen wurde der Stein fast wie »Tuchspitze« bearbeitet und verfeinert. Zu dieser Zeit errichtete man auch den sogenannten »Butterturm« (tour de beurre) an der Kathedrale von Rouen. Gleichzeitig mit der sakralen entwickelte sich auch die profane Architektur in dieser Richtung weiter. Der Justizpalast von Rouen ist ein gutes Beispiel für diese Bauform, die – obwohl noch gotisch – schon den Renaissancestil ankündigte. Auch die (vor allem durch den Handel) reich gewordenen Bürger wetteiferten im Bau ihrer Stadthäuser, die sie meist in kunstvoller Fachwerkform ausführen ließen. Das Erdgeschoß wurde in der Regel aus Stein errichtet, während die oberen Stockwerke, oft überkragend, im typisch normannischen »Längsfachwerk« aufgesetzt wurden. Gebälk und Tragsäulen wurden dabei mit phantasievollen Ornamenten beschnitzt.

teau de Filière. Die Schloßanlage über spätmittelalterlichen Resten wurde im 18.Jh. nach Plänen von Victor Louis* geschaffen. Die stilvolle Inneneinrichtung (bes. der Grand Salon) stammt aus der Zeit Ludwigs XV. und Ludwigs XVI. Der Park mit seiner herrlichen Buchenallee wurde von Le Notre* entworfen.

Notre-Dame-de-Gravenchon (Lillebonne), St-Georges, Der hl. Georg tötet den Drachen

St-Jean-d'Abbetot (Lillebonne), Kirche, Krypta, Fresko

Saint-Vigor-d'Ymonville (15 km w): Das Nachbardorf von St-Jean-d'Abbetot besitzt eine vergleichbare romanische *Kirche* (mit späteren Umbauten). Vor allem Querhaus und Chor zeigen noch gut den ursprünglichen Zustand (Langhaus im 16. Jh. erneuert). Im rechten Seitenschiff befindet sich eine wunderschöne Pieta aus dem 15. Jh.
Tancarville (8 km sw): Der Ortsname geht auf den legendären normannischen Burggründer Tancred (10. Jh.) zurück (Tancredi villa = Tancarville). Der berühmte Graf Raoul de Tancarville war Ratgeber Wilhelms des Eroberers und erhielt für seine Verdienste zahlreiche Privilegien. Von der mehrfach zerstörten *Burg* auf einem imposanten 55 m hohen Kreidefelsen am rechten Seineufer blieb vor allem der sog. *»Adlerturm«* (Tour de l'Aigle) als Wahrzeichen erhalten. – Heute ist der lebhafte Markt mit 1300 Einw. bekannt durch die riesige *Seinebrücke* (Pont de Tancarville), die 1959 eingeweiht wurde. Die Hängebrücke, 1400 m lang und 48 m über der Seine, wird von zwei gigantischen, 125 m hohen Beton-Pylonen gehalten und war bei ihrer Entstehung die größte Europas.

Tancarville (Lillebonne), Hängebrücke

Lisieux	
Calvados	Basse-Normandie
Einw.: 26 000 Höhe: 49–135 m S. 256 □ FG 3	

Die hübsche Stadt im Tal der Touques (Vallée de la Touques) liegt an der Mündung der Flüßchen Orbiquet und Cirieux. Sie war seit jeher Mittelpunkt der bäuerlich geprägten Landschaft des Pays d'Auge, dessen Name von »l'auge« (Mulde) herrührt. Lisieux ist Umschlagplatz landwirtschaftlicher Produkte und Sitz verschiedener Handwerks- und Industriezweige (Holzverarbeitung, Elektroindustrie). Seit Beginn des Jahrhunderts ist sie ein weltbekannter Wallfahrtsort zum Grab der hl. Theresia vom Kinde Jesu.

Geschichte: Lisieux war bereits der frühgeschichtliche Hauptort des Keltenstammes der Lexovii, von dem der Ort auch seinen Namen hat (Lexovii – Lisieux). Der römische Feldherr Publius Crassus eroberte um 57 v. Chr. den Ort und gliederte die Gegend in die Provinz Gallia ein. Zahlreiche Ruinen und Funde legen von dieser galloröm. Frühzeit Zeugnis ab. Der röm. Verwaltungsbezirk Pagus Lexovius wurde schon im 5. Jh. christlicher Bischofssitz. Nach wiederholten Brandschatzungen durch Sachsen- und Wikingerhorden wurde der Ort um 900 vom Wikingerfürsten Rollo (Rolf) erobert, der sich bald danach zum Herzog (dux) und Schutzherrn der Normandie aufschwang. – 1152 wurde in der hiesigen (noch roman.) Kathedrale die Ehe zwischen Heinrich II. Plantagenet (1133–1189) und Eleonore von Aquitanien geschlossen. Dies führte fast 200 Jahre danach (1338) zu dem blutigen Erbschaftsstreit des Hundertjährigen Krieges zwischen England u. Frankreich. Die schwerste Zerstörung erlitt aber die Stadt durch die Bombardierungen der Alliierten bei der Invasion am 6./7. Juni 1944; die endgültige Befreiung des strategisch wichtigen Punktes erfolgte erst am 22./23. August 1944.

Kathedrale Saint-Pierre: Von dem romanischen Vorgängerbau des 11. Jh., in dem

Lisieux, Basilika Ste-Thérèse

Heinrich II. geheiratet hatte, blieben nach verschiedenen Bränden und Einstürzen nur noch wenige Elemente übrig. Der einflußreiche Bischof Arnoult (Amtszeit 1142–82) begann um 1173 mit dem Neubau einer Kathedrale, die zu den ersten normannischen Kirchen im französisch-gotischen Stil der Île de France (Paris) gehörte. Aus dieser Zeit stammen die Vorhalle zwischen den erhaltenen romanischen W-Türmen (W-Fassade), das Hauptschiff, die Querhäuser, die Vierung und der Anfang des Chors. Sie sind durch die wuchtigen Randpfeiler, die Wandgliederung der Arkaden und das Triforium mit geschlossenem Laufgang bestimmt. Der Bau wurde im wesentlichen um die Mitte des 13.Jh. vollendet, insbesondere mit dem elegant gestalteten Chor (samt Kapellen) als Beispiel echt normannischer Gotik. Auch der niedrige Vierungsturm und das W-Portal stammen aus dieser Zeit. Im 14. und 15.Jh. wurden an die Seitenschiffe nach dem Zeitgeschmack noch Kapellen angefügt. Nach dem Einsturz des *Südturms* 1554 wurde dieser, im Unterschied zu seinem n Gegenstück, in strengerer, »romanisch« anmutender Form mit dreistöckiger Fenstergliederung und später mit hohem Turmhelm und vier Ecktürmchen (17.Jh.) erneuert. Der *Nordturm* dagegen besitzt nur ein hohes, von Doppelfenstern durchbrochenes Stockwerk und eine nach Bränden erneuerte stumpfe Turmhaube. Durch die Einwirkungen der bilderfeindlichen Hugenotten ist das Innere der Kathedrale, bis auf wenige Plastiken in den Querhäusern, relativ nüchtern. In der *Marienkapelle,* die Bischof Cauchon im 15.Jh. beim Chorumgang in spätgotischem Flamboyantstil anlegen ließ, befindet sich auch sein Grab; Bischof Cauchon war im Prozeß gegen Jeanne d'Arc der Hauptankläger.

Église Saint-Jacques: Die spätgotische Pfarrkirche im SO der Altstadt wurde um 1500 nach den Plänen von Guillemot de Samaison* erbaut. Der dreischiffige Bau mit Seitenkapellen und einem massiven *Glok-*

Lisieux, Kathedrale St-Pierre ▷

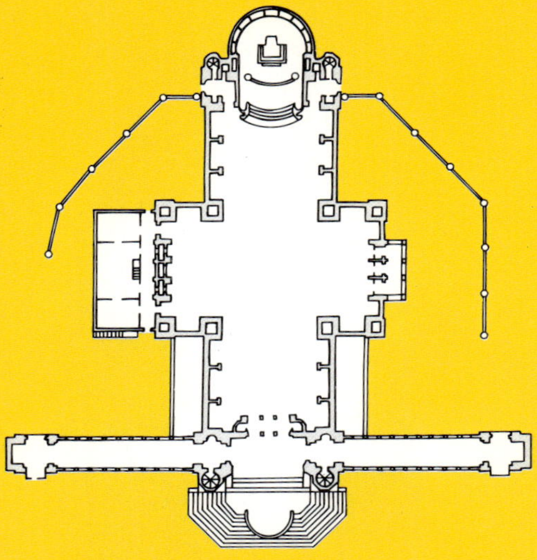

Lisieux, Basilique Ste-Thérèse (Basilika der hl. Theresia vom Kinde Jesu)

kenturm im W besitzt weder Querhaus noch Chorumgang. Dadurch erweckt das Gebäude einen strengen, doch in sich harmonischen Eindruck.

Basilique Sainte-Thérèse: Schon bald nach der 1925 vollzogenen Heiligsprechung der Karmeliterin Thérèse de l'Enfant-Jésus (hl. Theresia vom Kinde Jesu) begann man auf einer Anhöhe im SO der Stadt mit dem Bau einer großangelegten Wallfahrtskirche zu Ehren der 1897 mit 24 Jahren verstorbenen Heiligen. Drei Generationen der Architektenfamilie Cordonnier* wirkten bei der Fertigstellung des gigantischen Bauwerks mit, dessen durch den 2. Weltkrieg verzögerte Einweihung im Jahr 1954 stattfand. Der riesige Kuppelbau von 93 m Höhe ist eine eigenartige, aber gerade durch seine roman.-byzantinisch-barocke Stilmischung dennoch beeindruckende Erscheinung, die ein wenig an Sacre-Cœur in Paris erinnert. Als einer der größten Sakralbauten des 20. Jh. faßt allein seine Pilgerkrypta von 50×30 m Fläche über 1000 Gläubige. Die architektonische Grundform ist ein gleichmäßiges byzantinisches Kreuz mit kurzen Querschiffen (»Balken«), zentriert vom *Kuppelraum* als Ellipse. Das mystisch-dämmerige Innere zeigt interessante *Glasfenster* und *Mosaiken* von Pierre Gaudin*. Ein prächtiger Seitenvorbau mit Oberarkaden rahmt beiderseits das Hauptportal zum Vorplatz hin. – In eigenen Ausstellungen und Tonbildschauen wird in kirchennahen Räumen das Leben und Wirken der Heiligen erläutert.

Couvent des Carmélites (Rue du Carmel): Das Karmeliterkloster im S der Altstadt unterhalb des Wallfahrtsberges wurde 1838 gegr. Hier verbrachte die hl. Theresia ihre knapp zehnjährige Ordenszeit bis zu ihrem frühen Tod (1897). – In der angrenzenden Klosterkapelle *Chapelle de la Châsse* wird neben anderen Erinnerungsstücken der Reliquienschrein (la châsse) der Heiligen aufbewahrt. – Im nahen *Diorama de Ste-Thérèse* (mit Wachsfigurenmuseum) werden die wichtigsten Etappen ihres Lebens anschaulich aufgezeigt. – Auch das *Elternhaus* der

Lisieux, Basilika Ste-Thérèse, Kuppel

kleinen Theresia, »Les Buissonets« im gleichnamigen nö Stadtteil (beim Boulevard Fournet), ist als schlichtes Erinnerungsmuseum an die Heilige eingerichtet (mit Andenken an ihre Kindheit).

Église Saint-Désir: Am l Ufer der Touques im SW befindet sich die interessante, nach der Zerstörung im 2. Weltkrieg wiedererbaute ehem. Klosterkirche von Notre-Dame-du-Pré (gegr. 1046). Sehenswert sind die modernen *Fenster* von Max Ingrand*.

Musée du Vieux-Lisieux: Im N von St-Désir (Boulevard Pasteur) zeigt das *Ortsmuseum* zahlreiche schöne Funde aus der gallo-römischen Ortsgeschichte und Gegenstände der Volkskunst des Pays d'Auge.

Ancien Palais Épiscopal: Im N der Kathedrale schließt sich der alte Bischofspalast an (heute Justizgebäude). Der stattliche Bau mit Innenhof wurde im 17./18. Jh. im Louis-Treize-Stil errichtet. Sein Prunkstück war bis zum Brand Anfang 1995 die *Chambre Dorée,* der ehem. Empfangssaal der Bischöfe. Der Raum wurde im 17. Jh. üppig ausgestaltet mit bemalter, vergoldeter Kassettendecke, Medaillons in Grisaille-Technik mit Blumengirlanden, Früchten und Sphinx. – Eine Freitreppe führt zum *ehem. Bischöfl. Park* (heute Jardin public in streng franz. Stil). – Im Palast befindet sich die *Stadtbibliothek* mit wertvollen Handschriften, Inkunabeln und Urkunden zur Stadtgeschichte.

Außerdem sehenswert: Alte *Stadthäuser* z.T. im typischen *Fachwerkstil* des Pays d'Auge aus dem 15.–18. Jh., deren Kriegsschäden gut behoben wurden, finden sich im Zentrum (Rue Aristide-Briand, Rue Henry-Cheron). – Das *Rathaus* (Hôtel de Ville) sö der Kathedrale wurde 1713 aus Naturstein und Ziegeln erbaut. – Das schöne Gebäude *Hôtel du Haut-Doyenné* im O der Kathedrale wurde um 1769 für das Bischofskapitel erbaut. – Von den mittelalterlichen *Festungsanlagen* (Remparts) sind gegen W an der Touques (Quai des Remparts) noch Reste mit zwei *Wehrtürmen* erhalten; außerdem die *Tour Riquier* am rechten Ufer des Orbiquet. – Einzelne *Reste aus galloromischer Zeit* (z.B. Teile der Heerstraße, Thermenreste) finden sich in der Innenstadt verstreut.

Umgebung

Château de Grandchamp (14 km sw): Das von Wassergräben umgebene *Schloß* aus Naturstein und Ziegeln stammt aus dem 17.Jh.; *Torpavillon* und *Taubenturm* sind etwas älter (15./16.Jh.). – Etwa 2 km südöstlich liegt das ländliche Herrenhaus *Manoir de Coupesarte.* Das spätmittelalterliche Gebäude mit späteren An- und Umbauten des 16.Jh. ist ein schönes Beispiel für die zahlreichen herrschaftlichen Landgüter des Pays d'Auge. Der zweistöckige *Fachwerkbau* des 15.Jh. mit Steinsockel und Ecktürmen ist von einem breiten Wassergraben umgeben.

Château du Mont de la Vigne (17 km sw): Die Schloßanlage auf dem 53 m hohen Mont de la Vigne mit herrlichem Blick über das Flußtal der Vie und das Pays d'Auge geht auf eine Festung des 14.Jh. zurück, von der Mauerreste erhalten sind. Das Ensemble um einen Innenhof besteht aus dem *Herrenhaus* (manoir) des 15.Jh. und Wirtschaftsgebäuden; daneben befindet sich die restaurierte Schloßkapelle *Chapelle du Mont de la Vigne.*

Château de Grandchamp (Lisieux)

Crèvecœur-en-Auge (17 km w): Der kleine Ort mit 550 Einwohnern inmitten der Vallée d'Auge besitzt ein sehenswertes, von Wald und Wassergräben umgebenes *Château.* Die ältesten Bauteile weisen auf eine altnormannische Festung des 11./12.Jh. zurück. Im Spätmittelalter umgestaltet, stellt das Gebäudeensemble ein schönes Beispiel für den Fachwerkstil der Region dar (15./16.Jh.). Hervorzuheben ist das kunstvolle *Taubenhaus* (colombier) als ein Manoir in Miniatur mit Spitzdach und Lukarnen (verzierte Dachfenster) aus dem 15.Jh. – Im Schloß wurde von den heutigen Besitzern, den Brüdern Schlumberger, ein *»Museum der normannischen Architektur«* (Espace architectural normand) eingerichtet. Von ihnen wurde auch 1972 die malerische Schloßanlage gut restauriert. – In der nahen Ortschaft **Cambremer** (5 km nö) steht eine *Kirche* des 11.Jh. mit schönem Glockenturm. Am Ortsrand liegt das *Manoir du Bais,* ein Stein- und Ziegelbau des 16.Jh. mit Wassergräben und einem hübschen Taubenhaus des 16.Jh.

Fervaques (14 km s): Der kleine Ort (550 Einw.) an der Touques besitzt ein schönes, vom Flußwasser umgebenes *Château* aus Stein und Ziegeln mit erhaltenen Renaissance-Elementen. Im 18./19.Jh. erhielt die Anlage mit Torhaus ihr heutiges Gesicht. – Die *Ortskirche* weist einen typisch normannoromanischen Glockenturm auf.

Livarot (18 km s): Der für seine kräftigwürzige Käsesorte gleichen Namens berühmte Markt mit 2500 Einw. führt in seinem Käsemuseum *Musée sur le fromage de Livarot* in die Geheimnisse der Livarot-Produktion ein. – Im Ort befinden sich eine (restaurierte) gotische *Kirche* und einige schöne Fachwerkhäuser. – Der Nachbarort **Saint-Michel-de-Livet** (2 km nw) besitzt eine schön über dem Tal der Vie gelegene spätgotische *Kirche* mit einer Innenausstattung des 16.–18.Jh.

Moyaux (13 km nö): Die *Dorfkirche Saint-Germain* hat z.T. noch ursprüngliche romanische Elemente in der S-Mauer des Langhauses und im Chor bewahrt, die zu den ältesten im Pays d'Auge gehören. Interessant ist der dominierende quadratische *Glockenturm* im S mit wuchtigen Strebepfeilern im Unterbau und Blendbögen im er-

sten Stockwerk. Im Oberstock befinden sich Kuppelfenster mit Rundbogen und Mittelsäule (Volutenkapitell). Darüber erhebt sich der seltsam gewundene hohe Turmhelm mit hölzernem Dachstuhl. – Etwa 2 km sw liegt das Herrenhaus *Ouilly-de-Houley* aus dem 16. Jh. (im 18. Jh. umgebaut). – Das *Château des Fumichon* (2 km sö) ist ein guterhaltener Bau des 16. Jh. aus Naturstein und Ziegeln mit einem imposanten Wehrturm mit Schießscharten.
Saint-Germain-de-Livet (7 km s): Das einem Märchenschloß ähnelnde *Château* liegt reizvoll an einem Nebenarm der Touques inmitten eines gepflegten Parks. Auf den Resten einer Wehrburg des 12. Jh. wurde zuerst um 1462 das schlichte landschaftstypische Fachwerkgebäude errichtet. 1561–84 folgte dann unter Jean de Tournebu der Anbau des kunstvollen *Torhauses* (Eingangspavillon), dessen zwei Stockwerke von schlanken *Rundtürmchen* (tourelles) flankiert und von einem hohen Dach gekrönt werden. Der daran anschließende linke Seitenflügel, ebenfalls zweistöckig, zeigt ein bestechend schöngestaltetes *Fassadenmuster,* das durch die Mischung verschiedenfarbiger Bausteine bewirkt wird. Dieses Schachbrettmuster, das auch den Pavillon einschließt, ist typisch für den Renaissancestil der Gegend. Der *Rundturm* mit spitzem Kegeldach und der *Hauptteil,* der 1865 um zwei Flügel verkürzt wurde, entstanden um 1588. Der Innenhof besitzt Arkaden im italienischen Stil. – Im Fachwerkbau ist der große Saal, »la Salle de Garde«, mit z.T. erhaltenen Fresken von 1590 eingerichtet. Die Fresken zeigen Schlachtszenen und mythologische bzw. biblische Ereignisse. Das stilvolle Mobiliar stammt aus der Zeit Ludwigs XV. und Ludwigs XVI. Außerdem erinnert ein »Delacroix-Raum« mit persönlichen Möbeln und Gegenständen an den berühmten franz. Maler (1798–1863), der ein Freund des Besitzers war. Das Schloßensemble, das der Dichter Jean de la Varende (1887–1959) das »Juwel einer Prinzessin« nannte, ist seit 1958 im Besitz der Gemeinde Lisieux und frei zugänglich. – Die nahe gelegene Ortschaft **Auquainville** (3,5 km sö) besitzt neben einer romanisch-gotischen *Kirche* (12.–16. Jh.) zwei *Herrenhäuser:* das *Manoir de Caudemon* aus dem 16. Jh. und das *Manoir de l'Ortier* (17. Jh.) im anmutigen Tal der Touques.

Louviers

Eure	Haute-Normandie
Einw.: 19 000	Höhe: 25 m
S. 257 □ I 3	

Die lebhafte Industriestadt liegt am Mündungslauf der Eure in die Seine und am SO-Rand des großen gleichnamigen Waldgebietes Forêt de Louviers, das fast die ganze nördliche Seineschleife einnimmt.

Geschichte: Das kleine normannische Herrenhaus mit Weiler wurde 1197 von Richard Löwenherz im Tausch gegen den Hügel von Château Gaillard (10 km ö) an den Bischof von Rouen abgetreten. Schon bald entwickelte sich der Ort zu einem Zentrum der Tuchherstellung (wie Elbeuf) und wurde von Minister Colbert im 17. Jh. durch Mechanisierung stark gefördert. Heute hat sich im Vorort Incarville ein modernes Industriegebiet angesiedelt.

Église Notre-Dame: Die Hauptkirche im Stadtzentrum wurde im 13. Jh. mit Chor und Querhaus begonnen; die wesentliche Form erhielt sie aber im 15. Jh. im spätgotischen Flamboyantstil. Die *Westfassade* mit relativ nüchterner dekorativer Gestaltung besitzt einen wuchtigen, von starken Strebepfeilern gestützten *Nordturm* (14. Jh.). Ein Musterbeispiel für die »Gothique flamboyant« ist hingegen die Südseite mit dem prächtigen Portal *»Porche Royal«*. Sie ist ein wahrhaft flamboyantes (d.h. »flammendes«) Ensemble von Maßwerkwasserspeiern, Nischen, Statuetten, Wimpergen mit hängendem Schlußstein und reichverziertem Trumeaupfeiler. Diese architektonische Üppigkeit ist besonders auf die Spendenfreudigkeit der damals reichen Zunftbruderschaften der Stadt zu danken. Durch den Einbau von *Seitenkapellen* veränderten sie den Grundriß erheblich. Auch in der Innenausstattung wetteiferten sie untereinander, und so gleicht die reich mit Skulpturen, Bildern und Reliefs geschmückte Kirche fast einem Museum des 14. und 15. Jh. – Hervorzuheben sind bes. die »Grablegung Christi« (Westwand) sowie an der N-Turmwand die Darstellungen der Gefangennahme und Christus am Kreuz. Erwähnenswert sind auch die *Fenster* des 16./17. Jh. mit den Legenden der Bruderschaften (und Patrone).

Couvent des Pénitents: Im O der Kirche, auf der anderen Seite der beiden Eure-Flußarme, wurde um 1650 das *»Büßerkloster«* errichtet. Erhalten ist der sehenswerte, in seiner Art einmalig am Wasser gelegene *Kreuzgang* (cloître des pénitents). – In der Nähe (Rue Ternux) befinden sich schöne *Fachwerkhäuser* und kleine *Manufakturen* aus der Blütezeit der Stadt (15./16. Jh.).

Musée Fondation Wakhévitch (Place Ernest Thorel): Dieses *»Bühnenbildmuseum«* im N der Altstadt wurde zur Erinnerung an den international bekannten (Film-)Bühnenbildner Georges Wakhévitch* (1907–1984) eingerichtet. Es gibt anhand von audiovisuellen Mitteln und Ausstattungsobjekten einen Überblick über das Schaffen des Meisters, der für über 300 Theaterstücke, 200 Opern und 150 Filme die Bühnenbilder erstellte (u.a. für »Kinder des Olymp« von Marcel Carné). – Auch das kleine *Stadtmuseum* mit Informationen zur Orts- und Handwerksgeschichte ist hier untergebracht.

Umgebung

Acquigny (4 km s): Der Brückenort an der Eure (1200 Einw.) besitzt ein schönes *Renaissanceschloß,* das von einer Hofdame Katharina di Medicis um 1557 am Eureufer erbaut wurde. Der Rechteckbau ist mit Türmchen, Kuppeln und Seitenflügeln mit Balustraden des 18. Jh. ergänzt. – In der Nähe steht eine *Kirche* (16. Jh.) mit neoklassizist. Fassade und reicher Innenausstattung des 18. Jh.

La Croix-St-Leufroy (14 km sö): In dem Ort an der Eure befindet sich eine *Kirche* mit Turm aus dem 16. Jh. (Renaissancestil). Die reiche Innenausstattung umfaßt u.a. einen skulptierten Taufbrunnen und Darstellungen der Jungfrau mit Kind, des hl. Thomas, eines Ecce Homo, der hl. Elisabeth und des Ortsheiligen St-Leufroy; außerdem Gemälde des 16. Jh. (großteils vom nahen Kloster). – Die ehem. *Abtei La Croix* wurde vom heiligen Leufroy schon im 7. Jh. aufgrund einer legendären Kreuzesvision gegründet. Nach wechselvoller Geschichte wurde das Kloster 1740 aufgelöst und verfiel rasch. Sprichwörtlich wurde der Satz über den Abt Mathan: »Mathan, va-t-en! Satan t'attend.« (Hau ab, Mathan! Auf dich wartet Satan!) – Das benachbarte *Château* wurde um 1620 aus Ziegeln und Stein mit Eckpavillons und Lukarnen als Abthaus erbaut.

Pont-de-l'Arche (11 km n): Der Ort verdankt seinen Namen der alten *Steinbrücke* mit Bögen (l'arche), die im Mittelalter hier die Seine, unterhalb der Euremündung, überspannte. Die histor. Brücke stürzte erst 1856 ein und wurde nach dem 2. Weltkrieg durch eine neue ersetzt. Der Ort war schon im 9. Jh. eine wichtige Bastion zur Abwehr der Wikingereinfälle von der Seinemündung her. – Die *Ortskirche Notre-Dame* ist ein schöner Bau der Flamboyantgotik des 16. Jh. mit reicher Innenausstattung aus derselben Epoche. – Im S des Orts erstreckt sich der weite Uferwald Forêt de Bord. – In der Nähe (1,5 km w) sind die Überreste der alten Abtei *Abbaye de Bonport* zu sehen. Sie wurde im 12. Jh. von Richard Löwenherz aufgrund einer Gelübdes gegr. Kirche und Kreuzgang des 13. Jh. wurden während der Franz. Revolution zerstört; erhalten blieb das gewölbte Refektorium (13. Jh.) mit Kellern.

Le Vaudreuil (6 km nö): Der Ort am l Ufer der Seine, nahe der neuen Industriesiedlung Val-de-Reuil, besitzt eine schöne *Kirche* (11. Jh.), die trotz der Umbauten im 19. Jh. noch wesentliche roman. Elemente aufweist.

Lyons-la-Forêt, Neonormannische Villa

◁ *Louviers, Notre-Dame, Porche Royal*

Interessant sind die Kapitelle, von denen eines wohl Judith und Holofernes darstellt. Die Glasfenster (16./17.Jh.) zeigen Szenen aus dem Marienleben.

Lyons-la-Forêt		
Eure		Haute-Normandie
Einw.: 750	Höhe: 45 m	S. 257 □ I3

Der idyllische Ort mit schönen Fachwerkhäusern liegt inmitten des riesigen Laubwaldgebietes Forêt de Lyons. Dieser Wald, der besonders durch seine reichen Buchen- und Eichenbestände bekannt ist, war schon vor 1000 Jahren das beliebte Jagdgebiet der normannischen Herzöge. Lyons ist das Zentrum des Forêt de Lyons und gilt als eine Gründung von König Heinrich I. Beauclerc, der hier auch gestorben sein soll (1135). Reste der Burg (donjon) weisen darauf hin.

Église Saint-Denis: Die an dem kleinen Fluß Lieure gelegene Ortskirche stammt aus dem 12.Jh. und wurde im 15./16.Jh. wesentlich umgebaut. Im Innern sind schöne *Holzstatuen* erhalten, die von einheimischen Holzschnitzern stammen, bes. St. Christophorus mit dem Jesuskind (im Chor).

Außerdem sehenswert: Aus dem Ensemble der Fachwerkhäuser ragt die imposante hölzerne *Markthalle* (les Halles) aus dem 17.Jh. hervor. – In der Nähe steht das Geburtshaus des einst bekannten Hofdichters von Ludwig XIII. und Ludwig XIV., Isaac de Benserade (1612–1691). – In einer benachbarten neonormannischen Villa komponierte Maurice Ravel sein Werk »Tombeau de Couperin« (1917) und orchestrierte die berühmten »Bilder einer Ausstellung« (1922). – Das *Rathaus* (Hôtel de Ville) wurde im 18.Jh. aus Ziegelstein erbaut und war Sitz der Landvögte. Interessant sind die Kerker (les cachots) und im Innern die *Wandbilder* des 16.–18.Jh. Das *Heimatmuseum* (Collection du Pays de Lyons) im Rathaus gibt Einblick in die Ortsgeschichte und zeigt schöne Objekte des heimischen Kunsthandwerks.

Umgebung

Abbaye de Mortemer (4 km s): Hier wurde von Heinrich I. um 1134 die erste Zisterzienserabtei in der Normandie gegründet. Die Klosterkirche von 90 m Länge und 42 m Breite wurde 1209 eingeweiht. Durch wechselvolles Geschick, besonders während der Franz. Revolution, verfielen Kirche und

Rosay-sur-Lieure (Lyons-la-Forêt), Kirche, Renaissancereliefs am Portal

Kloster, deren Ruinen die ursprüngliche Form noch erkennen lassen, z.B. Kapitelsaal (salle capitulaire), Kreuzgang (cloître) sowie ein erhaltener runder Taubenturm (colombier) des 12.Jh. mit kleiner Kuppel (18.Jh.). Die heute sichtbaren *Konventgebäude* stammen erst aus dem 17.Jh.; ein kleines *Museum* (Musée de la Vie monastique) gibt Aufschluß über die Klostergeschichte und das Ordensleben. – An der nahe gelegenen Waldquelle des Baches **Fouille-broc** (1 km nö) befindet sich die *Source (fontaine) Sainte-Catherine*. Bei dem Gebetsort erflehten sich die jungen Mädchen der Umgebung eine glückliche Liebe und Ehe.

Fleury-la-Forêt (6 km nö): Das gleichnamige *Château* inmitten eines schönen Parks wurde Anfang des 17.Jh. aus Ziegeln und Naturstein erbaut. Der imposante Gebäudekomplex ist streng symmetrisch mit Seitenflügeln (18.Jh.), Pavillons und dem Zentralbau angelegt. Bestechend sind die vielen hochgezogenen Mansardendächer aus Schiefer mit ihren Spitzhauben.

Rosay-sur-Lieure (5 km sw): Die *Dorfkirche* mit Glockenturm des 12.Jh. wurde im 16.–18.Jh. umgebaut. Am Portal befinden sich Renaissancefiguren der Kirchenpatrone Maria und St-Adrien. – Das benachbarte *Château de Rosay* stammt aus dem 17.Jh. und liegt reizvoll im Waldtal der Lieure.

M

Mont-Saint-Michel

Manche	Basse-Normandie
Einw.: 100	Höhe: 0–80 m S. 254 □ B 5

Am Südrand der markanten Meeresbucht Baie du Mont-Saint-Michel ragt aus dem Wattenmeer der Steilfels aus Granitgestein mit einer Höhe von 80 m und einem Umfang von etwa 1 km empor. Wohl schon in prähistorischer, mit Sicherheit aber in altkeltischer Zeit spielte der Inselberg bereits eine Rolle. Darauf weist der alte Name

Mont-Saint-Michel

»Mont Tombe« von tombe = »Grab« hin; sein nahe gelegener, unbewohnter Zwillingsberg Mont Tombelaine (ca. 2,5 km n) erinnert noch daran. Zunehmend versandet heute die Bucht durch die Anschwemmungen der Flüsse Sée, Sélune und Couesnon und die Errichtung künstlicher Polderlandschaften (Polders) im S, durch Kanalisation und Deichstraßen, so daß die Insel großenteils im Wattensand liegt.

Geschichte: Der Mont-St-Michel gilt seit über 1000 Jahren als »Heiliger Berg« der westlichen Christenheit und läßt sich mit dem Berg Sinai in Palästina und dem Berg Athos in Griechenland vergleichen. Am Beginn seiner »christlichen« Geschichte steht die legendäre Erscheinung des Erzengels Michael, die dem damaligen Bischof der nahen Stadt →Avranches, dem hl. Aubert (Saint-Aubert), im Jahr 708 zuteil wurde. Der fromme Mann ließ daraufhin auf dem geheimnisvollen Totenberg der Kelten im Küstenmeer dem Engelsfürsten eine erste Kapelle errichten. Die Verehrung des kämpferischen Erzengels hatte bereits seit dem 4. Jh. ihren Siegeszug von Kleinasien über Italien und Gallien bis Irland angetreten. In vielfältigen Variationen wird dieser typische Ritterengel im Duell mit dem höllischen Drachen in der Kunst des (frühen) Mittelalters dargestellt. Und er führt als Schutzengel der Kämpfenden die (himmlischen) Heerscharen in den heiligen Krieg. So wurde er vor allem nach der Seßhaftwerdung der Normannen im 10. Jh. zu deren christlichem »Kriegspatron«. Um 966 erfolgte unter Herzog Richard I., dem Sohn des kriegerischen Wilhelm Langschwert, die Gründung eines Benediktinerklosters, deren Bewohner im Verlauf der Jahrhunderte den »Heiligen Berg« in seiner heute bekannten Form schufen. In mehreren historischen Epochen und Bauabschnitten (10.–13. Jh.) wurde das architektonische Gesamtkunstwerk mit Unterstützung der jeweiligen Landesherren sukzessive »aufgetürmt«. Den Eindruck der trutzigen Himmelsburg verstärkten die Verteidigungsanlagen des 14./15. Jh., die den Mont-Saint-Michel für Jahrzehnte zur uneinnehmbaren Festung machten. Bereits im Spätmittelalter, das vor allem im Chor der Abteikirche Neuerungen im Flamboyantstil brachte, zeichnete sich der beginnende Niedergang ab (um 1524). Die Zucht im Kloster ließ nach, die Gebäude verwahrlosten, bis sie während der Franz. Revolution 1791 von den Mönchen ganz aufgegeben wurden. Bis 1863 war Saint-Michel sogar ein gefürchtetes Staatsgefängnis, in dessen Kirchenräumen auch Zwangsarbeit geleistet wurde. Nach der Auflösung durch Napoleon III. begann der Staat mit Restaurierungsmaßnahmen, die mit der vergoldeten Statue des Erzengels Michael auf der Turmspitze 1897 ihren Abschluß fanden. Um 1880 wurde der Fahrdamm vom Festland aus angelegt, der zusammen mit Flußverlegungen heute eine problematische Versandung verursacht. Der Klosterberg wurde vor kurzem von der UNESCO zum Weltkulturerbe erklärt und stellt so etwa neben der Akropolis von Athen eines der »Weltwunder« dar. Dies belegen die jährlichen Besucherzahlen (bis zu 2 Millionen) des seit jeher beliebten Wallfahrtsortes (Hauptfest am 29. September).

Gesamtarchitektur: Der Klosterberg Mont-Saint-Michel stellt ein über 1000 Jahre gewachsenes Bauensemble dar, dessen einzelne Elemente miteinander so verwoben sind, daß sie schwer aus dem Gesamtrahmen zu lösen sind. Im folgenden wird eine Dreiteilung vorgenommen: 1. die eigentliche Klosteranlage mit Klosterkirche und Klostergebäuden; 2. die Wehranlagen, die den ganzen Berg umfassen; 3. das Klosterdorf (Unterstadt).

Klosterkirche (Église abbatiale): Die seit 1965 wieder zugängliche Kryptakirche *Notre-Dame-sous-Terre* im W ist der älteste Teil, der auf die Abteigründung von 966 durch die Benediktiner von Saint-Wandrille bei Rouen zurückgeht. Eine Mauer aus groben Granitblöcken der Karolingerzeit deutet auf die ursprüngliche Michaelskapelle von

Mont-Saint-Michel 1 Tour du Roi **2** Tour de la Liberté **3** Tour Basse **4** Demi Lune **5** Tour Boucle **6** Tour du Nord **7** Fontaine St-Aubert **8** Kapelle St-Aubert **9** Tour Gabriel **10** Porte de l'Avancée (Haupteingang) **11** Porte du Boulevard **12** Porte du Roi **13** Grande Rue **14** Musée Maritime **15** Dorfkirche St-Pierre **16** Logis Tiphaine **17** Musée Grévin **18** Grand Degré **19** Tour Claudine **20** Klostergebäude »La Merveille« **21** Abteigebäude und Klosterkirche **22** Kreuzgang **23** Klostergärten

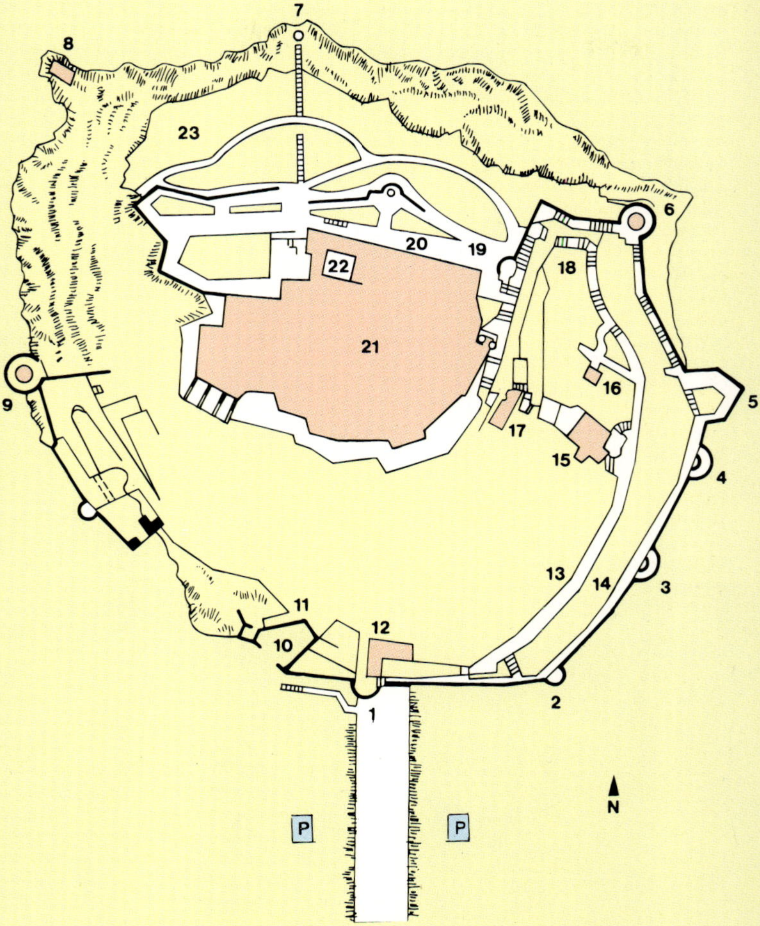
1
2
3
4
5
6
7
8
9
10
11
12
13
14
15
16
17
18
19
20
21
22
23
N
P
P

St-Aubert im 8. Jh. hin. Dank der großzügigen Unterstützung durch Herzog Richard II. wurde ab 1023 mit dem Bau einer weit größeren Kirche begonnen. Die Gipfelfläche des Granitberges reichte jedoch für die geplante Grundfläche nicht aus, so daß man im W über der bisherigen Kirche aufstocken mußte. Damit begann eine nahezu einmalige Weise des Aufbauens neuer Schichten und Baustile, die den über Jahrhunderte entstehenden Gesamtkomplex charakterisieren. Der einfache Grund dafür ist der Platzmangel am Bergplateau. So wurde Notre-Dame zur »Unter-Kirche« (sous Terre). Als Unterbauten für *Chor* und *Querschiffe* des großangelegten romanischen Baus (über 90 m lang) wurden entsprechende weitere Krypten als Fundamentausgleich angelegt. Die Nordkrypta *»Trente cierges«* (dreißig Kerzen) und besonders die Südkrypta *Saint-Martin* sind in ihrer romanischen Gewölbeform erhalten. Die Chorkrypta im O wurde um 1450 bei der Neuerrichtung des spätgotischen Chors durch dicke Tragpfeiler verstärkt, die ihr den Namen *»Krypta der Dickpfeiler«* (gros piliers) einbrachten. Die sechs Grundpfeiler mit 5 m Umfang sind aus Granit von den nahen → Chausey-Inseln erstellt und entsprechen den Stützen des Chors darüber, ebenso wie die Krypta den Chorkapellen. Der Bau der romanischen Kirche dauerte über 100 Jahre (bis ca. 1150). Immer wieder führte das ungünstige Gelände zum Einsturz von Mauern (die Nordwand zweimal). Das eindrucksvolle romanische *Mittelschiff* ist 9 m breit und fast 18 m hoch. Typisch ist der Wandaufbau etwa der Südwand in drei Zonen: Arkaden, Empore (Triforium) mit Blendarkaden, schlanke Obergadenfenster. Der erst offene Dachstuhl erhielt später eine Holztonnendecke; das *Querschiff* besitzt ein romanisches Tonnengewölbe, und an den Enden je eine Ostapsis. Die im Lauf der Zeit stark beschädigten romanischen Bauteile wurden vor allem im 19. Jh. wesentlich restauriert (z. B. das Kreuzrippengewölbe der Vierung und verschiedene Säulenkapitelle). Auch der heutige *Vierungsturm* mit seinem hochragenden Spitzhelm und der fast 5 m hohen St.-Michaels-Figur (von Frémiet*) stammt erst aus dem späten 19. Jh. Nach einem Brand mußten 1776 drei Westjoche des Schiffes einschließlich zweier Türme abgerissen und die W-Fassade klassizistisch erneuert werden. So entstand die heutige *»Plattform«* (plate-forme) im W (z. T. über der Notre-Dame-Krypta); die jetzige Kirchenlänge beträgt noch 64 m.

Mont-Saint-Michel, Klosterkirche

Prunkstück mit Lichtilluminationen bildet der spätgotische *Chor* in gelungenem, leichtwirkendem Flamboyantstil aus der Zeit um 1450. Über der dazu symmetrisch als Fundament neuangelegten »Krypta der Dickpfeiler« wurde ein typischer Kapellenkranz von N nach S errichtet: Die Patrone sind St. Andreas, St. Scubilion, St. Michael, St. Peter, die Jungfrau Maria, St. Anna, St. Martin, St. Pair und St. Aubert. Die 24 m hohen Gewölbe tragen reichverzierte *Schlußsteine* (Wahrzeichen von Frankreich, Erzengel Michael, Abteiwappen).

Klostergebäude »La Merveille«: Ein in seiner Art einmaliges Bauwerk stellt das Hauptgebäude des Benediktinerklosters dar. Wegen seiner außen- wie innenarchitektonischen Vollendung erhielt es schon früh den Beinamen »la Merveille« – »das Wunder«. Und in jüngster Zeit wurde es durch die UNESCO auch förmlich unter die »Weltwunder« aufgenommen (im Weltkulturerbe). Der mächtige, burgähnliche Gebäudetrakt geht auf den Anfang des 13. Jh. zurück (um 1220). Kurz zuvor hatte der franz. König Philipp II. August die Macht über die Normandie erlangt. Durch großzügige

Schenkungen ermöglichte der König den während der Kriegswirren abgebrannten Nordteil der alten Abtei in »wundervoller« Weise wiederaufzubauen. Im N der Klosterkirche, nur durch wenige Zwischenbauten z.T. davon getrennt, wurde in den Felsabhang das wuchtige *Untergeschoß* des knapp 80 m langen Haupthauses eingefügt. Es besteht aus dem *»Almosensaal«* (Aumonerie; von aumone = »Almosen«), d.h. dem Pilgersaal der einfachen Leute. Der fast 20 m breite und über 6 m hohe, schlichte Raum (38 m lang) mit Kreuzgratgewölbe wird von sechs starken Rundpfeilern gestützt. Ursprünglich war er, wie der danebenliegende *Keller* (mit ähnlichen Maßen), als Lager- und Vorratsraum gedacht (Lastenaufzug, keine Sanitäranlagen). Das 22 m breite Kellergewölbe (im Westteil) ist über 7 m hoch und wird durch zwei Sechserreihen von Pfeilern getragen. Im NW befindet sich eine Wendeltreppe zum Obergeschoß. – Im oberen Stockwerk liegt im O-Teil die eindrucksvolle *Salle des Hôtes* (Gästesaal), wo vom Abt die Ehrengäste empfangen wurden. Sechs schlanke, hohe Säulen mit schönen Ornamentkapitellen (normannische Pflanzenmuster) teilen den Raum längs in zwei Schiffe. Durch zwei große *Wandkamine* war der Festraum heizbar, und hier wurde auch das Essen serviert. Der Raum mit eleganten Kreuzrippengewölben erhält viel Licht durch die hochgezogenen Spitzbogenfenster. Im S schließt sich ein kleines Empfangszimmer, *Salle Sainte-Madeleine,* an. – Daneben im W-Teil diente die *Salle des Chevaliers* (Rittersaal) als Versammlungsstätte des von Ludwig XI. um 1470 gegründeten Ordens der Chevaliers de Saint-Michel, der seinerzeit großen Einfluß besaß. Der Raum, ohne Zugang zum benachbarten Gästesaal, wird von W nach O durch drei Säulenreihen mit schönen Kapitellmustern in 4 Schiffe unterteilt; die Fläche ist trapezförmig, im W bis 22 m, im O nur 14 m breit. Der einfacher gestaltete Saal, gleichwohl mit Kaminen ausgerüstet, diente vordem den Mönchen als *Skriptorium.* In diesem Schreibsaal wurden die berühmten Handschriften von St-Michel (mit herrlichen Illustrationen) angefertigt (z.T. im Museum von → Avranches). – Das oberste Geschoß war ursprünglich nur den Mönchen vorbehalten. Es war einerseits im O das langgezogene säulenlose *Refektorium* (réfectoire) mit 57 schmalen, doch lichtreichen Fenstern. Der 11 m hohe, 38 m lange und 9 m breite *Speisesaal* mit Seitenbänken und -tischen wird von einer Holztonnendecke mit wuchtigen Querbalken überwölbt. – Das eigentliche »Wunder« jedoch stellt der selten harmonisch gelungene *Kreuzgang* (cloître) im W des obersten Stockwerks dar. Er scheint

Mont-Saint-Michel, Klosterkirche, Säulenkapitell

geradezu zwischen Himmel und Erde zu schweben und bietet einen wundervollen Blick über Land und Meer und war so ein idealer Ort der mystischen Verzückung und des besinnlichen Wandelns. Wie der darunterliegende Rittersaal hat auch der Kreuzgang eine trapezförmige Fläche. Den begrünten Innenhof unter freiem Himmel umschließt das Geviert der doppelten, leicht versetzten Säulenreihen. Die 227 schmalen Muschelkalksäulchen sind durch kunstvoll ornamentierte Spitzarkaden verbunden.
Es ist im Grunde unvorstellbar, daß nach der Revolution von 1789 dieses Wunderwerk der »Merveille« über 70 Jahre als Zucht- und Arbeitshaus mißbraucht wurde. Hier war eine Gefängnisschneiderei und in der Abteikirche eine Manufaktur für Strohhüte untergebracht, wodurch die Räumlichkeiten stark verwahrlosten (Restaurierungsarbeiten seit 1872).

Abbaye romane: Die erhaltenen romanischen Klostergebäude befinden sich vor allem im NW-Teil. Um 1040 wurde nw der Kirche der alte *Pilgerraum* mit schönen romanischen Gewölbesäulen und Kapitellen errichtet, der den Namen *Salle (crypte) d'Aquillon* (Nordwindsaal) bekam. Er liegt im Erdgeschoß und mißt ca. 16×6 m. Er ist der Vorläuferbau der späteren Aumonerie. Darüber wurden ein *Wandelgang* der Mönche (promenoir des moines) und ein *Schlafsaal* (dortoir) gebaut. Ein Großteil dieser Bauten stammt aus der Zeit des Abtes Robert de Thorigny (1154–1186). Er stand als Ratgeber von Heinrich II. (Plantagenet) in hohem Ansehen. Er war es auch, der den König nach der Ermordung seines Kanzlers Thomas von Canterbury zu dem legendären Bittgang von → Avranches (1172) veranlaßte. Unter Abt Robert wurde auch der ehem. Klostereingang im NW an die SW-Seite der Salle d'Aquilon verlegt, der nach dem zugigen Eingang so benannt wurde. Die Brände bei der (vergeblichen) Belagerung durch die Franzosen um 1203 vernichteten einen Großteil dieser Frühbauten und waren der Anlaß für die Neuerrichtung der »Merveille«.

Mont-Saint-Michel, Klosterkirche, Vierungsturm

Weitere Klostergebäude: Dem Komplex der »Merveille« im N entsprechend wurden ebenfalls im 13. Jh. im S der Kirche die *»Abteigebäude«* (les logis abbatiaux) errichtet. Der damals amtierende Abt Richard Turstin verlegte nun auch den *Haupteingang* an die heutige Stelle nach O und sicherte ihn durch neue Bauten. So entstanden der *»Wachsaal«* (salle des Gardes) und darüber das äbtliche Gericht *»Belle-Chaise«*, benannt nach dem »schönen Stuhl« des Abt-Richters. – Über die 90 Stufen der inneren *»Großen Treppe«* (le Grand-Degré), geschützt durch Wehrmauern, gelangt man zwischen Abteigebäude und Kirche zur *Westterrasse* hinauf, auch *Plomb du Four* (Blei des Backofens) genannt (mit guter Rundsicht).

Wehranlage (les remparts): Im 14. und 15. Jh. wurden größte Anstrengungen unternommen, den »Heiligen Berg« gegen die angreifenden Engländer verteidigungsfähig zu machen. Seit 1356 hielten diese, im Verlauf des Hundertjährigen Krieges, bereits die Nachbarinsel Tombelaine. Aus dieser Zeit stammt die Doppelturmanlage des *Burgtors Châtelet* mit dem äußeren *»Grand-Degré«* (Große Treppe). Auch eine eigene *Klosterzisterne* in der Nähe des Eingangstores wurde angelegt, um von der Wasserversorgung des Klosterdorfes (Unterstadt) unabhängig zu

Mont-St-Michel, Klosterkirche, Wachsrelief ▷

werden. Da nun auch die *Unterstadt* ab dem Südtor *Porte du Roi* (Königstor), das mit Zinnen und Pechnasen die Zugangsstraße im S seit dem 15.Jh. sicherte, konsequent mit Wehrmauern umgeben wurde, erhielt die Insel den Charakter einer Himmelsburg. An der W-Mauer folgen die *Bastionen* Tour de la Liberté, Tour Basse, Demi Lune, die polygonale Bastillon de la Tour Boucle (im O) bis hin zur Tour du Nord. Die Nordseite unterhalb der steil abfallenden *Klostergärten* hinter der »Merveille« war von der Natur gesichert. Im W kam im 16.Jh. noch die *Tour Gabriel* hinzu. Gegen einen so rundum geschützten Wehrberg rannten die Engländer 1434 trotz Artillerieunterstützung vergeblich an. Der heldenhafte Ritter Louis d'Estouteville verteidigte die Insel mit nur 119 Mitstreitern erfolgreich. 1450 mußten die Engländer sogar noch die Nachbarinsel Tombelaine für immer räumen.

Klosterdorf (Unterstadt): Der heutige (einzige) Zugang zur Insel ist im SO über die 2km lange Deichstraße das Tor *Porte de l'Avancée* (16.Jh.). Im Hof der benachbarten *Bürgerwache* (Corps de garde des bourgeois), ebenfalls 16.Jh., sind zwei erbeutete Kanonenrohre vom vergeblichen Ansturm der Engländer 1434 zu sehen. Die enge Burgstraße *Grande Rue* mit ihren z.T. jahrhundertealten Häusern hat sich seit jeher dem Pilgergeschäft verschrieben. Sehenswert sind die beiden restaurierten *Fachwerkhäuser* Maison de la Sirène (an der Porte du Roi) und Hôtel du Mouton Blanc in der Nähe der Pfarrkirche. – Die *Dorfpfarrkirche Saint-Pierre* mit kleinem Friedhof soll ursprünglich Begräbnisort des Bischofs St-Aubert und erstes Wallfahrtsziel gewesen sein. Das heutige Gebäude (z.T. mit Säulenbasen des 11.Jh.) stammt aus dem 14./15.Jh.; interessante Statue von St. Michael in Ritterrüstung und Krone. – Lohnenswert ist auch der Gang von der Tour Gabriel im W zur Felskapelle *Saint-Aubert* (13./14.Jh.) mit dem nahe gelegenen Brunnen Fontaine Saint-Aubert (im Inselnorden).
Musée Maritime: Das Meeresmuseum an der Rue Grande (im SO) behandelt den Einfluß des Meeres und seiner ungewöhnlich hohen Gezeiten (bis zu 14m Tidenunterschied) auf die ganze Bucht und besonders den Mont-Saint-Michel anhand von Dokumenten, Bildern und Filmen.
Archéoscope (Rue Grande, bei der Kirche): In einer raffinierten Multimediashow wird die Geschichte des Heiligen Berges Mont-Saint-Michel mit Hilfe von audiovisuellen Mitteln gezeigt.
Musée Grévin (sw vom Kirchhof): Hier wird ebenfalls die Geschichte des Klosterberges im Laufe von 1200 Jahren mit Schautafeln und Figuren der historischen Helden verdeutlicht.
Logis Tiphaine (oberhalb der Kirche): Der heldenhafte Verteidiger des Mont-Saint-Michel gegen die Engländer, Bertrand du Guesclin, ließ das historische Haus um 1365 für seine Gemahlin Tiphaine erbauen. Im Innern ist noch die Ausstattung aus dem 14.Jh. zu sehen (Eßzimmer, Möbel, Teppiche u. dgl.).

Umgebung

Pontorson (10km s): Der Ort mit 3300 Einw. ist heute zum »Tor« von Mont-Saint-Michel geworden. In früher Geschichte spielte er wegen seiner Grenzlage zwischen Normandie und Bretagne eine bedeutsame Rolle. Der Ortsname geht auf Baron Orson zurück, der hier eine Brücke

Mont-St-Michel, Burgtor Châtelet

◁ *Mont-Saint-Michel, Tour Gabriel*

über den Grenzfluß Couesnon (also: Pont-d'Orson) erbaut haben soll.

Église Notre-Dame: Die ursprüngliche Pfarrkirche soll bereits von Wilhelm dem Eroberer (im 11.Jh.) gestiftet worden sein zum Dank dafür, daß er mit seinem Heer bei der Flußüberquerung aus dessen tückischem Treibsand gerettet wurde. Diese Szene wird auch in einem der *Glasfenster* im Chor dargestellt. Ebenfalls erscheint sie im berühmten Wandteppich von →Bayeux in Szene 17. Der heutige Bau jedoch wurde im späten 12.Jh. in einer interessanten Mischung aus Granit, Schiefer und Sandstein errichtet. Die massive Granit-Westfassade hat ihre romanisch-normannische Form bewahrt (mit großem Bogen). Die Erlöserkapelle *Saint-Sauveur* im Nordchor besitzt ein Steinretabel (Altarwand) aus dem 15.Jh. mit 22 Szenen aus dem Leben Christi. Der Erlöser (Saint-Sauveur) wird auch in einer schönen bemalten Holzfigur des 18.Jh. dargestellt.

Tanis (8 km sö): Das kleine Dorf im s Hinterland der Bucht besitzt eine ursprünglich romanische *Kirche,* die im 19.Jh. restauriert wurde. Sehenswert ist das erhaltene originale *Taufbecken* (romanisch). – Auf halbem Weg (ca. 4 km sö) liegt der große deutsche Soldatenfriedhof *Ossuaire allemand du Mont-d'Huisnes.* Die kreisförmige Anlage mit 68 Abteilungen birgt die sterblichen Überreste von fast 12000 deutschen Soldaten, die 1944 beim Kampf um die Normandie fielen.

Pontorson (Mont-Saint-Michel), Notre-Dame, Glasfenster

Mortagne-au-Perche

Orne — Basse-Normandie

Einw.: 5000 — Höhe: 250 m — S. 258 □ G 5

Das Landstädtchen Mortagne gilt als Mittelpunkt des Bezirks Perche, der sich nach Süden bis →Bellême erstreckt. Der Perche ist eine stille, grüne Hügellandschaft mit ausgedehnten Wäldern (forêts) und großen, typischen Bauernhöfen (ferme du Perche). Bekannt ist auch die Züchtung der Percheron-Pferde als leistungsstarke Kaltblütler.

Geschichte: Der Ortsname soll bereits von der gallorömischen Gründung »Mauretania« herrühren. Spuren einer frühen Abtei weisen ins 7.Jh., und aus einer Karolingerburg entstand im 12.Jh. das »Fort Toussaint«. Nach wechselvollem Schicksal (Belagerungen, Zerstörungen) suchten im 17.Jh. viele Bewohner ihr Glück in der Auswanderung in die neugegründete franz. Kolonie »Kanada« (Québec).

Église Notre-Dame: Die »Liebfrauenkirche« im Stadtzentrum wurde um 1500 im spätgotischen Flamboyantstil errichtet. Eindrucksvoll ist der wuchtige *Turm* aus dem 16./18.Jh. Das gut gestaltete *»Grafenportal«* (porte des Comtes) an der N-Seite zeigt Elemente der Spätgotik und Renaissance. Benannt ist es nach den Grafen von Perche, den Herren und Gönnern der Region. Der dreischiffige Kirchenbau ohne Querschiff endet in einer Apsis mit Rechteckkapellen. Die *Glasfenster* der Kapellen zeigen die Grafen von Perche (mit Frauen) und biblische Szenen. Bemerkenswert sind die Holztäfelungen des Chors und das Schnitzwerk des Chorgestühls aus dem 18.Jh.

Porte Saint-Denis: Unweit der Kirche erinnert der erhaltene *Torbogen* aus dem 12.Jh. an die alte *Stadtmauer.* Im 16.Jh. wurde darüber ein zweistöckiger Bau mit verzierter

Fassade (Wappenreliefs) errichtet, wo sich heute das *Musée Percheron* befindet.

Musée Percheron: Das Heimatmuseum (Porte St-Denis) bewahrt gallorömische Funde, sakrale Kunstgegenstände und regional bedeutsame Dokumente auf.

Musée mémorial Alain: Im Haus der Grafen von Perche (17.Jh.) an der Stelle des alten Fort Toussaint (Hôtel des Comtes de Perche) wurde in den Räumen der Stadtbibliothek ein Gedenkmuseum für den namhaften Sohn der Stadt, den Philosophen Alain (1868–1951), eingerichtet.

Außerdem sehenswert: Die Krypta *Saint-André* aus dem 13.Jh. befindet sich in den Kellergewölben unter dem Gerichtshof (Place du Tribunal). Der zweischiffige Raum besitzt gedrungene rundbogige Kreuzrippengewölbe. Im nahe gelegenen *Hôpital* (Hospiz) im NO ist von einem ehem. Klarissenkloster (Couvent des Clarisses) aus dem 16.Jh. ein holzgewölbter *Kreuzgang* (16.Jh.) erhalten, außerdem eine *Kapelle* aus dem 18.Jh. – Das *Rathaus* (18.Jh.) mit Dreiecksgiebel besitzt schöne Holztäfelungen im Ratssaal. In der Nähe die ehem. *Kornhalle* (les Halles) von 1830 mit Glockentürmchen und Arkaden.

Umgebung

Abbaye de la Grande Trappe (16km n): An der NW-Seite des großen zusammenhängenden Waldgebietes »Forêt du Perche« und »Forêt de la Trappe« (über 2000ha) steht die berühmte Abtei Abbaye de la Grande Trappe. Das Kloster wurde um 1140 von der Benediktinerabtei Breuil-Benoit aus gegründet. Berühmt wurde das Kloster aber erst, als im 17.Jh. hier der Abt Rancé eine radikale Reform des Zisterzienserordens hin zur »strengen Observanz« durchführte. Daraus entwickelte sich der spirituell-kontemplative Orden der *»Trappisten«*. – Die heutigen *Klosterbauten* im Stil der Neuromanik/Neugotik stammen vorwiegend aus dem 19.Jh. Von der ursprünglichen Anlage, die auf eine Votivkirche des Grafen Rotrou de Perche von 1122 zurückgeht, sind nur noch Spuren erkennbar.

La Chapelle-Montligeon (15km sö): Der beliebte Wallfahrtsort wird überragt von der neugotischen *Basilika Notre-Dame* mit ihren zwei 60m hohen Türmen. Die imposante dreischiffige Kirche mit 17Kapellen wurde um die Jahrhundertwende (1894 bis 1911) erbaut, nachdem Abt Bruguet hier 1884 das »Werk von Montligeon« gegründet hatte. Es handelt sich dabei um eine fromme Gebetsbruderschaft »für die Seelen im Fegefeuer«. Wallfahrten finden jährlich, besonders aber an Mariä Himmelfahrt (15.August), statt. – In der Nähe liegt der Ort **Courgeon** (3km w) mit *romanischer Kirche* (Ende 11.Jh.), später umgebaut und mit einem Glockenturm (um 1620) im Renaissancestil versehen. – Das imposante Herrenhaus *»Manoir de la Vove«* (ca. 4km s) geht auf eine mittelalterliche Festung über dem Tal der Huisne zurück. Der *Wehrturm* (Donjon) aus dem 13.Jh. mit dicken Mauern ist heute in das Hauptgebäude (15.Jh.) harmonisch eingepaßt. Das Turmportal besitzt deutliche spätgotische Flamboyant-Dekors neben Renaissanceelementen. Die benachbarte *Kapelle* stammt ebenfalls aus dem 15.Jh. Im umliegenden Perche-Land gibt es noch eine ganze Reihe von solchen landschaftstypischen Herrenhäusern (Rittergüter) des späten Mittelalters (15./16.Jh.), den

Mortagne-au-Perche, Eckhaus Place Général-de-Gaulle

Mortain, St-Évroult, Innenraum

sog. »Manoirs« (z.B. Manoir de Courboyer, Manoir de la Lubinière u. a.).

Longny-au-Perche (ca. 16 km ö): Der kleine Ort liegt idyllisch inmitten der Wälder des Bezirks Perche, sozusagen als »grünes Herz« im Tal des Flüßchens Jambée. – *Église Saint-Martin:* Die St.-Martins-Kirche (15./16. Jh.) zeigt an ihrem Turm den Übergang von der Spätgotik (Flamboyantstil) zur Renaissance; bemerkenswert sind auch die Statuen, z.B. St. Martin zu Roß und die Hl. Jungfrau mit Kind (15. Jh.). – *Chapelle Notre-Dame-de-Pitié:* Die am Friedhof gelegene Kapelle der »Barmherzigen Muttergottes« ist ein beliebter Wallfahrtsort am 8. September. Der kleine Renaissancebau aus dem 16. Jh. besitzt eine schöne Fassade mit Heiligenfiguren und eine geschnitzte Holztür (19. Jh.).

Tourouvre (ca. 12 km nö): Der kleine Ort am Südrand des großen Waldes von Perche (Forêt du Perche) erlangte historische Bedeutung als einer der Ausgangspunkte der französischen Siedler nach Kanada im 16./17. Jh. Diese Verbindung »Perche–Kanada« wird dokumentiert in einem eigenen *»Auswanderungsmuseum«* (Musée de l'histoire de l'émigration percheronne au Canada).

Mortain

Manche		Basse-Normandie
Einw.: 3000	Höhe: 232 m	S. 255 □ D5

In malerischer landschaftlicher Umgebung, im Flußtal der Cance mit ihren beiden eindrucksvollen Wasserfällen, liegt das alte Normannenstädtchen am Schnittpunkt der Provinzen Bretagne, Maine und Normandie. Durch die Bombardierungen im August 1944 wurde der ruhige Ort schwer beschädigt.

Geschichte: Der gallorömische Ortsname leitet sich von »Mauritonium« ab und wird mit den im römischen Heer dienenden Mauren (Arabern) verknüpft. Gesichert ist die

Mortain, St-Évroult, Chorgestühl, Miserikordie

frühnormannische Besiedlung durch Herzog Wilhelm Langschwert (gestorben 942), den Sohn des Gründers, Herzog Rollo (Rolf). Hier residierte im 11.Jh. Graf Robert de Mortain, ein Halbbruder Wilhelms des Eroberers.

Église Saint-Évroult: Die Hauptkirche (beim Marktplatz wurde im 13.Jh. an der Stelle des von Graf Robert um 1082 gegründeten Gotteshauses errichtet. Vom romanischen Bau blieb das schöne romanische *Seitenportal* mit reicher Ornamentik erhalten. Der beeindruckende *Turm* stammt aus dem 14.Jh. Das *Chorgestühl* mit 24 Plätzen aus dem 15.Jh. zeigt Miserikordien mit geschnitzten Menschenfiguren. Eine *Schatzkammer* (im ersten Stock des Turms) besitzt einen Eucharistieschrein der frühen angloirischen Schule (7.Jh.) aus Buchenholz mit kunstvollem Kupferüberzug; darauf ist der Weltenherrscher Christus neben den Erzengeln Michael und Gabriel abgebildet. Sehenswert ist auch das alte Evangeliar aus dem 10.Jh. (Winchester-Schule).

Abbaye Blanche: Die ehem. Abtei wurde um 1105 von dem frommen Geschwisterpaar Adelin und Vital, dem Beichtvater von Graf Robert, gegründet (Zisterzienserinnen). Der Name »Weiße Abtei« bezieht sich auf die im Unterschied zu den Benediktinern weißgekleideten Zisterzienser. Zu besichtigen sind die frühgotische *Klosterkirche* des 13.Jh.; der alte *Kreuzgang* (cloître) mit schönen romanischen Rundbogenarkaden (12.Jh.) und der *Kapitelsaal* (salle capitulaire) des 13.Jh.; der zweischiffige und fünf Joche lange Saal mit Kreuzgratgewölben und umlaufenden Bänken diente dem Nonnenkonvent. Heute beherbergt das Kloster eine religiös-charismatische Kongregation.

Außerdem sehenswert: An der Stelle der ehem. Normannenburg (Place du Château) wurde um 1680 das herrschaftliche Haus *Hôtel de Valfleury de Saint-Cyr* für die Nichte Ludwigs XIV. erbaut, die den Titel Gräfin von Mortain führte. – Im SO der Stadt steht auf einem 314 m hohen Hügel das Kirchlein *Petite Chapelle Saint-Michel* mit

Statuen des 15./16.Jh. Lohnenswert ist der Ausblick, der bei guter Sicht bis zur Küste reicht. – Hauptattraktion des Ortes sind die beiden eindrucksvollen *Wasserfälle* im N und W. So erreicht der Cance-Wasserfall *Grande Cascade* eine Tiefe von 25 m. Der kleinere Wasserfall, *Petite Cascade,* im SW wird von dem Zufluß Cancon gebildet.

Umgebung

Barenton (9 km sö): In dem Marktflecken (1700 Einw.) auf etwa halbem Weg nach → Domfront befindet sich das sog. »Äpfel- und-Birnen-Haus« *(Maison de la Pomme et de la Poire).* In dem als *Bauernmuseum* umgestalteten Gutshof (ferme) wird die traditionelle Herstellung der Getränke Cidre, Poiré und Calvados vorgeführt (bes. Kelterei, Destillation) und anhand von Dokumenten erklärt. – Der Ort liegt schon im Westteil des langgestreckten Landschaftsschutzgebietes *Parc Naturel Régional Normandie-Maine,* der im W von Mortain bis nahe Bellême im O reicht. – In der Nähe (4 km ö) liegt die legendäre Stelle *»Fosse Arthour«* (Artusgrab). In dem Waldgebiet soll der alte König Artus, der Herr der Tafelrunde, in einem Strudel der Sonce ertrunken sein.

Saint-Michel-de-Montjoie (20 km nw): Die Ortschaft ist bekannt als Zentrum der Granitgewinnung und -bearbeitung. In einem eigenen *»Granitmuseum«* (Musée du Granit), großteils unter freiem Himmel, wird an zahlreichen Objekten und anhand von Anschauungsmaterial (in der Halle) gezeigt, was man alles mit dem grauen Stein der Umgebung anfertigen kann. – Die Kirche des Nachbardorfes **Gathemo** (3 km ö) aus Granit in modern verarbeiteter Form ist ein gutes Beispiel dafür.

Saint-Symphorien-des-Monts (15 km sw): Der *Schloßpark* im englischen Stil des 18.Jh. inmitten der typischen Buschlandschaft des »Bocage« (franz. bocage = »Gehölz, Gebüsch«) besaß ursprünglich ein *Herrenhaus* aus der Zeit Ludwigs XIII. Dieses wurde durch den Brand von 1916 bis auf wenige Mauerreste zerstört. Heute beherbergt das weite Gelände den *Parc animalier* (Wildpark) mit seltenen Tierarten.

Savigny-le-Vieux (18 km sw): Unweit des obigen Wildparks (3 km sw davon) stehen die Ruinen der einst bedeutenden *Benediktinerabtei.* Sie wurde durch Vital von Mortain (siehe oben) um 1102 gegründet und war Mutterabtei von zeitweise mehr als 70 Filialen in Frankreich und Großbritannien. Um 1147 wechselte das Kloster zur Zisterzienserregel von Cîteaux.

Barenton (Mortain), Bauernmuseum, Cidrepresse

N

Le Neubourg		
Eure		Haute-Normandie
Einw.: 3700	Höhe: 25 m	S. 257 □ H3

Das Städtchen ist Mittelpunkt des Flachlandes Plaine du Neubourg und wurde schon in gallorömischer Zeit als »Novus Burgus« besiedelt.

Église Saint-Pierre-et-Paul: Der dreischiffige Hallenbau aus dem 15./16. Jh. besitzt an der Westfassade einen gewaltigen Rundbogen über dem kleinen Portal mit Dreiecksgiebel. Darüber öffnet sich die *Fensterrose* des 16. Jh. Zwei (unvollendete) *Türme* flankieren den Hauptbau: der südliche mit Treppenturm und spitzem Turmhelm, der nördliche mit flachem Zeltdach. Das Langhaus ohne Querschiff endet in einer dreieckigen Apsis mit Mittelsäule. Die Innenausstattung stammt zum Teil aus dem 17. Jh.; die Fenster sind aus dem 19. und 20. Jh. – Die nahe liegende Benediktinerabtei **Saint-Jean** wurde im Jahr 1638 wiedergegründet. Erhalten sind die alte Abtwohnung und die Kapelle des 15./16. Jh.

Château: Von der einst hart umkämpften Normannenburg des 11. Jh. an strategisch wichtiger Stelle blieben nur noch Ruinen übrig, unter anderem pechnasenbewehrte Mauern mit einer quadratischen *Bastion* und einem halbrunden Turm. Daran schließen der schöne Fachwerkbau *Maison Neuve* von 1509 und die *Salle des Préaux* aus dem 13./14. Jh. an.

Außerdem sehenswert: In Kirchennähe weist ein Denkmal an der Place Dupont-de-l'Eure auf den größten Sohn der Stadt hin, nämlich Jacques-Charles Dupont (1767 bis 1855), der zum Präsidenten der 2. Franz. Republik (1848) gekürt wurde.

Le Neubourg, Place Dupont-de-l'Eure mit Denkmal und St-Pierre-et-Paul

Umgebung

Champ-de-Bataille (3,5 km nw): Das *Schloß* mit dem martialischen Namen »Schlachtfeld« ist ein repräsentativer Gebäudekomplex von 1700. Um einen Ehrenhof gruppieren sich der Hauptbau mit Seitenflügeln aus Stein und verschiedene Pavillons. Zentralbau und Flügel sind zweistöckig mit Schieferdächern und Lukarnen. Im Innern sind die Salons (bes. der Salon des Quatre Saisons) schön möbliert und mit Gemälden (Ludwig XV.) geschmückt. Der Name soll auf eine legendäre Schlacht der Normannen 935 zurückgehen.

Harcourt (8,5 km nw): Hier befindet sich, von einem großen Waldpark (Arboretum) umgeben, die *Stammburg* der berühmten normannischen Adelsfamilie d'Harcourt. Die guterhaltene *Festung* wurde im 12. Jh. von Robert II. d'Harcourt, einem Kampfgefährten von Richard Löwenherz, ausgebaut. Ein 15 m tiefer Wehrgraben umgibt die wuchtigen, ca. 6 m dicken Ringmauern mit noch 8 von ursprünglich 12 Türmen. Auch das Torhaus wird von zwei starken Rundtürmen eingefaßt und durch ein Fallgitter gesichert. Der Komplex wurde im 14. Jh. erneuert und gegen 1700 wohnlich umgebaut. Seit 1802 gehört er zur Académie d'Agriculture de France, von der auch die dazugehörige Baumschule (Arboretum) mit interessanten Züchtungen betrieben wird. Die Innenräume zeigen Täfelungen und Möbel aus der Zeit Ludwigs XIII. und Erinnerungsstücke der Familie d'Harcourt. – Die benachbarte *Dorfkirche* stammt aus dem 13. Jh. und besitzt eine halbrunde Ostapsis.

Omonville (3,5 km s): Das gleichnamige *Château* wurde 1754 erbaut und beeindruckt durch die Reinheit und Homogenität seines Baustils. Der dreistöckige Zentralbau, der trapezförmig aus der Gesamtfassade hervortritt, wird von einem skulpturengeschmückten Dreiecksgiebel gekrönt. Im hübschen französischen Park befinden sich Terrakottastatuen,unter anderem von Diana und Flora.

Saint-Aubin-d'Ecrosville (5 km ö): Die *Dorfkirche* aus dem 16. Jh. besitzt eine schöne Renaissance-Fassade und im Innern verschiedene Skulpturen und Gemälde des 16.–18. Jh. – Das *Château* in Ortsnähe (1 km nw) wurde um 1640 erbaut und ist ein gutes Beispiel für den Stil der Epoche Ludwigs XIII.

Neufchâtel-en-Bray, Notre-Dame, Grablegung, Maria

Neufchâtel-en-Bray

Seine-Maritime		Haute-Normandie
Einw.: 6000	Höhe: 100 m	S. 257 □ I 1

Neufchâtel ist Hauptort der Landschaft Bray und wichtiges Zentrum der Landwirtschaft und Käseherstellung. Im frühen 12. Jh. errichtete Heinrich I. eine Festungsanlage, von der nichts mehr erhalten ist. Die kleine Stadt wurde im 2. Weltkrieg fast ganz zerstört, so daß heute Neubauten der 50er und 60er Jahre den Gesamteindruck bestimmen.

Église Notre-Dame: Der Bau ist ein Konglomerat aus Anbauten verschiedener Bauphasen. Der früheste Teil stammt noch aus der Spätromanik des 12. Jh. Reste davon sind noch in der Vierung zu sehen. Im 13. Jh. entstand der Chor mit Triforium, anschließend der linke Teil des Querschiffes. Das übrige

Mesnières-en-Bray (Neufchâtel-en-Bray), Château des 15.–18. Jh. ▷

Quer- und Hauptschiff, wie es heute zu sehen ist, wurde erst zu Beginn des 16. Jh. gebaut. Von der Innenausstattung ist besonders eine gefaßte Grablegung aus dem ausgehenden 15. Jh. sehenswert.

Musée Mathon: In einem der wenigen erhaltenen Fachwerkhäuser aus dem 15. Jh. kann man sakrale Kunstwerke aus der Region, wie z. B. ein Emailkreuz aus dem 12. Jh. und Bibelillustrationen aus dem 13. Jh., bewundern und sich über ehemalige, traditionelle Gebrauchsgegenstände informieren; so wurde u. a. die Werkstatt eines Holzschuhmachers rekonstruiert.

O

Orbec		
Calvados		Basse-Normandie
Einw.: 3000	Höhe: 55 m	S. 258 □ G 4

Die stimmungsvolle Kleinstadt am Flüßchen Orbiquet überrascht durch ihr guterhaltenes bzw. restauriertes Altstadtbild, das vom landschaftstypischen Fachwerkstil geprägt ist. – Wohl auf galloromanischen Spuren errichteten die frühen Normannenfürsten ab 1030 ihre befestigte Siedlung. Die Angliederung an Frankreich unter Philipp II. August (nach 1200), der Hundertjährige Krieg, die Kalvinisten im 17. Jh. und die Revolution von 1789 prägten die weitere Entwicklung. Im 19. Jh. kamen Handwerks- und Industriezweige (u. a. Käseherstellung) auf.

◁ *Orbec, Notre-Dame, Glasfenster, 16. Jh.*

Église Notre-Dame: Die Hauptkirche wurde nach dem Hundertjährigen Krieg im spätgotischen Flamboyantstil neu errichtet. Der massive quadratische *Nordturm* mit Portal besitzt kräftige Strebepfeiler mit Ecktürmchen und Balustrade. Die oberen Stockwerke wurden im Stil der Renaissance des späten 16. Jh. aufgeführt. Neben dem dreischiffigen *Langhaus* weisen auch die Querhäuser z.T. Seitenschiffe aus. Die hohen *Arkaden* reichen fast bis unter das Tonnengewölbe aus Holz. Interessant sind die *Glasfenster* aus dem 16. Jh.: Im s Seitenschiff ist die »Wurzel Jesse«, im N die Enthauptung des hl. Johannes dargestellt. Das *Chorgestühl* ist mit schönen Miserikordien versehen.

Musée Municipal (Rue Grande): Das schöne Herrenhaus **Vieux Manoir** wurde 1568 im Ziegel-Fachwerk-Stil erbaut. Die *Fassade* besitzt einen reichen Skulpturenschmuck im Renaissancestil (Karyatiden, Sirenen, Blattwerk). Das hier eingerichtete *Ortsmuseum* gibt einen interessanten Einblick in die prähistorische, mittelalterliche und neuere Ortsgeschichte.

Außerdem sehenswert: Das *Altstadt-Ensemble der Rue Grande* (im N der Kirche) zeigt sehr schön restaurierte Stein- und Fachwerkbauten aus dem 15.–17. Jh., z.B. das Hôtel de l'Équerre (15./16. Jh.) mit vorkragenden Stockwerken. Im Haus Vieux Logis de Croisy mit einer Fassade aus dem 15./16. Jh. komponierte Claude Debussy 1845 sein »Jardin sous la Pluie« (Gedenkplatte). – Das Hôtel-Dieu-Saint-Rémy geht auf das Jahr 1290 zurück und dient seit 1654 als Krankenhaus (Hôpital général). Die sehenswerte, angebaute *Chapelle* wird von einem Renaisanceturm gekrönt. – Das ehem. Augustinerstift *Couvent des Augustines* wurde 1632 gegründet. Das weiße Kalksteingebäude des 17. Jh. mit Dachlukarnen, Kapelle und Kreuzgang wird heute als Kulturzentrum genutzt. – Auch in der Rue des Moulins (nahe dem Rathaus), dem Standort mehrerer Mühlen, finden sich schöne Ziegel-Fachwerkbauten; das *Hôtel des Chaumont-Quitry* (17./18. Jh.) zeigt eine weiße Kalksteinfassade und ein Dreiecksgiebeldach mit Lukarnen. Der Name geht auf die altnormannische Familie Wilhelms des Eroberers zurück.

Douvres-la-Délivrande (Ouistreham), Jugendstilapotheke

Umgebung

Préaux-Saint-Sébastien (10 km sw): Hier befindet sich ein Château des 18. Jh., das von älteren Türmen des 16. Jh. flankiert wird. – Die nahe *Kirche* mit imposantem, massivem quadratischen Turm stammt aus derselben Epoche. Das Innere ist reich ausgestattet; hervorzuheben ist das Gemälde vom »Jüngsten Gericht«.

Tordouet (9 km nw): Die *Ortskirche Saint-Michel* auf einer Anhöhe über dem Flußtal der Fontaine d'Argent ist von einem herrlichen oktogonalen romanischen Turm (11. Jh.) gekrönt. Schiff und Chor wurden im 19. Jh. erneuert. Das Altarretabel im Innern stammt aus dem 17. Jh.

Vimoutiers (21 km sw): Sehenswert sind das *Camembert-Museum* und das Denkmal für seine Erfinderin Marie Harel. Sie arbeitete im 5 km sw gelegenen **Camembert**, wo man den berühmten Käse und andere Produkte der Region kaufen kann. – **Champeaux-en-Auge** (9 km sw) ist der Geburtsort von Charlotte Corday, der Mörderin des Revolutionärs Marat (1793). In **Crouttes** (5 km w) ist *Prieuré St-Michel* sehenswert, in **Lisores** (5 km n) das *Fernand-Léger-Museum*.

Ouistreham/Riva-Bella

Calvados — Basse-Normandie

Einw.: 6500 — Höhe: 0–10 m — S. 258 □ G 3

Der lebhafte, vielbesuchte Hafen- und Badeort liegt an der Mündung der Orne (Kanal von Caen). Er beschließt im Osten den Küstenstreifen Côte de Nacre (»Perlmutter-Küste«), den Hauptschauplatz der alliierten Landung (débarquement) vom Juni 1944. Mit dem beliebten Badevorort Riva-Bella (»Schönes Ufer«) ist er inzwischen zu einer Einheit zusammengewachsen.

Geschichte: Der germanisch-angelsächsische Ortsname (vgl. englisch West-ham) läßt auf eine frühe Verbindung zu England schließen (auch heute Fährverkehr nach Portsmouth). Die weitere Geschichte ist durch die Funktion als Kanalhafen des nahen Caen (13 km sw) bestimmt.

Église Saint-Samson: Die alte Wehrkirche im Altstadtkern wurde im 12. Jh. von Saint-Étienne in Caen gegründet. Im 13. Jh. wurden Vierung und Chor vollendet. Das *Langhaus* mit zwei Seitenschiffen besitzt schlichte Arkaden, die durch ein Fries von der Galerie getrennt sind. Der einschiffige gotische *Chor* endet in einer halbrunden Apsis. Der untere Teil des dreigeteilten *Wandaufbaus* zeigt noch romanische Elemente. Die Holzstatue des Kirchenpatrons Saint-Samson steht beim Eingang. Die geometrischen Motive des *Dekors* sind im normannisch-gotischen Stil ausgeführt.

Musée du Commando: Im Küstenvorort Riva-Bella ist das örtliche *Landungsmuseum* eingerichtet. Es erläutert anhand von zahlreichen z. B. authentischen Dokumenten und Gegenständen die Landungsoperation des 4. anglofranzösischen Kommandos, das den als »Sword Beach« bezeichneten Küstenstrich einnahm (6. Juni 1944).

Außerdem sehenswert: Im N der Kirche steht die imposante steinerne *Zehntscheune* (um 1500 erbaut). Das frisch restaurierte Gebäude dient heute als Festsaal und Kulturzentrum. – Der *Yachthafen Port de Plaisance* am Caen-Kanal zeigt das bunte Freizeitbild von Motor- und Segelbooten.

Douvres-la-Délivrande (Ouistreham), Museum zur Geschichte des Radars, »Würzburg-Gerät«

Umgebung

Douvres-la-Délivrande (8 km w): Der Ort in der Nähe der Küste (3 km südwestlich von Luc-sur-Mer) gilt als einer der ältesten *Marienwallfahrtsorte* der Normandie. Hier soll bereits im 4. Jahrhundert der heilige Regnobert die erste *Wallfahrtskapelle* errichtet haben, die aber später durch die Wikinger zerstört wurde. Die heutige eindrucksvolle *neugotische Basilika* wurde im 19. Jh. an der Stelle einer frühromanischen Kirche (Mauerreste sind erhalten) errichtet. Eine Marienstatue des 16. Jh. wird heute von den Pilgern als wundertätig verehrt. Die spitzen Türme über den Seitenschiffen sind weithin sichtbar.

Lion-sur-Mer (5 km nw): Der beliebte Familienbadeort (ca. 1900 Einwohner) besitzt im Ortsteil Haut-Lion ein *Château* des 16. und 17. Jh. mit einem schönem Park. Die *Ortskirche* hat ihren romanischen Turm aus dem 11. Jh. und verschiedene Kapitelle bewahrt. – Der Nachbarort **Luc-sur-Mer** (2600 Einwohner) ist als medizinisches Heilbad der Thalassotherapie bekannt. Am Ortsende ragt eine Felsklippe empor, die wegen ihrer Form »Beichtstuhl« genannt wird.

P

Pont-Audemer

Eure — Haute-Normandie

Einw.: 10 000 — Höhe: 9 m — S. 256 □ G 3

Das reizvolle Städtchen mit seinen hübschen Fachwerkhäusern liegt am Unterlauf der Risle und führt wegen der vielen kleinen Wasserläufe, die es durchfließen, den Beinamen »Venise normande« (normannisches Venedig). Es war traditionelles Zentrum der Gerber (tanneurs) und produziert heute vor allem Lebensmittel und Papier.

Douvres-la-Délivrande (Ouistreham), Pegasus-Brücke

Pont-Audemer, Portal in der Rue Jean-Jaures

Geschichte: Der Name deutet auf die Gründung der Hafensiedlung durch einen Karolinger namens Audemar (Otmar) im 7./8.Jh. Unter König Philipp II. August von Frankreich erhielt es um 1200 die Stadtrechte.

Église Saint-Ouen: Die Hauptkirche im Stadtzentrum ist ein gewaltiger spätgotischer Bau des 15./16.Jh. mit älteren Resten aus dem 11.Jh. (in Chor und Vierung). Ab 1486 wurde unter dem Baumeister Michel Gohier* mit dem Neubau von Fassade und Türmen begonnen. Der *Nordturm* wurde mit mächtigen Strebepfeilern ausgeführt, während der *Südturm* bis heute unvollendet blieb. 1520 erfolgte der Bau des sechsjochigen spätgotischen *Langhauses* mit Seitenschiffen und -kapellen. Der *Wandaufbau* des Innenraums ist dreiteilig: Über großen Arkaden verlaufen Friese und Balustraden. Dazu kommt ein reichverziertes Triforium mit Maßwerk und kleinerem Obergaden. Interessant sind die *hängenden Schlußsteine* der Seitenschiffe und die Pfeilerfiguren (Heilige). An der Westseite befindet sich eine mit Heiligenfiguren und anderen Darstellungen geschmückte *Orgelempore* (17.Jh.). Sehenswert ist auch das Renaissance-Taufbecken (s Seitenkapelle) und der ursprüngliche Altar des 17.Jh. (heute in der Kapelle des SW-Turmes). Herausragend sind die alten *Glasfenster* des 16.Jh. in den Seitenkapellen, die vor allem die Legende des hl. Ouen darstellen. Die modernen *Chorfenster* stammen von Max Ingrand* (1949).

Église Saint-Germain: Die romanische Kirche im s Vorort Saint-Germain-Village wurde um 1100 erbaut, im 14. und 19.Jh. teilweise erneuert; sie besitzt eine Madonna mit Kind aus Holz (17.Jh.) und schöne *Glasfenster* des 15.Jh.

Außerdem sehenswert: Sowohl in der Nähe der Hauptkirche als auch entlang der Risle säumen guterhaltene bzw. restaurierte *normannische Fachwerkhäuser* und *Steinbauten* (18.Jh.) die Gassen der Altstadt.

Umgebung

Marais Vernier (9 km nw): Das Dorf mit seinen reizvollen *Bauernhäusern* aus Fachwerk mit tiefgezogenem Schilfdach (Reet) liegt am W-Rand des weiten Sumpfgebietes der ehem. Seinemündung. Nach ihm ist der gesamte **Marais Vernier** mit einer Fläche von 5000 ha benannt. König Heinrich IV. beauftragte im 17.Jh. holländische Fachleute, die sumpfigen Mündungsmäander der Seine durch Kanäle und Deiche, vor allem aber durch den nach ihnen benannten »Digue des Hollandais« (Holländer-Deich) zu entwässern und zu Marschland (Marais) umzuformen. Erst seit den 50er Jahren begann man, den Marais Vernier wieder zu renaturalisieren und als Naturschutzgebiet zu belassen. Dazu gehören heute auch die Grande Mare (Großer Sumpf) und die Réserve naturelle des Maneville im O des Seinebogens. Heute kann man das Gebiet auf der *Route des Chaumières* (Weg der Strohhütten) befahren. Vom über 50 m hohen Kreidefelsen **Pointe de la Roque** am NW-Rand des Marais bietet sich ein ausgedehnter Rundblick

Pont-Audemer, St-Ouen, Glasfenster, 16. Jh. ▷

über den Mündungslauf der Seine und das gegenüberliegende Ufer von Tancarville bis nach Le Havre.

Quillebeuf-sur-Seine (14 km n): Die alte Wikingersiedlung (von boe = »Bau«) hat noch ihren dörflichen Charakter bewahrt, ganz im Unterschied zum anderen Seineufer mit gewaltiger Industrie (Raffinerien). König Heinrich IV. (16. Jh.) versuchte vergebens, dem Ort seinen Namen als »Henricarville« (bzw. Henricopolis) zu geben. – Die *Ortskirche Notre-Dame-de-Bon-Port* stammt aus dem 12. Jh. (Portal); der gotische Chor wurde im 16. Jh. erbaut. Eindrucksvoll ist der schlanke, hohe *Glockenturm.* – In Ortsnähe verläuft die Auffahrt zur gigantischen Seinebrücke *Pont de Tancarville.*

Saint-Germain-Village (2 km sw): Die Vorortskirche im SW von Pont-Audemer wurde um 1200 im romanischen Stil erbaut. Im 14. Jh. wurde der *Glockenturm* gotisch verändert, und im 19. Jh. wurde das Schiff leider verkürzt (restauriert im 20. Jh.).

Sainte-Opportune-la-Mare (7 km nö): Die Ortschaft mit 400 Einw. im SO des Naturschutzgebiets der Sümpfe Marais Vernier liegt auf dem Höhengürtel (bis 120 m), der im S die Seinesümpfe begrenzt. Unter ihm liegt der flache See **»Grande Mare«** (2 km × 800 m), eines der seltenen Vogelreservate (réserve ornithologique). – Der Ort ist vor allem wegen seines Apfelmuseums *»Maison de la Pomme«* bekannt. Hier wird man anschaulich (z. B. mit historischen Apfelpressen) in die Herstellung von Cidre und Calvados eingeführt. – Lohnenswert ist auch die alte *Dorfschmiede* (forge), die über dieses traditionelle Handwerk in der Umgebung informiert. – Das ortsansässige *Centre de Découverte de la Nature du Parc Régional de Brotonne* gibt Auskunft über das Naturschutzgebiet, das sich von hier entlang des linken Seineufers weit nach O erstreckt (→ Routot). Veranstaltet werden auch Exkursionen in das benachbarte Réserve naturelle des Manneville und den Marais Vernier.

Pont-l'Évêque

Calvados		Basse-Normandie
Einw.: 4000	Höhe: 16 m	S. 256 □ F 3

Die idyllische Kleinstadt liegt an der Mündung der Flüßchen Yvie und Calonne in die Touques und ist besonders für ihre gleichnamige Käsesorte bekannt, die seit Jahrhunderten hier hergestellt wird. – Ihren Namen »Bischofsbrücke« verdankt sie den Bischöfen des nahen Lisieux (17 km s), die hier wohl die ersten Brücken bauen ließen.

Sainte-Opportune-la-Mare (Pont-Audemer), Apfelmuseum

Église Saint-Michel: Die spätgotische Kirche St-Michel wurde nach dem Ende des Hundertjährigen Krieges um 1483–1519 im Flamboyantstil erbaut. Sie erinnert an die Kirche Saint-Jacques in Lisieux und zeugt vom Einfluß der nahen Bischofsstadt. Der dreischiffige Bau ohne Querhaus u. Seitenkapellen wird von mächtigen Strebepfeilern getragen. Eindrucksvoll ist der quadratische *Westturm* (seitlich) mit schiefergedecktem Zeltdach. Die modernen *Kirchenfenster* von 1964 stammen von François Chapuis*.

Ancien Couvent des Dominicaines: Das Gebäude des alten *Dominikanerstifts* stammt aus dem 16./17.Jh. und stellt einen zweistöckigen *Fachwerkbau* mit Galerien und schindelgedeckten Dächern dar. – Um die benachbarte *Place du Tribunal* gruppieren sich weitere *Fachwerkhäuser* in der für die Gegend typischen Architektur: z.B. das Manoir des Tourailles (17.Jh.), die Auberge de l'Aigle d'Or (16.Jh.) und vor allem das *Hôtel de Brilly* (1736) mit Freitreppe und Ecktürmen (heute Rathaus).

Außerdem sehenswert: Die Kirche *Saint-Melaine* am Ortsrand besitzt noch romanische Bauelemente. – Das *Hôtel Montpensier* mit zwei Eckpavillons (Rue Saint-Michel) wurde 1624 im Louis-XIII-Stil erbaut (nach 1944 restauriert). – Das *Calvados-Museum* (Musée du Calvados) in der Destillerie Père Magloire gibt einen anschaulichen Einblick in die Herstellung des Apfelbranntweins (Calvados), der die gesamte Region Calvados kennzeichnet.

Umgebung

Beaumont-en-Auge (7 sw): Der kleine Ort am Hügel mit schöner Aussicht auf das Tal der Touques (nach O) besitzt noch historische Gebäude von dem ehem. *Priorat,* das die schon um 1060 hier gegründet wurde. Spätere Umbauten (um 1750) veränderten das Aussehen. Die Klosterkirche hat z.T. alte romanische Elemente bewahrt (am Oberturm); Chor und Querhaus wurden im 13.Jh. erneuert. – Hier wurde der berühmte Astronom Pierre Simon Laplace (1749 bis 1827) geboren, an den ein Standbild erinnert. – Die Dorf-kirche von **Drubec** (2km s) besitzt einen schönen romanischen *Glockenturm.* Auf quadratischem Sockel erheben sich zwei oktogonale Stockwerke mit konisch zulaufender Helmspitze.

Canapville (5,5km nw): Das Herrenhaus *Manoir des Évêques* wurde von den Bischöfen von Lisieux im 13.–15.Jh. als Sommer-

Pont l'Évêque, St-Michel, Kirchenfenster

Pointe du Hoc (Port-en-Bessin), Granitstele

sitz ausgebaut. Das Ensemble mit hübschen Treppentürmen und Kaminen fügt sich gut in die Landschaft ein. – In der Nähe (ca. 4 km nö) liegt das romantische Châlet von Saint-Gatien-des-Bois (um 1819 erbaut), wo so berühmte Dichter wie Alexandre Dumas, Alfred de Musset, George Sand und andere Künstler verkehrten.

Saint-André-d'Hébertot (7 km nö): Die *Dorfkirche* weist einen Glockenturm und Innenarkaden in romanischem Stil des 11. und 12. Jh. auf; die *Kapelle* stammt aus dem 15. Jh. – Das interessante, mit Wassergräben umgebene und mit Schießscharten bewehrte *Château* wurde im 19. Jh. erneuert. Turm und Fassade stammen aus dem 17. und 18. Jh.

Saint-Hymer (4 km sw): Das einst bedeutende *Priorat* (Prieuré) wurde bereits um 1076 gegründet. Die *Klosterkirche* des 11. Jh. wurde jedoch im 14. Jh. grundlegend umgestaltet und im 18. Jh. restauriert. – Der nahe gelegene Ort **Pierrefitte-en-Auge** (2 km ö) besitzt eine Kirche des 13. Jh. (erneuert im 17. Jh.).

Port-en-Bessin

Calvados — Basse-Normandie

Einw.: 2100 — Höhe: 0–65 m — S. 255 □ D 3

Der lebhafte Fischerhafen liegt gut geschützt am Fuß der bis 65 m hohen, steilen Küstenklippen. Auf der ö Klippe ist noch ein Rundturm der vom Festungsbaumeiser Vauban* geplanten Hafenbefestigung sichtbar (17. und 18. Jh.). Die Hafenanlagen, die schon in früher Normannenzeit unter Wilhelm dem Eroberer genutzt wurden, gewähren heute mit ihrem molengeschützten Binnen- und Außenhafen (mit Fischhallen) den Hochseekuttern, Trawlern und Yachten Unterkunft. Von den Hafenmolen bietet sich ein schöner Ausblick auf die gesamte Calvadosküste (ebenfalls vom Klippenturm).

Umgebung

Der von Port-en-Bessin nach W anschließende Küstenstreifen, der sich bis zur Viremündung bei Granchamp erstreckt, wird nach seinem Codewort bei der alliierten Invasion am 6. Juni 1944 bis heute **»Omaha-Beach«** genannt. Auch die gesamte »Landungsküste« von Utah-Beach am Cotentin im W bis Sword-Beach bei Ouistreham im O trägt den Namen **»Plages du Débarquement«** (débarquement = »Landung«). Danach ist auch der berühmte »D-Day« (6.6. 1944) als »débarquement-day« benannt. – Landschaft und Orte wurden seinerzeit durch die schweren Kämpfe stark in Mitleidenschaft gezogen und sind bis heute z.T. als Erinnerungsstätten von den historischen Ereignissen geprägt.

Colleville-sur-Mer (8 km w): Die romanische Dorfkirche wurde nach den Kriegszerstörungen vorbildlich restauriert. Sie besitzt einen hohen, vierstöckigen W-Turm über dem schlichten Bau. Das Tympanon am S-Portal stellt zwei Chimären dar. – Hier befindet sich auch das Erinnerungsmal an die 5. US-Brigade, die sich unter schwersten Verlusten vom Landungsstrand zum Dorf vorkämpfte. Die Erinnerungsstätte ist beim ehem. »Blockhaus« (les blockhaus) eingerichtet, wo die deutsche Küstenbatterie den Ansturm vergeblich stoppen wollte. – In Richtung **Saint-Laurent-sur-Mer** liegt der *amerikanische Soldatenfriedhof* St-Laurent (Cimetière militaire américain), wo auf schön gestaltetem Gelände fast 10000 amerikanische Invasionsopfer bestattet sind. – Ein nahes Denkmal an der Küstenstelle **Les Moulins** erinnert direkt an den Landungsort.

Deux-Jumeaux (15 km w): Im N der Ortschaft **Longueville** liegen die Ruinen eines frühen Benediktinerklosters (von 550), das von den Wikingern zerstört und im 11. Jh. aufgelöst wurde. Die erhaltene *Kirche* mit Turm, Chor und Apsis zeigt den ursprünglichen romanischen Stil. Nach der Zerstörung des Schiffes im 18. Jh. wurde eine Kapelle parallel zum Chor errichtet. – Etwa 3 km w davon befindet sich bei **La Cambe** der große *deutsche Soldatenfriedhof* (Cimetière militaire allemand). Auf gepflegtem Rasengelände sind in einem Massengrab mit schlichten Steinkreuzen fast 22000 deutsche Invasionsopfer bestattet.

Grandchamp-Maisy (25 km w): Der Fischerhafen (1800 Einw.) und Seebadeort begrenzt die »Omaha Beach« im W. Der hohe Gezeitenunterschied zeigt bei Ebbe die vorgelagerten Seeklippen *Roches de Grand-*

Deux-Jumeaux (Port-en-Bessin), Kirche

Longues-sur-Mer (Port-en-Bessin), »Batterie allemande«

Die Schlacht um die Normandie

Im Jahr 1943 wurde auf der Konferenz der Alliierten auf Drängen der Briten die Entscheidung getroffen, nach dem fehlgeschlagenen Kommandounternehmen von 1942 (bei Dieppe) ein großangelegtes Landungsunternehmen von Großbritannien aus zum Festland durchzuführen. Dies sollte mit den vereinten Kräften der Westalliierten (Amerikaner, Briten, Kanadier) unter dem vielsagenden Codewort »Overlord« (Oberherr) zum durchschlagenden Erfolg über die bereits seit der Niederlage vor Stalingrad demoralisierte deutsche Wehrmacht verhelfen.

Die Erwartung der deutschen Heeresleitung (West), die mit einer Landung an der stark befestigten engeren Kanalküste bei Dover–Calais rechnete, wurde durch diesen Schachzug der Alliierten getäuscht. Insbesondere die kaum befestigte Cotentin-Küste bei Sainte-Mère-Église, dem späteren Landungssektor »Utah Beach« der Amerikaner, bot sich für diesen Überraschungsschlag an. Da in der Nähe kein größerer Hafen zur Verfügung stand, um die ungeheuere Menge schweren Kriegsmaterials an Land zu bringen, plante man, dies mit künstlichen, in England vorgefertigten Landungsanlagen (bei Arromanches) zu tun.

Der *Landungstag,* der als *»D-Day«* (von »débarquement-day«) in die Geschichte Europas und der freien Welt einging, wurde vom Oberkommandierenden General Dwight D. Eisenhower (damals 54) auf den 6.6. 1944 null Uhr festgelegt. Er begann mit dem gewagten Absprung von drei Divisionen Fallschirmspringern hinter den deutschen Linien. Sie sollten noch vor Tagesanbruch wichtige Schlüsselpositionen einnehmen. Zeitgleich wurde dann an der gesamten für die Landung (débarquement) vorgesehenen Küste mit den Code-Abschnitten – von W nach O – »Utah Beach«, »Omaha Beach«, »Gold/Juno/Sword Beach« ab 6 Uhr 30 mit dem »Debarkieren« (d.h. Ausschiffen) begonnen. Es wurde in ca. einer Stunde die unglaubliche Zahl von 135 000 Soldaten und 20000 Kriegsfahrzeugen an Land gesetzt – eine bisher in der Weltgeschichte unwiederholte Aktion. Trotz z.T. schwerer Verluste, die den Invasoren von der deutschen Küstenverteidigung und dem Westheer zugefügt wurden, war die Landungsoperation ein durchschlagender Erfolg. Nachdem die fünf Landungssektoren der Amerikaner, Briten und Kanadier auf einer Küstenbreite von 80 km miteinander verbunden waren, setzten die Alliierten ihr Bemühen erfolgreich fort, von der Küste her die Westnormandie (Cotentin/Manche und Calvados) militärisch »aufzurollen«. Nach der Eroberung des wichtigen Hafens von Cherbourg (Ende Juni 1944) hatten sie eine weitere Möglichkeit, das kriegsnotwendige Material heranzuschaffen. So wurden bis Anfang Juli bereits eine Million Soldaten, fast 200000 Militärfahrzeuge und rund 600000 Tonnen Material gelandet. Innerhalb von drei Monaten erhöhte sich diese »Materialschlacht« auf 2,5 Millionen Soldaten und 4 Millionen Tonnen Kriegsmaterial. Die schon heute legendäre »Schlacht um die Normandie« endete nach verzweifelter deutscher Gegenwehr, etwa im »Korridor des Todes« bei Falaise-Chambois, am 21. August 1944 mit dem Sieg der Alliierten bei Tournai-sur-Dives. Drei Tage später überquerten sie die Seine und zogen in Paris ein. Rührend ist bei aller Grausamkeit des Krieges die Episode der bei Bernière-sur-Mer an Land gegangenen Kanadier. Sie, von denen nicht wenige frankonormannischer Abstammung waren, sangen das alte Chanson des Liederdichters Frédéric Bérat (19. Jh.) aus Rouen: »J'irai revoir ma Normandie ...«. Auf den zahlreichen normannischen Soldatenfriedhöfen mit Zigtausenden Gefallenen liegen jetzt auch 5000 »heimgekehrte« Kanadier begraben.

Über ein halbes Jahrhundert danach sind zwar Friede und Versöhnung eingekehrt. Doch die Opfer des unheilvollen Krieges mahnen uns Überlebende und Nachgeborene zur Friedfertigkeit unter den Völkern. So kann dieser blutgetränkte Boden der (Nord-)Normandie mit seinen zahlreichen Erinnerungsmuseen und -stätten als ein einziges Mahnmal der Menschlichkeit den Besucher zum Nachsinnen bewegen.

champ. Ein *»Ranger-Museum«* veranschaulicht diesen wichtigen Landungspunkt von 1944. Die Spezialeinheit der Rangers unter Colonel Rudder hatte unter schwersten Verlusten die nahe Wehrmachtsbastion *Pointe du Hoc* siegreich gestürmt.

Longues-sur-Mer (4 km ö): Der kleine Küstenort mit den benachbarten Steilklippen von **Le Chaos** besitzt die Überreste der *ehem. Benediktinerabtei Sainte-Marie,* die 1168 gegründet wurde. Erhalten sind die Abtgebäude des 13./14. Jh. (im 18. Jh. verändert), das Refektorium und der Kapitelsaal (15./16. Jh.). – An der Küste ist als Museum die *»Batterie allemande«* zu besichtigen. Diese Batterie belegte mit ihren noch heute erhaltenen Kanonen die alliierten Landungsschiffe am Morgen des 6. Juni 1944 mit Trommelfeuer.

Pointe du Hoc (20 km w): Der 30 m hohe Felsvorsprung der Steilküste mit schöner Aussicht auf die Halbinsel Cotentin war einer der wichtigsten Verteidigungspunkte des deutschen »Atlantikwalls«. Er war mit sechs 155-mm-Geschützen und unterirdischen Felsgängen gesichert. Die amerikanische Ranger-Einheit, die diese Stellung schließlich eroberte, verlor dabei 135 von 225 Mann. Am Gedenkort erinnert eine *Granitstele* an die gefallenen Soldaten (vgl. dazu auch das Museum in Grandchamp-Maisy).

Saint-Pierre-du-Mont (18 km w): Die *Ortskirche* mit romanischem Schiff besitzt einen Chor aus dem 13. Jh. und ein Portal des 15. Jh.; daneben steht ein *Manoir* im Renaissancestil. – Etwa 2 km s liegen die Ruinen des *Château de Beaumont.* Die mittelalterliche Wehrburg wurde im 17. Jh. umgebaut und verfiel später.

Vierville-sur-Mer (16 km w): Der Küstenort lag im Zentrum des amerikanischen Landungsabschnitts »Omaha-Beach«. Sowohl Reste der deutschen Verteidigungsanlagen (casemate allemande) als auch des künstlichen Landungshafens (durch Sturm am 19. Juni 1944 zerstört) sind sichtbar. Die *»Exposition Omaha«* informiert mit einer Multimediashow über das Landungsunternehmen. – Die im 2. Weltkrieg zerstörte *Ortskirche* des 13. Jh. wurde gut restauriert. Die rechte Seitenkapelle besitzt ein Halbrelief des 13. Jh. – Im Nachbarort **Englesqueville-la-Percée** (3 km w) ist ein historischer Bauernhof des 16. Jh. (ferme-manoir) mit Rundtürmen erhalten.

R

Rouen

Seine-Maritime — Haute-Normandie

Einw.: 400 000 Höhe: 10 m S. 257 □ I2

Rouen, auf halber Strecke zwischem dem Meer und Paris gelegen, ist heute Hauptstadt bzw. Wirtschafts- und Industriezentrum der Haute Normandie.

Sein See- und Binnenhafen ist der viertgrößte Frankreichs und kann bis 140000 BRT schwere Schiffe aufnehmen. Jährlich laufen etwa 3500 Schiffe den Hafen an, der auch als Umschlagplatz für Kohle und Erdöl dient. Rouen ist jedoch keine gewöhnliche Hafenstadt: von Wäldern umrahmt, erstreckt sich die Stadt wie ein Amphitheater in Richtung Seine.

Die historisch bedeutende Altstadt von Rouen hat trotz der Verwüstungen des 2. Weltkrieges ihr ursprüngliches Gesamtbild bewahrt.

Die »Museumsstadt« ist eine der schönsten Städte Frankreichs. Wer die Normandie bereist, darf sich diesem Genuß nicht verschließen.

Geschichte: Die vermutlich gallische Siedlung Ratomacos, namentlich auf einer Münze erwähnt, wurde von den Römern als Garnisonsstadt »Rotomagus« um 50 v. Chr. gegründet und gab schließlich der Stadt ihren Namen.

Nach der Christianisierung durch den hl. Mellonus um 260 n. Chr. wurde Rouen im Frankreich Karls des Großen Sitz eines Erzbischofs.

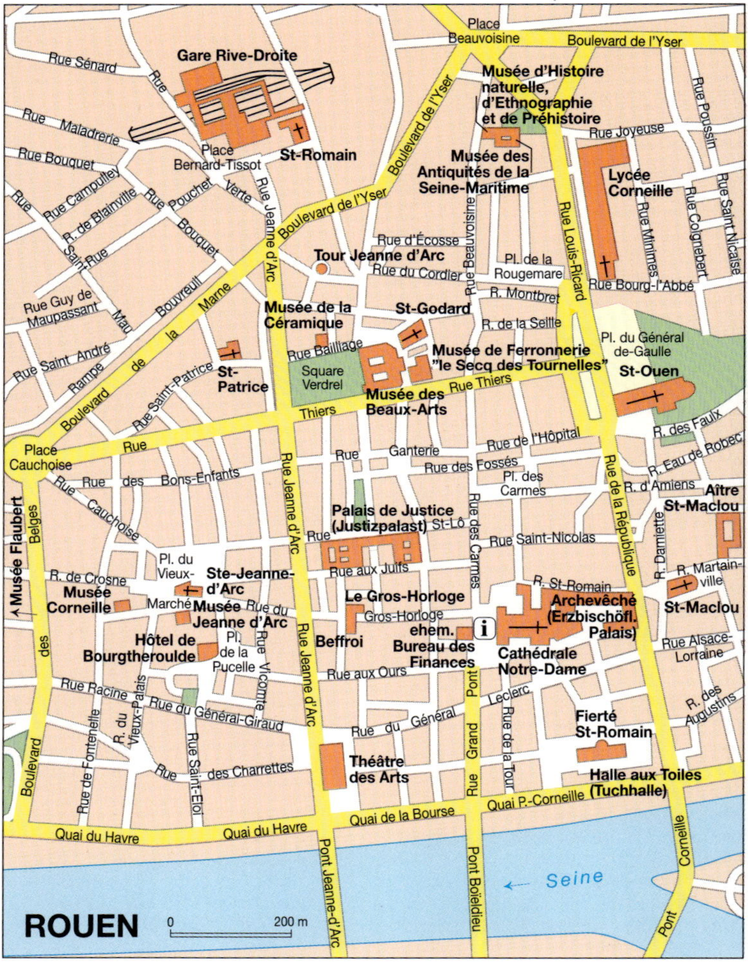

Die seit 841 einfallenden Normannen nützten die Stadt als Stützpunkt für weitere Raubzüge. Mit dem Vertrag von St-Clair-sur Epte fielen dem Normannenführer Rollo (nach seiner Taufe Robert genannt) alle eingenommenen Gebiete zu. Dieses Jahr feiert man bis heute als das Gründungsdatum der Normandie. Durch die Begradigung der Seine und die Errichtung von Uferbefestigungen machte Robert Rouen zu einer blühenden Schiffahrts- und Handelsstadt. Mit Wilhelm dem Eroberer, Herzog der Normandie, wurde diese englischer Kronbesitz. Bis es dem franz. König Philipp II. August gelang, die Normandie zu annektieren.

Die englischen Könige betrachteten sich jedoch weiterhin als die rechtmäßigen Erben des französischen Reiches, was ab 1339 zum Hundertjährigen Krieg führte. Letztendlich eroberte Heinrich V. nach sechsmonatiger

Blick auf Rouen

erbarmungsloser Belagerung 1419 die Stadt. Als Jeanne d'Arc das Heer der französischen Krone zum Sieg führte, erwachte in der Normandie neue Hoffnung (siehe Kasten). Nach dem Tod von Heinrich V. geleitete Jeanne d'Arc Karl VII. zur Krönung im Dom von Reims. An die Engländer ausgeliefert wurde sie schließlich 1431 wegen Ketzerei zum Tod auf dem Scheiterhaufen auf der »Place du Vieux-Marché« verurteilt.
Erst 1449 fiel die Stadt wieder an die französische Krone zurück. Der Frieden, der 113 Jahre dauerte, ermöglichte den Aufschwung und eine beständige Expansion der Stadt. Viele gotische Bauten zeugen von dieser Zeit, und die meisten Fachwerkhäuser, die wir in Rouen bewundern können, stammen aus dem 15./16. Jh. Der Kardinal von Amboise, ab 1494 Erzbischof von Rouen, führte den Renaissancestil in der Stadt ein und prägte mit verschiedenen Bauten, wie z. B. dem heutigen Justizpalast, das Stadtbild. Rouen wurde zum Welthafen, die Schiffe seiner Kaufleute waren auf allen Seerouten unterwegs.
1562 wurde Rouen wie das ganze Königreich durch die religiösen Konflikte zwischen Kalvinisten und Katholiken gespalten. Viele Kirchen und Denkmäler wurden dabei geplündert oder zerstört. Erst als der franz. König Heinrich IV. sich 1594 zum Katholizismus bekehrte, fanden diese Unruhen ein Ende.
Anfang des 18. Jh. entstanden zwei neue Wirtschaftszweige, die den Ruhm Rouens mitbegründeten: die Fayence- und die Baumwoll-Textilherstellung.
Unter dem Juli-Königtum entwickelte sich Rouen zu einer Industriestadt. Der Hafenbetrieb war sehr rege, eine Eisenbahn wurde gebaut.
Mit Napoleon III. änderte sich das Stadtbild: große gerade Straßen wurden angelegt, u. a. die heutigen Rue de la République und Rue de Jeanne d'Arc. Am linken Ufer siedelte sich die Industrie an; es entstanden die Arbeiterviertel mit ihren roten Ziegelmauern.
1870 mußte sich Rouen noch einmal für kurze Zeit der preußischen Fremdherrschaft beugen.

Der 2.Weltkrieg aber traf Rouen schwer. Die Schäden der Luftangriffe und Kämpfe von 1940 waren, im Vergleich zu der Verwüstung nach den Angriffen der Alliierten im Mai 1944, gering. Viele Gebäude und Brücken wurden dem Erdboden gleichgemacht, unzählige Zivilisten starben.
Rouen wurde im August 1944 befreit; die letzten Wiederaufbauarbeiten wurden im August 1970 abgeschlossen.
Noch heute legt man viel Wert auf die Erhaltung und Restaurierung des Altstadtkerns. Wer dort spazierengeht, erhält einen lebendigen Eindruck vom Erscheinungsbild dieser mittelalterlichen Stadt. Die Verantwortlichen haben in den letzten Jahrzehnten viel unternommen, was Rouen sehr zugute kam. Viele Straßen wurden zu Fußgängerzonen, die zum Schlendern und Schauen einladen. Rouen ist heute eine Stadt, die in ihrem lebendigen Alltag auch ihre ganze Vergangenheit zu zeigen weiß.

UNBEDINGT SEHENSWERT:
Cathédrale Notre-Dame
Église St-Maclou
Église St-Ouen
Palais de Justice
Musée des Beaux-Arts
Musée de la Céramique
Musée Le Secq des Tournelles
Rue du Gros-Horloge

Sakralbauten

Kathedrale Notre-Dame: Der Dom von Rouen überragt die Stadt und inspirierte viele Maler, nicht zuletzt Monet, der 1892–94 heute weltberühmte impressionistische Darstellungen des Domes zu verschiedenen Tageszeiten malte.
Geschichte: An der Stelle einer Kirche aus dem 6.Jh. wurde er zwischen dem 12. und 16.Jh. erbaut und bietet ein breites Spektrum verschiedener Stilrichtungen von der romanischen Kunst bis zur Spätgotik. Im 11.Jh. wurde im Beisein Wilhelms des Eroberers ein erster im romanischen Stil entworfener Dom eingeweiht. Von ihm ist die Krypta, in der das Herz von Karl V. aufbewahrt wird, noch zum größten Teil erhalten.

◁ *Rouen, Kathedrale, Calenderportal*

Rouen, Kathedrale, Butterturm

Im 12.Jh. wurde St-Romain unter Bischof Hugues d'Amiens errichtet. Ein Brand im Jahr 1200 erforderte einen Wiederaufbau, der im wesentlichen 1250 baulich abgeschlossen war. Alle weiteren Arbeiten dienten der Verschönerung und Vergrößerung des Domes. Seitlich anschließende Kapellen kamen hinzu. 1280–1330 entstanden die Calender- und Buchhändlerportale des Querschiffes. Im 15. u. 16.Jh. galten die Bauarbeiten insbesondere dem Äußeren des Domes. Als Pendant zum frühgotischen, 82 m hohen *Turm St-Romain* wurde der 75 m hohe und spätgotische *Butterturm* errichtet. Die Herkunft seines Namens geht auf seine Finanzierung zurück: das Geld kam hauptsächlich von Gläubigen, die während der Fastenzeit die Erlaubnis hatten, Butter und Milch zu verzehren. Die Gelder reichten jedoch nicht für eine Spitze, so daß der Turm eine achteckige Krone, die 56 Glocken enthält, bekam.
Über dem Querschiff stand schon seit dem 13.Jh. ein Turm, der im 16.Jh. erhöht u. mit einer vergoldeten Spitze geschmückt wurde.

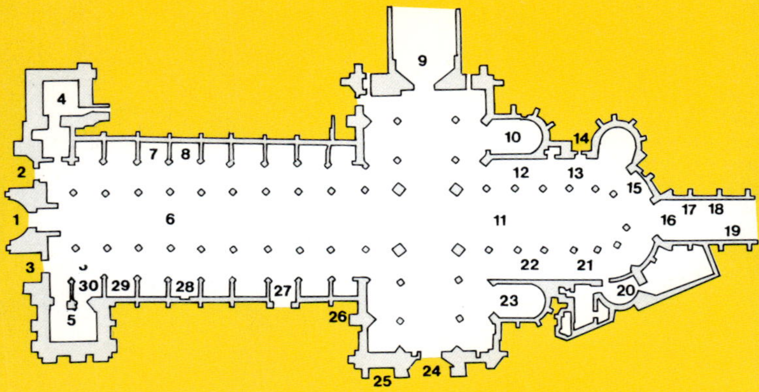

Rouen, Kathedrale Notre-Dame 1 Hauptportal **2** Portal Johannes des Täufers **3** Stephanusportal **4** Turm St-Romain **5** Butterturm **6** Langhaus **7** Kapelle Johannes' des Täufers **8** St-Sever-Kapelle **9** Buchhändlerportal **10** Sakramentskapelle **11** Chor **12** Denkmal für Wilhelm Langschwert **13** Denkmal für Heinrich den Jungen **14** Fenster St-Julien L'Hospitalier **15** Grabmal für Bischof Hugues d'Amiens **16** Marienkapelle **17** Grabmal für Pierre de Brézé **18** Grabmal für Louis de Brézé **19** Grabmäler für die Bischöfe Georges I. und Georges II. **20** Glasfenster mit Petrus und Paulus, Barmherzigem Samariter und Passion Christi **21** Liegefigur von Richard Löwenherz **22** Hochgrab für Herzog Rollo **23** Jeanne-d'Arc-Kapelle **24** Kalenderportal **25** Fenster mit der Jungfrau Maria und Johannes dem Täufer **26** Pfingstfenster **27** Maurerportal **28** Kapelle der Auferstehung des hl. Petrus **29** Statue von Karl Borromäus **30** St-Étienne-Kapelle

Die Hugenotten plünderten den Dom 1562 und schmolzen große Teile des Schatzes ein. Während der Franz. Revolution wurde er zum »Tempel der Vernunft«. Dabei wurde u.a. das Grab Karls V. zerstört.

Die im 19. Jh. von einem Blitzschlag zerstörte Spitze wurde durch die heutige gußeiserne ersetzt. Sie ist mit ihren 151 m die höchste Frankreichs.

Die Südseite und der St-Romain-Turm wurden im 2. Weltkrieg am schwersten beschädigt. Auf sie konzentrierten sich die Restaurierungsarbeiten der Folgezeit.

Außenbau:

Westliche Seite: Sie ist 56 m breit. Das *Johannesportal* links und das *Stephanusportal* rechts, beide aus dem 12. Jh., sind filigran gearbeitet. Ihre zwei Tympanone des 13. Jh. stellen die Steinigung St-Etiennes, Jesus Christus in der Glorie und im Johannesturm das Martyrium des hl. Johannes des Täufers dar: er reckt den Kopf aus seinem Gefängnisturm, um enthauptet zu werden; Szene des Todes von Johannes, Salome überreicht Herodes dessen Haupt, sowie den Tanz der Salome beim Festmahl des Herodes. Die darüberliegenden Fenster sind spätgotisch. Propheten- und Apostelstatuen umrahmen

Rouen, Kathedrale, Calenderporal, Detail

Rouen, Kathedrale, Buchhändlertreppe

das Hauptportal des 16.Jh., eine Wurzel Jesse mit den 4 Propheten Jesaja, Ezechiel, Jeremia und Daniel sowie Maria am Ende des Stammbaumes ist auf dem Giebelfeld zu sehen. Das Portal war ursprünglich dem hl. Romain geweiht, von den Abbildungen ist keine erhalten.

Nördliche Seite: Am Hof von Albane vorbei kommt man zum *Buchhändlerportal,* das nach jenen Buchhändlern benannt ist, die hier ihre Stände neben der Kathedralsbibliothek hatten. Sein Eingang besitzt einen beeindruckenden spätgotischen Rahmen (15.Jh. von Guillaume Pontifs*). Das Buchhändlerportal gleicht einer Spitze aus Stein. In die Grundmauer sind u.a. Tiererzählungen des Mittelalters phantasievoll gemeißelt. Das Giebelfeld (13.Jh.) stellt auf ergreifende Weise das Jüngste Gericht, die Auferstehung der Toten und die Trennung der Guten von den Bösen dar; es wurde jedoch nie ganz fertiggestellt: die Abbildung Christi als Richter fehlt. Die Skulpturen verkörpern Heilige und Bischöfe; die des hl. Romain wurde erst im 19.Jh. geschaffen.

Südliche Seite: Wer etwas zurücktritt, erblickt über ihr die Spitze des Hauptturms. Das *Calenderportal* ist ein Meisterwerk des 14.Jh. Sein Name erinnert an Geistliche, die sich an den Kalenden (1.Tag im Monat) in einem Haus am Platz versammelten. In der Mitte kann man Jesus mit den 12 Aposteln erkennen, darunter sind die Geschichte Hiobs und die Legende des hl. Romain und des hl. Ouen in Reliefs dargestellt. Bes. beachtenswert sind die Tragmauern mit ihren eingemeißelten Blättern u. Rosenstrukturen.

Innenraum:

Hauptschiff: Schmal und hoch besteht es aus 11 Jochen auf vier Ebenen: die großen Arkaden, die »falschen« Emporen, das Triforium und die hohen Glasfenster (13.–16.Jh.). Die Seitenschiffe wurden erhöht, da die vorerst eingeplanten Tribünen nie zustande kamen. Mit Hilfe kleiner Säulen versteckte man kunstvoll diese Planungsänderung. In der Vierung ragt der Hauptturm, auch Leuchtturm genannt, empor. Er wird von 4 Säulen gestützt. Vom Boden bis zum Scheitelpunkt sind es 51 m.

Querschiff: Die Innenseiten der seitlichen Portale sind durch hohe Fenster, Steinornamente und Statuen aus dem 14.Jh. geschmückt. Dort befindet sich auch die *Buchhändlertreppe* von Guillaume Pontifs.* Zwei Treppenstücke führen zur Bibliothek des Domkapitels. Das erste entstand im 15.Jh., das zweite im 18.Jh. Die Fenster (14./16.Jh.) im Süden stellen die Pfingstereignisse, die Jungfrau Maria und Johannes den Täufer dar.

Chor, Chorumgang, Marienkapelle: Der Chor (13.Jh.) mit der wohlproportionierten Einfachheit seiner Architektur besteht aus hohen Arkaden, einem Triforium und Glasfenstern des 15.Jh. (Kalvarienberg). Beim Altar steht der Christus von Clodion* aus vergoldetem Blei (18.Jh.); die zwei begleitenden Engel gehörten der Kirche St-Vincent, die 1944 zerstört wurde. Geschnitzte Miserikordien zieren das Chorgestühl (15.Jh.), das an flämische Kunst erinnert.

Der Chorumgang birgt drei Kapellen und die Grabdenkmäler von Rollo, Richard Löwenherz, Wilhelm Langschwert (zweiter Herzog der Normandie) und Heinrich dem Jungen (Sohn von Heinrich II.). Sehr beachtenswert sind die *Glasfenster* aus dem 13.Jh. (Petrus und Paulus, der Barmherzige Samariter, Leiden Christi) und insbesondere das Fenster St-Julien l'Hospitalier.

Flaubert schrieb eine Novelle über diese Begebenheit in »Drei Novellen« und erwähnte das Glasfenster des Domes.

Links am Eingang zur Marienkapelle steht das *älteste Grabdenkmal* (13.Jh.): Bischof Hugues d'Amiens.

Die *Marienkapelle* in der Apsis beherbergt zwei besonders schöne *Gräber des 16.Jh.* Zuerst das von *Georges I.* und *Georges II. d'Amboise* (Kardinäle und Erzbischöfe von Rouen). Rolland le Roux entwarf dieses Meisterwerk der Renaissance-Skulptur. Beide knien. Den Sockel bilden die vier Kardinaltugenden und die zwei kirchlichen Tugenden (Gerechtigkeit, Tapferkeit, Besonnenheit, Klugheit, Barmherzigkeit, Glaube). Hinter den Kardinälen stehen deren Schutzpatrone; auf dem Baldachin die Apostel, Propheten und Sibyllen; oben Christus, wie er Pilatus ausgeliefert wird. In der Ecke rechts wurde der Kopf von Le Roux skulptiert.

Das zweite Grab ist das von *Louis de Brézé.* Es grenzt an das seines Großvaters Pierre de Brézé (Befreier von Rouen 1449). Louis de Brézé war Groß-Seneschall der Normandie und Ehemann der berühmten Diane de Poitiers. Sein Grab entstand 1535–44. Auf ihm ist der Leichnam Brézés pathetisch dargestellt; zu seinen Füßen steht die Hl. Jungfrau, und seine Ehefrau kniet am Kopfende.

Rouen, Bureau des Finances

Darüber erscheint Brézé als stolzer Ritter.

Krypta: Die kleine Krypta der romanischen Kathedrale stammt aus dem 11.Jh. Mit ihren drei Seitenschiffen liegt sie unter dem Chor und ist hufeisenförmig. Erst im 20.Jh. ausgegraben, birgt sie das Herz Karls V. Der kleine, 5 Meter tiefe Brunnen ist noch funktionstüchtig.

Noch bevor Sie den Platz des Domes verlassen, beachten Sie das ehemalige *Bureau des Finances* (heute Verkehrsamt) an der Ecke der Rue du Pont-Salut. Dieser Renaissancebau wurde nach Plänen von Le Roux* 1510 erbaut.

Hinter dem Dom finden Sie das *Erzbischöfliche Palais* mit seiner mächtigen Fassade aus dem 15.Jh. (keine Besichtigung). Dort wurde 1456 die Rehabilitation von Jeanne d'Arc bekanntgegeben.

Église Saint-Maclou: Durch eine der schönsten Straßen von Rouen, die *Rue St-Romain,* mit Fachwerkhäusern (15./18.Jh.) gelangen Sie vom Dom aus zur Kirche Saint-Maclou.

Sie ist schon die dritte an dieser Stelle. Sie entstand zwischen 1437 und 1517. Ihre vielfältige und elegante spätgotische Architektur blieb von späteren Umbauten verschont, nur der 82 m hohe Vierungsturm aus Kalkstein des Architekten Barthélémy* stammt aus dem 19.Jh., nachdem der hölzerne 1735 abgerissen worden war.

Die *Westfassade* ist das Sehenswerteste. Sie besteht aus einer trapezförmigem Vorhalle mit fünf Arkaden. Auf dem zentralen Wimperg sind die Kreuzigung und St-Maclou abgebildet. Im Rückraum finden sich die drei Portale, deren geschnitzte Türflügel im Renaissancestil gehalten sind. Das *Hauptportal* zeigt die Beschneidung und Taufe Christi und Gott vor und nach der Schöpfung. Im Tympanon ist das Jüngste Gericht dargestellt.

Das *nördliche Portal* (Porte des Fonts) zeigt den Guten Hirten und Allegorien der vier Jahreszeiten.

Der Grundriß der Kirche ist beinahe quadratisch, nur am Kopf des Chorumganges weicht die Form durch vier sechseckige Kapellen ein wenig ab. Der dreischiffige *Innenraum* ist bemerkenswert einheitlich und hell durch die Laterne des Vierungsturms. Beachten Sie die Holzarbeiten der Wendeltreppe und der Orgel (beide 16.Jh.) und den Triumphbalken von 1776.

An den Wandbrunnen und der Nordfassade vorbei gelangen Sie zu Nr.184–186 der Straße Martainville (Fachwerkhäuser 15. u. 18.Jh.) in den *Aître St-Maclou* (16.Jh.). Dieser Innenhof war der ehemalige Pestfriedhof und wurde bis zum Ende des 18.Jh. benützt.

Rouen, St-Maclou, Relief am Türflügel

Um ihn herum stehen zweistöckige Fachwerkhäuser, auf denen makabre Totentanzmotive, Gebeine und Totengräberwerkzeuge zu sehen sind. Heute hat hier die Kunstakademie ihre Werkstätten.

Église St-Ouen: Die *Rue Damiette* (schöne Fachwerkhäuser!) entlang kommt man direkt von St-Maclou zur Kirche St-Ouen, einer ehem. Abteikirche und einem Juwel der Gotik. Sie übertrifft in ihrer Länge (137 m), der Höhe ihrer Gewölbe (33 m) und nicht zuletzt durch die Schönheit ihres 82 m hohen gekrönten Vierungsturms (Tour couronnée) den Dom. Die Abtei wurde im 6. Jh. gegründet und war damals dem hl. Petrus geweiht, bis im 7. Jh. der Erzbischof St-Ouen, dem viele Wunder nachgesagt werden, dort begraben und zum neuen Kirchenpatron wurde. Diese romanische Kirche ging aber 1136 in Flammen auf, und nur die Nordseite, die Tour aux Clercs, blieb erhalten. Der Wiederaufbau dauerte von 1318 bis 1536. Bemerkenswert ist die äußere Chorhaube mit ihren drei Kapellen, die sich dem Abteigarten (dem heutigen Garten des Hôtel de Ville, da die einstigen Abteigebäude als Rathaus genutzt werden) zuwendet. Achten Sie auch auf die *südliche Rose* (Wurzel Jesse) von Alexandre de Berneval* (und Sohn), den man auf seinem Grabstein im Innern dargestellt sieht, wie er am Entwurf der Rosenstrukturen arbeitet. Der Tympanon ist von 14 Skulpturen von Heiligen und Königen umgeben. Sie zeigen den Tod, die Himmelfahrt und die Krönung Mariens. Unter ihm weist der *Porche des Marmousets (Vorhalle)* eine zierliche gewagte Architektur auf. Am Trumeaupfeiler befindet sich eine restaurierte Statue von St-Ouen; auf der unteren Ebene wird seine Lebensgeschichte erzählt.

Im *Innern* der Kirche bestechen die *Glasfenster* (14.–16. Jh.) durch ihre Schönheit. Besonders am *Chor* (14. Jh.) lohnt es sich zu verweilen. An den Fenstern des Obergadens können Sie Propheten, Patriarchen und weitere Figuren des Alten Testaments erkennen. Auf der Südseite befinden sich die Patrone der Abtei sowie die Apostel und heiligen Erzbischöfe der Stadt. Die Kirche wurde während der Franz. Revolution in eine Armeeschmiede umgewandelt. Das dabei zerstörte Achsfenster hat man durch eine Arbeit von Max Ingrand* (Kreuzigung Christi) ersetzt. Die nördliche Rosette repräsentiert die himmlische Ordnung der Engel.

Durch das schmiedeeiserne Gitter von Nicolas Flambart* (1738/47) blickt man auf das geschnitzte 76sitzige Chorgestühl. Die Orgel von Cavaillé-Coll* stammt aus dem 19. Jh. und zählt zu den bed. Frankreichs.

Rouen, Aître St-Maclou, Kapitell

Rouen, Kirche Jeanne d'Arc

Église Saint-Godard: Der Besuch dieser Kirche des 15. Jh. lohnt sich wegen ihrer *Glasfenster.* In der *Marienkapelle* sehen Sie ein Werk des Niederländers Arnolf von Nimwegen (1506), das den Stammbaum Jesses darstellt. Zuunterst steht Jesse mit den vier Propheten, darüber David mit der Harfe, zuoberst Maria mit dem Kind, von Königen, den Nachfolgern Davids, umgeben. Die dreischiffige Kirche enthielt bis 1340 die Grabstätte St. Romains, bis dieser in dem Dom überführt wurde. Der unvollendete Turm stammt aus dem 17. Jh., die Gewölbe wurden im 19. Jh. in Holz und Stuck restauriert.

Église Jeanne d'Arc: Auf der berühmten Place du Vieux-Marché, der Hinrichtungsstätte des Mittelalters (durch den Architekten Louis Arretche* zu einem modernen Ensemble gestaltet) steht die Jeanne-d'Arc-Kirche von 1979, genau dort, wo sie 1431 auf dem Scheiterhaufen starb. Die Kirche hat die Form eines umgekehrten Schiffes, und ihr Dach erinnert an Schuppen. Im *Innern* befinden sich 13 *Renaissance-Glasfenster* aus der 1944 zerstörten Kirche St-Vincent. Die Ansicht ist sehr schön, geschickt wurden die Fenster in die sonst moderne Architektur des Raumes integriert. Sie stellen Kindheit Jesu, Passion, Kreuzigung und Auferstehung sowie Geschichten aus dem Leben verschiedener Heiliger dar.
Auf der dem Kircheneingang gegenüberliegenden Wand lesen Sie ein Zitat des franz. Schriftstellers Malraux. Seine Übersetzung lautet: »O Jeanne, ohne Grabmal und ohne Bildnis, du, die wußte, daß das Grab der Helden das Herz der Lebendigen ist.«
Das 20 m hohe Kreuz zeigt auf die genaue Stelle des Scheiterhaufens Jeanne d'Arcs. Es heißt *Croix de la Réhabilitation.*

Église St-Patrice: Gotischer Bau mit beachtenswerten *Glasfenstern* (1540–1625) und Eucharistiedarstellung von Max Ingrand*.

Église St-Romain: Die Kirche ist eine ehemalige Karmeliterkapelle (15. Jh.; im 19. Jh. u. 1969 restauriert). Ihre *Renaissance-Glasfenster* stellen die Vertreibung der Schächer aus dem Tempel dar.

Rouen, Kirche Jeanne d'Arc, ▷
Kreuzigungsfenster, 16. Jh.

Profanbauten

Justizpalast: Dieses Bauwerk ist ein Meisterwerk der profanen Flamboyant-Architektur. (15.–16. Jh.). Es wurde zunächst für den Échiquier (ehem. normann. eigenständiges Justizwesen) und wahrscheinlich von Le Roux* erbaut. Mehrere Restaurierungen und nicht zuletzt die Folgen seiner Zerstörung 1944 haben leider Spuren hinterlassen. Die *Hauptfassade* (1508–26) empfindet der von unten nach oben wandernde Blick immer schöner und mitreißender. Dieser zentrale Teil wurde einst als Palais Royal bezeichnet. Die Treppe links gehört zum ältesten Teil des Gebäudes und führt zur *Salle des Procureurs* (auch Salle des Pas Perdus/Saal der verlorenen Schritte genannt). Er ist mit einer Spitztonne aus Holz überwölbt und birgt einen imposanten Marmortisch.
Der *rechte Flügel* wurde erst später, im 18. Jh., erbaut und im 19. Jh. durch einen neuen Bau ersetzt.
Bei Ausgrabungen wurde im Ehrenhof eine *Synagoge* aus dem 12. Jh. entdeckt.
In der Tat war hier im Mittelalter das Judenviertel, bis König Philipp der Schöne die Juden aus Frankreich vertrieb.

Gros-Horloge: Die *Rue du Gros-Horloge* erstreckt sich von der Place du Vieux-Marché bis zum Dom. Als Fußgängerzone mit ihren vielen Geschäften und ihren restaurierten Häusern (15.–18. Jh.) ist sie die belebteste Straße Rouens. Schon seit dem Mittelalter ist sie Markt- und Handelsstraße.
Die *zwei großen Uhren* eines reichverzierten Renaissance-Torbogens (1527–29) sind das Wahrzeichen der Stadt. Auf seiner Unterseite erkennen Sie ein Relief des Guten Hirten. Die in vergoldetem Blei gefaßten und reichdekorierten Zifferblätter weisen lediglich einen Stundenzeiger auf. Die Uhrmechanik stammt aus dem Jahr 1389 und wurde 1893 überholt. Im unteren Teil der Uhren befindet sich eine Wochentaganzeige (Mo.: der Mond auf einem von Hirschen gezogenen Wagen, Di.: Mars, der Wagen von Wölfen gezogen, Mi.: Merkur, der Wagen von Hähnen gezogen, Do.: Jupiter mit dem Blitz in der Hand, Fr.: Venus und Schwäne, Sa.: Saturn, wie er ein Kind ißt, So.: Apollo auf dem Sonnenwagen). Oberhalb der Ziffern können Sie die aktuelle Mondphase ablesen. Ehe aus Repräsentationsgründen 1527 beschlossen wurde, die Uhren sichtbar zu hängen, befanden sie sich im unmittelbar angrenzenden *Beffroi.* Der erste Turm an dieser Stelle war 1382 abgerissen worden, Karl VII. hatte dadurch ein Zeichen seiner Autorität nach dem Aufstand der Stadt 1381 setzen wollen. Der bestehende Glockenturm

Rouen, Justizpalast

(1398) trägt eine Kuppel aus dem 18.Jh. und läutet nach wie vor täglich um 21 Uhr (einst Zeitpunkt der Ausgangssperre). Im Turm können Sie eine *Sammlung alter Uhren und Uhrwerke* besichtigen. Scheuen Sie nicht die vielen Stufen: von oben haben Sie einen wunderschönen Blick über Rouen.
Direkt am Turm steht ein *Brunnen* aus dem 18.Jh., der den Fluß Alphé und die Nymphe Arethuse darstellt.
Gegenüber vom Beffroi, an der Ecke zur Rue Thouret, befindet sich noch heute das leider sehr stark beschädigte *Rathaus* von 1607.

Hôtel de Bourgtheroulde: Dieses Adelpalais (Burtrude gesprochen) stammt aus dem 16.Jh. Sein Ursprung ist gotisch, man erkennt aber den Einfluß der Renaissance, insbesondere an seinen Reliefs. Der Baumeister war Christian le Roux*. Der *Innenhof* ist reicher in seiner Architektur als die nüchterne Hauptfassade. Dort finden Sie einen interessanten sechseckigen *Treppenturm.*

Tour Jeanne d'Arc: Dieser Bergfried ist das einzige, was von der ehem. Burg, die König Philipp II. August errichten ließ, übrigblieb. Dort wurde Jeanne d'Arc am 9.Mai 1431 gefoltert.
Im Erdgeschoß sind handschriftliche Aufzeichnungen über ihren Prozeß aufbewahrt. Man erreicht die oberen Stockwerke über eine Wendeltreppe. Der erste Stock ist der Geschichte der Burg, der zweite Jeanne d'Arc gewidmet.

Lycée Corneille: Dieses Gymnasium ist eine 1593 erbaute ehem. Jesuitenschule, die viele berühmte Schüler hervorgebracht hat. Corneille wurde 1602 in Rouen geboren (sein Geburtshaus steht in der Rue de la Pie) und ist 1684 in Paris gestorben. Von Beruf ursprünglich Rechtsanwalt, erreichte seine Dichterkarriere 1636 mit dem Theaterstück »Le Cid« ihren Höhepunkt, nämlich die Adelung seiner Familie durch den König. 1647 wurde er zum Mitglied der Académie française ernannt. Im Innenhof sehen Sie seine Statue, die 1939 von Duparc geschaffen wurde.
Auch Flaubert, Maupassant und Maurois besuchten diese Schule. Hier lehrte der Philosoph Alain (sowie Simone de Beauvoir im Lycée Jeanne d'Arc!).

Fierté St-Romain: Dieser kleine zweistöckige Turm mit einer steinernen Laterne an seiner Spitze wurde 1542 erbaut und beherbergte früher den Reliquienschrein St-Romains.
Er lehnt sich an die restaurierte *Tuchhalle (Halle aux Toiles),* die im 16.Jh. entstand und 1944 teilweise zerstört wurde.

Rue des Bons-Enfants: Der Besuch dieser Straße lohnt sich wegen ihrer schönen *Fachwerkhäuser* des 15.Jh. Das Haus Nr.22 zeigt geschnitzte Statuen.

Museen

Musée des Beaux-Arts: Dieses Museum zählt zu den wichtigsten Frankreichs. Zwischen 1988 und 1994 wurde es vollkommen renoviert. Zweimal im Jahr werden dort Wechselausstellungen gezeigt. Die Dauerausstellung gibt einen hervorragenden Überblick über die Entwicklung der Malerei, der Bildhauerei und der Möbelherstellung seit dem 15.Jh. Am Eingang erhalten Sie einen Plan dieses sehr großen Museums, der Ihnen helfen wird, sich zurechtzufinden. Jeder Raum ist einer Schule oder einem besonderen Maler gewidmet. Der Chronologie nach werden Sie Meisterwerke niederländischer, spanischer und italienischer Maler (u.a. Velásquez, Caravaggio, Veronese, Rubens) entdecken. Hier sei insbesondere die »Madonna im Kreis weiblicher Heiliger« (La Vierge et les Saintes) von Gérard David* (1455–1523) im ersten Stock erwähnt. Dieses Gemälde wird als ein Höhepunkt der frühen flämischen Malerei betrachtet. Ein Raum wurde dem in Rouen geborenen Maler Géricault* gewidmet. Weitere Schätze des Hauses sind Werke von Poussin*, Clouet*, Ingres*, Delacroix* sowie eine Sammlung impressionistischer Malerei: Sisley*, Renoir* und Monet*, dessen Bilder des Domes von Rouen zu verschiedenen Tageszeiten am meisten beeindrucken.

Musée de Ferronnerie »le Secq des Tournelles«: Gegenüber der Ostseite des Musée des Beaux-Arts befindet sich dieses Museum der Kunstschmiedearbeiten vom 3. bis zum 19.Jh. Es ist eine der größten Sammlungen dieser Art. Es wurde 1921 in der ehemaligen Kirche St-Laurent (spätgotischer Bau) untergebracht und trägt den Namen des

Rouen, Gros Horloge

Sammlers Le Secq des Tournelles, der seinerzeit über 15000 Kunstwerke zusammentrug. Im Haupt- und Querschiff sind die größeren Werke (Gasthofschilder, Gitter, Balkone und Treppen) zu besichtigen. Links sind verschiedene Schlosserarbeiten und rechts Haushaltsgegenstände zu bewundern. Der erste Stock ist Accessoires und Werkzeugen gewidmet. Bemerkenswerterweise befinden sich in diesem Museum keinerlei Waffen.

Musée de la Céramique: Dieses Keramikmuseum im Hôtel d'Hocqueville des 17.Jh. stellt die *Geschichte der Fayenceherstellung* in Rouen vom Anfang im 16.Jh. bis zum Ende des 18.Jh. dar. Fayence besteht aus in einem Verhältnis von 1:2 gemischten Tonarten (fetter roter Ton von St-Aubain und leichter, sandiger Ton von Quatre-Mare). Nach der Bearbeitung werden sie mit einer Zinnschicht überzogen und anschlie-ßend bemalt und gebrannt. Beachten Sie die Entwicklung der Formen und der Farben: vorerst nur Vasen und Kacheln, die blaue Farbe erinnert an die chinesische Kunst. Um 1670, unter dem Einfluß holländischer Mitarbeiter, entstand im Atelier von Poterat die Farbe Rot. Ab dem 18.Jh. kam die Fayence in Mode. Immer mehr Werkstätten entstanden, und die Vielfalt der Farben sowie der Motive nahmen zu.
Fayencearbeiten aus anderen Städten und Ländern verdeutlichen den Einfluß, den sie auf die Werke aus Rouen ausübten.

Musée des Antiquités de la Seine-Maritime: In einem ehem. Kloster des 17.Jh. wird hier die *Geschichte von Rouen von der Vorgeschichte bis ins 19.Jh.* vorgestellt. Das Museum enthält Bronze- und Glasarbeiten aus der gallorömischen Zeit, das Mosaik der Stadt Lillebonne aus dem 4.Jh., das eine Hirschjagd darstellt und das größte älteste bislang in Frankreich gefundene Mosaik ist, eine beeindruckende Sammlung von Emaillen (12./13.Jh), Elfenbein- (5./16.Jh.) und Holzschnitzereien der Gotik und der Renaissance. Auf jeden Fall sehenswert ist der berühmte Wandteppich der »geflügelten Hirsche« aus dem 15.Jh.

Musée Flaubert (Histoire de la médecine): Im Geburtshaus des Schriftstellers Gustave Flaubert, das ein Nebengebäude eines ehem. Krankenhauses (Hôtel-Dieu 17./18.Jh.) war, werden Erinnerungsstücke an Flaubert sowie chirurgische Werkzeuge und Apothekergegenstände gezeigt, da sein Vater als Chirurg in diesem Krankenhaus tätig war.

Musée Corneille: Hier können Sie das Haus sehen, in dem Corneille 1606 zur Welt kam. Neben zeichnerischen Darstellungen und Modellen des alten Rouen sind Briefe von Corneille, im ersten Stock sein Arbeitsplatz und im zweiten Stock seine Bibliothek mit den ersten Ausgaben seiner Werke zu besichtigen.

Musée Jeanne d'Arc: Dieses privat betriebene Museum liegt gegenüber der Jeanne-d'Arc-Kirche. Es ist bemüht, anhand von Modellen des Schlosses, wo sie gefangengehalten wurde, Zeichnungen, Reproduktionen zeitgenössischer Dokumente, Bücher und der Erzählung ihrer Geschichte durch mit Wachsfiguren gestaltete Szenen (mehrsprachiger Kommentar vom Band) die Erinnerung an sie aufrechtzuerhalten.

Jeanne d'Arc

Die Tochter begüterter Bauern wurde um 1412 während des Hundertjährigen Krieges im lothringischen Domrémy-la-Pucelle geboren. Als Dreizehnjährige hatte sie ihre ersten religiösen Visionen und hörte Stimmen, die sie aufforderten, Frankreich von den Engländern zu befreien.

Nach mehreren Versuchen gelang es ihr, eine Audienz beim Dauphin Karl VII. zu erhalten und ihn von ihrer Mission zu überzeugen. An der Spitze der franz. Truppen ritt sie nach Orléans und konnte die von Engländern belagerte Stadt 1429 befreien. In Patay siegte sie erneut und begleitete darauf den König zur Krönung nach Reims.

Sie wurde im Mai 1430, von den Burgundern in Compiègne gefaßt, gegen eine beachtliche Summe Geldes an die Engländer ausgeliefert. Nach der Überführung nach Rouen sperrte man sie in einen Turm des Schlosses von Phillipp II. August.

Im Februar 1431 eröffnete der Bischof von Beauvais den Prozeß gegen sie. Nach dreimonatigen Verhandlungen wurde sie als Ketzerin und Schismatikerin verurteilt. Indem sie abschwor und versprach, nie mehr männliche Kleidung zu tragen, konnte sie vorerst ihr Leben retten. Die Engländer waren aber über diese Verurteilung zu lebenslänglicher Haft sehr erbost und verlangten ihren Tod. Man kam durch eine List ihrem Wunsch nach: Jeanne d'Arc wurden ihre Frauenkleider genommen und durch Männerkleidung ersetzt. Um nicht nackt zu bleiben, mußte sie diese wohl oder übel anziehen. Als rückfällig angeklagt, wurde sie im Mai auf dem Scheiterhaufen auf dem Place du Vieux-Marché verbrannt. Ihr Herz blieb aber unversehrt und wurde in die Seine geworfen, damit keiner es verherrlichen konnte. Manche wurden in der Tat bei diesem Anblick unsicher und fürchteten schon, eine Heilige verbrannt zu haben. Erst Jahre nach ihrem Tod bat Karl VII., der bis zu diesem Zeitpunkt tatenlos geblieben war, den Papst um eine Überprüfung des Urteils. 1456 wurde Jeanne von der Kirche rehabilitiert und 1920 heiliggesprochen und zur Schutzpatronin Frankreichs ernannt.

Musée d'Histoire naturelle, d'Ethnographie et de Préhistoire: Es befindet sich neben dem Musée des Antiquités und zeigt eine ethnologische und eine vorgeschichtliche Sammlung sowie eine Sammlung von Fauna und Flora der Normandie.

Umgebung

Les Authieux (12 km s): Die *Kirche* aus dem 13./16. Jh. besitzt schöne Glasfenster des 16. Jh.

Bonsecours (4 km östlich): Die neugotische *Basilika Notre-Dame* wurde von Jacques-Eugène Barthélemy* 1840–44 auf einem Hügel erbaut. Auf der Terrasse steht ein *Denkmal für Jeanne d'Arc* (1892). Von hier aus bietet sich ein schöner Blick auf das Hafen- und Industrieviertel von Rouen. – Am *Eingang des Friedhofs* steht eine *Glocke,* »le Gros Léon« genannt, die der Basilika geschenkt wurde, jedoch zu schwer war, um aufgehängt zu werden: sie wiegt 6025 kg. Am Fuß des Kalvarienberges im Friedhof gibt es einen schönen Aussichtspunkt über die Seine (Orientierungstafel). – Hier liegt auch der Dichter J.-M. de Hérédia (Grab an dem Eisengitter mit Efeu erkennbar). Er war Vertreter der »Parnasse«, einer Dichterschule um 1800 in Frankreich.

Belbeuf (9 km s): *Château Belbeuf* wurde 1764–80 erbaut und 1964 renoviert. Es ist ein schöner klassizistischer Bau aus Stein und Ziegeln. Der vordere Giebel wird von zwei Säulen getragen. Sehenswert sind auch das *Vogelhaus* mit emaillierten Ziegeln (17. Jh.) und die *Kirche* (16./18. Jh.), die eine schöne Ausstattung birgt.

Canteleu (6 km w): Von dem Hügel dieses Vorortes von Rouen aus ist eine sehr schöne Aussicht über die Stadt und den Hafen möglich. Das Hauptschiff und der Glockenturm der *Kirche* im Zentrum stammen aus dem 16. Jahrhundert.

Rouens Wirtschaft gestern und heute

Die wirtschaftliche Bedeutung Rouens fing früh an. Schon im 15.Jh. hatte seine Textilindustrie einen ebenso guten Ruf wie die der flämischen Städte. Wein und Getreide wurden von Rouen aus nach England exportiert, und nach der Entdekkung Amerikas eröffnete sich für die Händler und Seeleute ein riesiger Markt. Auch mit Afrika wurde in großem Stil Handel getrieben.

Im 16.Jh. war Rouen die zweitwichtigste Handelsstadt Frankreichs und die fünftwichtigste in Europa.

Die aus Amerika importierte Wolle wurde im 18.Jh. hier versponnen, verwebt und verkauft. Rouen nahm auf diesem Gebiet den ersten Rang ein.

Ein anderer alter Industriezweig Rouens ist die Papierherstellung und damit auch die Druckerei. (Heute werden noch 80% des französischen Zeitungspapiers hier hergestellt.)

Im 19.Jh. bot die Seine aber keine ausreichende Tiefe mehr, um ohne Gefahr größere Schiffe aufnehmen zu können. Der Hafen von Le Havre überholte langsam den von Rouen. Die Vertiefungs- und Befestigungsarbeiten begannen 1848 und endeten erst 1962. Die Ergebnisse sind beeindruckend: bei Ebbe können jetzt bis 250 Meter lange u. 35000 Tonnen schwere Erdöltransportschiffe Rouen erreichen.

Dadurch können Güter per Schiff sehr nahe an den Absatzmarkt herangebracht werden. Als Transitstelle empfäng der Hafen mehr als 4400 Schiffe im Jahr. Hier werden hauptsächlich Kohle, Phosphate, Schwefel, Papier, Obst und Gemüse importiert und Getreide, Mehl, Autos und Investitionsgüter exportiert. Die Bindung an das Hinterland ist wichtig: über den Hafen wird die ganze Region von Paris beliefert, und zugleich werden alle landwirtschaftlichen Erzeugnisse aus den Regionen von Beauce und Brie exportiert. Sieben bis neun Millionen Tonnen werden so jährlich von Rouen aus auf See geschickt.

Viele Firmen, wie Erdölraffinerien, Papier-, Maschinenbau-, Chemie-, u. Schwerindustrien, haben sich infolgedessen auf 20 km die Seine entlang angesiedelt.

In der Stadt selbst sind die Einkommen aus der Tourismusbranche beachtlich. Die meisten Touristen kommen aus England und aus Paris.

Jedoch kann die Nähe der Hauptstadt gleichzeitig hinderlich sein. Öfter wurden Projekte zur Gestaltung der Stadt und ihrer Umgebung abgelehnt, da sie in Paris schon vorhanden waren. Bis zu 2000 Arbeitskräfte pendeln auch täglich nach Paris und entziehen dadurch ihre Leistung der Region von Rouen.

Rouens nächste Aufgabe ist die Einstellung auf Europa und dessen Wirtschaftsdimensionen. Rouen ist darauf bedacht, seine Stellung auf dem internationalen Markt noch weiter zu verbessern. Die Infrastruktur spielt dabei natürlich eine wesentliche Rolle. Unter anderem sollen Autobahnen bald den Norden direkt (d.h. ohne durch Paris fahren zu müssen) mit dem Süden verbinden, die T.G.V.-Strecke nach Lyon ist schon in Betrieb, und man hofft auf weitere neue Schnellzugverbindungen nach dem Norden.

Croisset (16 km w): Der *Pavillon Flaubert* ist der einzige erhaltene Überrest des *Hauses von Flaubert.* Der Schriftsteller schrieb hier »Madame Bovary« und »Salambô«. Heute bergen die Räumlichkeiten ein kleines Museum zu seinen Ehren. Die *Bibliothek Flauberts* ist im *Rathaus* untergebracht.

Mont-Saint-Aignan (5 km nw): In der Rue Louis-Pasteur sind noch die Reste der *Chapelle Saint-Jacques* zu sehen. Diese interessante Kapelle gehörte einer Leproserie (Lepra-Spital), die im 12.Jh. gebaut worden war. Nur das Mittelschiff ist erhalten geblieben. Seine Arkaden mit doppeltem Bogen und seine mit Knospen oder Tierfiguren geschmückten Kapitelle sind sehenswert. Die Fenster sind hoch, schlicht und ausgeschrägt. Es scheint nie Gewölbe gegeben zu haben. Die Fassade wurde im 19.Jh. in Backstein renoviert. Oberhalb der Universität bietet sich ein schöner Blick über das Tal der Seine.

Petit-Quevilly (Rouen), Kapelle des Königshauses (12. Jh.)

Petit-Couronne (8 km sw): Das *Manoir Pierre-Corneille* war das Landhaus der Familie Corneille. Der Vater hatte es 1608 gekauft. Es beherbergt heute ein Museum zur Erinnerung an den Dichter.

Petit-Quevilly (3 km sw): In der Rue Danton stand ursprünglich das königliche Haus von Heinrich II. Plantagenet. Die *Kapelle* (12. Jh.) ist noch zu sehen. Im Innern sind die Gewölbe des Chores mit sehr schönen Fresken geschmückt. Sie wurden 1190 gemalt und stellen u. a. die Erscheinung des Engels bei Maria, die Geburt Christi, die Heiligen Drei Könige und die Flucht nach Ägypten dar.

Routot		
Eure		Haute-Normandie
Einw.: 1000	Höhe: 10 m	S. 257 □ H3

Der Ort liegt s der großen Seineschleife mit dem Naturschutzgebiet *Forêt de Brotonne,* das sich seit 1974 als Parc Naturel Régional de Brotonne die Erhaltung der ursprünglichen Landschaft am linken Unterlauf der Seine zum Ziel gesetzt hat.

Die Ortskirche *Saint-Ouen* stammt aus dem 12. Jh. mit späteren Umbauten (15. und 19. Jh.). – Das benachbarte *Château du Roumois* wurde 1760 von Guy Goissel* erbaut.

Etwa 2,5 km n liegt das gleichnamige Dorf **La Haye-de-Routot** am S-Rand des großen Seinewaldes Forêt de Brotonne. Hierauf weist auch der Name »La Haye« (der Hag, der Hain) hin (vgl. Den Haag).

Die Dorfkirche *Notre-Dame* besitzt ein schönes Portal aus dem 13. Jh. und im Innern verschiedene Figuren (15. Jh.). – Auf dem *Friedhof* stehen zwei uralte *Eiben,* deren Alter auf 1300–1500 Jahre geschätzt wird. Dieser traditionelle Friedhofsbaum spielte sowohl in christl. Frühzeit als auch im Glauben der Kelten als »heiliger Baum« eine große Rolle. Die Bäume mit einem Durchmesser von 8–13 m besitzen in ihrem Innern kleine *Baumkapellen* für Notre-Dame-de-Lourdes (Lourdes-Grotte) und Sainte-Anne.

– Auf uraltes heidnisches Brauchtum geht hier die *Brandnacht Feu de Saint-Clair* (16./17. Juli) mit einem riesigen Scheiterhaufen zurück. Sie stellt das Lichtfest »Lucanaria« dar, das auch als »Beuglées« (Johl-Fest) bekannt und wohl ein Vorläufer des nordischen »Jul-Festes« (Weihnachten) ist, das später in den Winter verlegt wurde (Geburt Jesu). Unter großem Lärmen und Johlen wurden hier die geweihten brennenden Holzscheite (bûches) in den Scheiterhaufen (le bûcher) gesteckt, um ihn zu entzünden. Noch heute gibt es daher die »bûche de Noël« einen Weihnachtskuchen in Form eines Klotzscheits. Auch unser »Christstollen« in seiner typischen Klotzform geht auf diesen Ursprung zurück. Im Rahmen des Projekts Écomusée de la Basse Seine (seit 1971) sind hier auch ein altes *Backhaus,* das Haus eines Holzschuhmachers und das Haus eines Leinwebers zu besichtigen. – Im nahen Dorf **Hauville** (2,5 km nö) zeigt dasselbe Projekt eine restaurierte *Windmühle.*

Umgebung

Aizier (9 km nw): Die sehenswerte Ortskirche *Saint-Pierre* hat ihren romanischen Stil des 11./12. Jh. im n Schiff und in der Chorvierung noch gut bewahrt. Der gut restaurierte Turm zeigt eine schöne Gliederung. – Das Nachbardorf **Vieux-Port** war schon in gallorömischer Zeit Fischerhafen mit schönem Blick auf die Seine.

Bourneville (7 km w): Hier ist seit 1971 ein Zweig des Ökomuseums *Maison des Métiers* eingerichtet, wo in restaurierten Werkstätten alte Handwerkstechniken der Region vorgeführt werden (mit Dokumentation).

Heurteauville (8 km nö): In dem kleinen Moordorf mit Torfstich (für Gartenbau) befindet sich eine guterhaltene *Zehntscheune* des 13. Jh., wo die Bauern den »Zehnten« (Teil des Ertrages) an die gegenüberliegende Abtei Jumièges abliefern mußten. Vom nahen Port Jumièges geht noch heute eine Fähre ans andere Seineufer. – Ganz in der Nähe (2 km sw) liegt die Stelle *Le Chêne à la Cuve,* wo eine riesige, uralte Eiche (chêne) von bizarrer Form zum Naturdenkmal wurde.

La Mailleraye-sur-Seine (10 km n): Der alte Flußhafen besitzt eine Kirche *Saint-Mathurin* aus dem 16. Jh. in Renaissanceform mit schönen Halbreliefs (18. Jh.). – Vom ehem. *Château,* angelegt von Le Notre*, sind nur noch Terrasse und Kapelle des

La Haye-de-Routout (Routout), Baumkapelle ▷

Hauville (Routout), Windmühle

DE LOURDES
1944
E.G.

Ry, Denkmal für Gustave Flaubert

16.Jh. erhalten. – Im Nachbarort **Notre-Dame-de-Bliquetuit** (1 km n) mit schönen *Fachwerkhäusern* steht die gleichnamige *Kirche* (11.Jh., erneuert im 17.Jh.). Sie besitzt einen hübschen romanischen Turm; Chor und Taufbrunnen stammen aus dem 13. bzw. 12.Jh. – Im Informationszentrum Maison du Parc kann man Wissenswertes über den seit 1971 hier weiträumig angelegten Naturpark Parc Naturel Régional de Brotonne erfahren. In der Nähe (gegen N) wurde die imposante Seinebrücke *Pont de Brotonne* gebaut, die seit 1977 den Fluß überspannt. Nahebei erinnert ein riesiger Doppeldecker an die verschollene Besatzung der »Lathan 47«, mit der R. Amundsen 1928 die Überlebenden aus dem Luftschiff »Italia« aus der Arktis retten wollte.

Vatteville-la-Rue (13 km n): Der Ort mit 900 Einwohnern in der Nordwestschleife der Seine war im 16.Jh. einer der wichtigsten Häfen der Flußfischerei (heute versandet). – Die Ortskirche *Saint-Martin* stammt aus dem 15./16.Jh. mit erhaltenen *Fenstern* (15.Jh.). Erinnerungsstücke an die Dorfgeschichte sind hier ausgestellt. – Das Haus *»Fro du Roi«* soll das Jagdhaus von König Franz I. gewesen sein.

Ry

Ry		
Seine-Maritime		Haute-Normandie
Einw.: 650	Höhe: 39 m	S. 257 □ I2

Der Marktort am Flüßchen Crevon ging als literarischer Schauplatz des weltberühmten Romans »Madame Bovary« von Gustave Flaubert (1821–80) in die Geschichte ein, freilich in der Verfremdung als »Yonville-l'Abbaye«. Auch die Hauptfigur des Romans, Emma Bovary, lebte als Delphine Delamare in Ry. Sie hatte mit 17 Jahren den viel älteren Landarzt Delamare geheiratet und ihm ein Kind geboren. Auf ungeklärte Weise hatte sich Delphine, wie im Roman dann auch Emma, sechs Jahre später (mit 23) »im Haus des Doktors« das Leben genommen. Flaubert erfuhr vom nahen Rouen aus um 1850 von diesem tragischen Ereignis, das sich zwei Jahre zuvor zugetragen hatte. Auch der Ehemann, der den Tod seiner Frau nicht verschmerzte, starb bald darauf (ähnlich im Roman). – Die *Galerie Bovary/Musée d'Automates* wurde 1977 in einer ehem. Kelterei des 18.Jh. am Ufer des Crevon eingerichtet. Über 300 automatisch bewegte Puppen stellen in einmaliger Art Szenen aus dem Roman »Madame Bovary« vor entsprechenden Kulissen dar. Ferner erinnern authentische Dokumente und Gegenstände an den Arzt Delamare und seine historische Apotheke/Praxis (um 1850).

Saint-Sulpice: Die Ortskirche mit Glokkenturm wurde im romanischen Stil des 12.Jh. erbaut. Sie besitzt einen schönen Portalvorbau mit Holzschnitzereien in Renaissanceart und im Innern verschiedene Statuen des 16.Jh.

Umgebung

Blainville-Crevon (5 km nw): Die ehem. Stiftskirche (heute Pfarrkirche) *Saint-Michel*

Martainville (Ry), Château ▷

wurde 1489 von Jean d'Estouteville als schönes Beispiel der Flamboyant-Gotik erbaut. Im Innern befinden sich gute (Holz-) *Statuen* und ein *Chorgestühl* mit 42 Sitzen aus dem 15./16. Jh. – Der Ort wird überragt von den Ruinen eines ehemals imposanten *Châteaus* aus dem 12./13. Jh. mit späteren Anbauten (15. Jh.).

Buchy (10 km n): Der Marktort besitzt eine guterhaltene hölzerne *Markthalle* aus dem 16. Jh., wo bis heute ein traditioneller Dienstagsmarkt stattfindet. – Die Kirche *Notre-Dame* aus dem 16. Jh. wurde um 1860 im Neorenaissancestil erneuert. Erhalten sind der ursprüngliche Chor und bes. die Renaissancefenster (Leben Jesu, Hl. Maria, Apokalypse).

Martainville (4 km w): Das gut restaurierte spätmittelalterliche *Château* liegt ca. 15 km ö von Rouen. Der wehrhafte Schloßbau mit seinem von vier Rundtürmen flankierten Haupthaus wurde 1485 von Jacques Le Pelletier, einem reichen Kaufmann aus dem nahen Rouen, erbaut. Der spätgotische Flamboyantstil ist noch am *Hauptportal* mit dreifenstrigem Kapellenerker und den übrigen Fensterpartien gut erkennbar. Die ursprünglichen Wehranlagen (Gräben, Zugbrücke) wurden bei Umbauten im 16. Jh. verändert; dabei wurden auch die Innenräume wohnlicher gemacht. Heute ist im staatlichen Schloß das *Musée départemental des Traditions et Arts Normands* eingerichtet. Das Volkskundemuseum besitzt umfangreiche Sammlungen normannischer Möbelkunst (Schränke, Truhen, Betten etc.) sowie regionale Keramiken, Glaswaren und Trachten aus den Landschaften Bray, Caux und Eure.

Vascœuil (3 km sö): Der kleine Ort (350 Einw.) an der Mündung des Crevon in die Andelle besitzt ein gut restauriertes spätmittelalterliches *Château* des 14.–16. Jh. aus rötlichem Ziegelstein. Der achteckige Seitenturm mit rundem Dachgeschoß neben dem einfach gegliederten Haupthaus zeigt noch den ursprünglichen Wehrstil. Auf der Frontseite steht im franz. Park ein mächtiger *Taubenturm* von 1636 aus roten Ziegeln. – Das seit 1989 hier eingerichtete *Michelet-Museum* (Musée Michelet) erinnert anhand von Dokumenten und Gegenständen an den seinerzeit berühmten Schriftsteller Jules Michelet (1798–1874), der hier teilweise sein umfangreiches Hauptwerk »Histoire de France« verfaßte. – Das staatliche Schloß dient heute als Kulturzentrum und hat sich einen Namen durch seine Ausstellungen über moderne Kunst gemacht (Dalí*, Delvaux*, Folon*, Mathieu*, Vasarely*). Davon zeugt auch die Skulpturengalerie im Schloßpark.

Vascœuil (Ry), Mosaik von F. Léger (l); Vogelmensch (1972) von Dalí (r)

S

Saint-Lô

Manche | Basse-Normandie

Einw.: 27 000 | Höhe: 50 m | S. 254 □ C 4

Die Hauptstadt des Départements Manche liegt auf einer Felsanhöhe über dem Fluß Vire inmitten der Busch-Hecken-Landschaft des Bocage. Der historische Ortskern wurde durch die schweren Bombardements im Juli 1944 fast völlig zerstört und später zumeist in moderner Form wiederaufgebaut. Aus der »Hauptstadt der Trümmer« (la capitale des ruines) wurde ein pulsierendes Handels- und Verwaltungszentrum (Milchwirtschaft).

Geschichte: Der Verkehrsknotenpunkt war schon in der keltischen Frühzeit als »Briovere« (d.h. Virebrücke) bekannt. Im 6.Jh. wurde der Ort nach dem legendären Bischof St. Lô aus dem nahen →Coutances (ca. 30 km sw) benannt, zu dessen Kirchenbereich er gehörte.

Église Notre-Dame: Die ab dem 13.Jh. (bis zum 17.Jh). errichtete Zentralkirche liegt innerhalb der von Bastionen und Wällen bewehrten Altstadt, die daher *L'Enclos* (Enklause) genannt wird. 1944 wurde sie, wie die ganze Altstadt, nahezu völlig zerstört. Erhalten blieb die schöne spätgotische *Außenkanzel* (chaire extérieure) aus Stein an der N-Seite, wo die Bischöfe von Coutances einst Recht sprachen. Auch einige Fenster des 15./16.Jh. sind erhalten; in der *St.-Thomas-Becket-Kapelle* im s Seitenschiff befindet sich ein modernes, großes *Fenster* von Max Ingrand*. Die Kirche wurde nach dem Krieg als Mahnmal des Friedens in vereinfachter Form wiederhergestellt. – Im S der Kirche sind die imposanten mittelalterlichen *Stadtmauern* mit Bastionen z.T. noch gut erhalten.

Église Sainte-Croix: Die ehem. Abteikirche der Augustiner im O der Altstadt weist noch einen romanischen Vorbau und im Innern einige schöne *Kapitelle* auf. Neben dem neuromanischen Chor (um 1860) besitzt sie seit 1954 wieder einen 48 m hohen *Glockenturm* aus Beton.

Musée des Beaux-Arts: Im Rathaus (Hôtel de Ville) ist das interessante *Kunstmuseum* untergebracht. Es umfaßt Werke französischer Maler aus dem 16.–20.Jh. (unter anderem von Corot*, Boudin*, Millet*, Moreau*) sowie Sammlungen von Miniaturen und Gegenständen. Herausragend sind die *Wandteppiche* aus dem 16./17.Jh. Vor allem die »Tapisseries de Gombaut et Macée« schildern die mittelalterliche Liebeslegende von Gombaut und seiner Braut Macée. Sie geben einen guten Einblick in das Leben und Feiern auf dem Land in der Zeit um 1600.

Musée d'Ethnographie et d'Agriculture: Auf dem Landgut Bois Jugan im SO vor der Stadt ist das *Heimatmuseum* eingerichtet. Es dokumentiert Leben und Arbeit der Menschen der Region Manche anhand von alten Werkstätten und bes. landwirtschaftlichen Geräten.

Haras de Saint-Lô: Das berühmte *Staatsgestüt* und Zentrum der Pferdezucht liegt im Osten der Stadt. Es wurde bereits 1806 von Kaiser Napoleon gegründet. Es ist mit über 120 Hengsten verschiedener Rassen (Reit-, Galopp-, Trabrenn- und Kutschpferden) noch heute eines der wichtigsten Gestüte Frankreichs. Deshalb nennt sich Saint-Lô auch »die Stadt des Pferdes«.

Außerdem sehenswert: Die halbrunden Türme und das Mauerwerk der mittelalterlichen *Stadtbefestigungen* (les remparts) sollen auf Karl den Großen zurückgehen. Der Mauerring ist gut erhalten beziehungsweise restauriert und von schönen Parkanlagen umgeben.

Umgebung

La Barre-de-Semilly (5km ö): Die romanische *Dorfkirche* mit Glockenturm stammt aus der zweiten Hälfte des 12.Jh. (Kalk- und Schieferstein). Das Chorgewölbe und die Kapitellskulpturen sind noch aus der Anfangszeit erhalten.
Domjean (19km s): Im NW der Ortschaft liegt das sehenswerte *Château de l'Angotière*. Es entstand in verschiedenen Bauperioden zwischen dem 15. und 19.Jh. und besitzt schöne Möbel aus regionalen Werkstätten. Vom Park bietet sich ein reizvoller Blick auf das Tal der Vire. – In der Nähe (2km w) steht die Wallfahrtskapelle *»Chapelle-sur-Vire«* im gleichnamigen Dorf. Die Marienwallfahrt ist seit dem 12.Jh. bezeugt; in der Kirche befindet sich eine schöne Marienstatue des 15.Jh.
Remilly-sur-Lozon (19km nw): Das nahe gelegene Schloß *Château de Montfort* stammt aus der Zeit um 1500 mit späteren An- und Umbauten. Mit dem schönen Portal, den Treppen und dem von zwei Türmen flankierten Haupthaus bildet es ein zeittypisches Ensemble.
Torigni-sur-Vire (14km sö): Das *Château de Matignon* wurde am Ende des 16.Jh. erbaut, jedoch immer wieder verändert und Anfang des 19.Jh. zu zwei Dritteln abgerissen. Nach der Zerstörung von 1944 wurde das Haupthaus mit zwei Seitenflügeln im Stil des 16./17.Jh. wiedererrichtet. Es besitzt eine *Sammlung schöner Möbel und Wandteppiche* des 17.Jh. – In der Nähe (3km sw) liegt die bizarre Felsformation **»Roches de Ham«** 80m hoch über dem Tal der Vire mit schöner Aussicht.

Saint-Martin-de-Boscherville

Seine-Maritime — Haute-Normandie

Einw.: 1500 — Höhe: 15 m — S. 257 □ H2

Der kleine Marktort liegt nur 10km w von Rouen am Rand des Waldes von Roumare, der den s Seinebogen einnimmt. Der Name »Boscherville« vom nordischen bosk »Busch(wald)« deutet auf frühnormannische Besiedlung hin.

Geschichte: Schon um 1050 gründete hier der einflußreiche Berater Wilhelms des Eroberers, Raoul de Tancarville, an der Seinemündung ein erstes Kloster mit kreuzför-

Saint-Lô, Notre-Dame ▷

Saint-Martin-de-Boscherville, St-Georges, Rundportal

miger Kirche. Im Jahr 1114 übernahmen die Benediktiner die Abtei und errichteten einen typisch normannoromanischen Kirchenbau, der bereits 1125 eingeweiht wurde. Um 1170 folgten Kapitelsaal und Klostergebäude, die jedoch im 17. Jh. wesentlich erneuert wurden. Während der Franz. Revolution 1789 wurde das Kloster aufgelöst und in eine Spinnerei umgewandelt. Die Abteikirche überstand im Unterschied zu den Konventgebäuden die Wirren fast unversehrt, da sie an der Stelle der baufälligen Pfarrkirche *Saint-Martin* (daher der Ortsname) für den Gottesdienst verwendet werden durfte. Dieser Funktion dient die für den Ort ungewöhnlich große ehem. Abteikirche Saint-Georges bis heute.

Église Saint-Georges: Der klassisch-romanische Kirchenbau blickt fast wie einst gegen O noch ins Wiesenland und im W auf den geräumigen Marktplatz. Seine *Westfassade* zeigt über dem reich skulptierten *Rundportal* (Haupteingang) zwei Stockwerke mit je drei Bogenfenstern. Sie wird flankiert von zwei schlanken, hohen *Spitztürmen* mit Fensterdurchbrüchen im Obergeschoß. – Das *Innere* besteht aus einem achtjochigen *Langhaus* mit schmalen, niedrigen Seitenschiffen, einem zweijochigen *Querhaus* mit halbrunder Apsis, der Vierung mit *Laternenturm* (tour-lanterne) und dem dreischiffigen Chor mit Ostapsis. – Der innere *Wandaufbau* ist stilgerecht dreiteilig: Über den großen Arkaden mit durch Halbsäulen gegliederten Pfeilern verläuft das kurze Triforium mit vier Teilbögen und darüber der hohe Obergaden mit vorgestelltem Laufgang. Das gotische Rippengewölbe des 13. Jh. beeinträchtigt etwas die romanische Symmetrie. Der *Laternenturm* zeigt ein achtteiliges Gewölbe; in den Querschiffen sind zwei Tribünen zu sehen, deren Bogenzwickel mit *Skulpturenreliefs* geschmückt sind (Ritter, Abt). Auch sonst sind die *Kapitelle* reich skulptiert, im Gegensatz zur nahezu schmucklosen Innenausstattung (Orgel von 1677 und Chorgestühl von 1736). Gerade dadurch aber wirkt der im 19. Jh. restaurierte Sakralraum in seiner stillen architektonischen Würde. – Der angebaute, trotz Umbau des 17. Jh. in seinem ursprünglichen Zustand erhaltene *Kapitelsaal* von 1170 zeigt bemerkenswerte *Kapitelle* an den drei Portalbögen. In den Skulpturen wird die Ordensregel des hl. Benedikt bildhaft dargestellt (Gehorsam, Warnung vor Frauen, Ziel der ewigen Seligkeit).

Saint-Pierre-sur-Dives, Abbaye St-Pierre

Umgebung

Quevillon (3 km s): Bei dem kleinen Ort (500 Einw.) im Seinetal liegt das *Château de la Rivière-Bourdet.* Der prächtige Bau aus der ersten Hälfte des 17. Jh. wurde von Maignart de Bernières auf Resten eines mittelalterlichen Manoir (Wehrhaus) erbaut. Sehenswert sind der *Taubenturm* (Colombier) von 1668 und die im klassizistischen Stil gebauten Stallungen (écuries) vom Ende des 18. Jh. Im Schloß war auch Voltaire des öfteren zu Gast. – Im Nachbardorf **Saint-Pièrre-de-Manneville** (2 km s) befindet sich eine im 16. Jh. restaurierte mittelalterliche Kirche. – Das im W anschließende Waldgebiet *Forêt (domaniale) de Roumare* umfaßt ca. 4000 ha schönen Laubwaldes, bes. mit Eichen (chênes), (Rot-)Buchen (hêtres) und Weißbuchen (charmes). Hier soll schon der legendäre Normannenfürst Rollo (Rolf) um 900 gerne gejagt haben. Man erzählt, er habe einmal eine Goldkette an einem Eichenast hängen lassen und nach einem Jahr wieder vorgefunden (als Ehrlichkeitsprobe).

Sahur (8 km s): Bei dem Ort mit 1000 Einw. im S der Seineschleife liegt das *Manoir de Marbeu* (Herrenhaus), das 1515 auf älteren Teilen erneuert wurde. In der Schloßkapelle erfüllte Königin Anna (von Österreich), Gemahlin Ludwigs XIII., ihr Gelübde, bei der Geburt eines Sohnes sein Gewicht in Silber zu spenden. Als nach über 20jähriger kinderloser Ehe 1638 der spätere »Sonnenkönig« Ludwig XIV. zur Welt kam, stiftete sie eine 12 Pfund schwere silberne Madonnenstatue, die jedoch in den Wirren der Franz. Revolution verschwand. – Von hier bietet sich ein schöner Blick auf die Burgruine des *Château Robert-le-Diable* am anderen Seineufer (siehe Elbeuf).

Saint-Pierre-sur-Dives		
Calvados		Basse-Normandie
Einw.: 4500	Höhe: 40 m	S. 258 □ F 4

Der kleine Ort an der Dives blickt auf eine fast 1000jährige Geschichte zurück. Bereits unter den frühen Normannenherzögen des 19. Jh. wurde hier mit einem Brücken- und Festungsbau begonnen (kaum Spuren erhalten). – Heute ist der Ort ein landwirtschaftliches Zentrum im Pays d'Auge mit der Herstellung des typischen Käses (eigenes Käsemuseum) sowie von Spanschachteln für Käse und Holzverarbeitung.

Abbaye St-Pierre: Die erste Benediktinerabtei wurde um das Jahr 1000 von der Familie der Normannenherzöge gegründet und zu einer Brückenfestung ausgebaut. Heinrich I. Beauclerc zerstörte das Wehrkloster, nach dem auch der Ort benannt ist, gelobte aber 1108 seinen Wiederaufbau. Mit tatkräftiger Hilfe der Bevölkerung wurde in den folgenden Jahrzehnten mit dem Bau der romanischen Abteikirche begonnen, der sich jedoch bis weit ins 13. Jh. hineinzog. Dies ist an der *W-Fassade* gut ersichtlich: Dem noch romanischen *Südturm* mit mehreren schön gegliederten Stockwerken und hohem steinernem Helm steht der spätgotische *Nordturm* mit drei schlanken Etagen und niedrigerem Dach gegenüber. Weitere Zeugnisse der romanischen Zeit sind der zweistöckige, wuchtige *Vierungsturm* (Laternenturm) und das n Rundbogenportal. Das Westportal stammt aus der zweiten Hälfte des 13. Jh.; das Maßwerk des großen sechsbahnigen *W-Fensters* (mit Marienstatue) wurde erst im 15. Jh. angelegt. Das sechsjochige *Langschiff* mit dreiteiligem Wandaufbau des 13. Jh. zeigt noch die kräftigen runden Pfeiler, bes. in der Vierung, aus der romanischen Bauphase (mit flachem Holzdach). Erst im 15. Jh. wurde über den erneuerten Fenstern des Obergadens das spätgotische *Kreuzgewölbe* eingezogen. Während die Seitenschiffe keine Kapellen begleiten, eröffnen sich vom *Chorumgang* 5 große Kranzkapellen

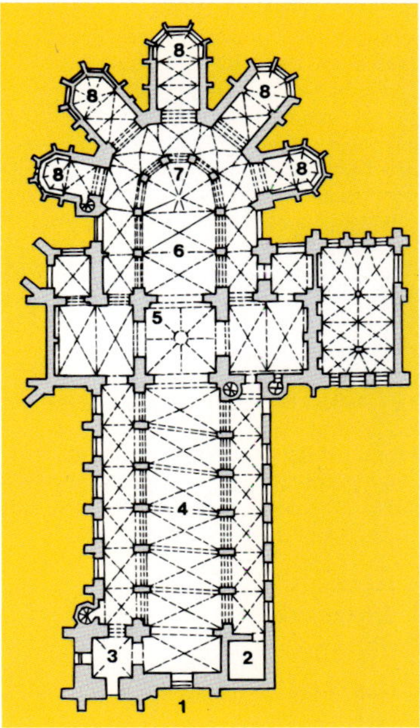

Saint-Pierre-sur-Dives, St-Pierre, Abteikirche **1** W-Fassade **2** romanischer S-Turm **3** spätgotischer N-Turm **4** Langschiff **5** Vierung **6** Chor **7** Chorumgang mit **8** fünf Kranzkapellen **9** Kapitelsaal

mit z.T. großen Barockaltären. – Der teilweise restaurierte *Kreuzgang* an der S-Seite führt zum zweischiffigen *Kapitelsaal* des 13.Jh. mit schönen Resten alter Bodenfliesen. – Das mehrmals restaurierte Klosterensemble gehört zu den am besten erhaltenen Klosteranlagen der Normandie. Nachdem der Konvent 1790 während der Franz. Revolution aufgelöst worden war, diente die Kirche der Pfarrgemeinde. – Im ö Klosterflügel ist seit 1988 das örtliche *Käsemuseum* untergebracht (Musée du Conservatoire des Techniques fromagères traditionelles de Normandie.

Les Halles: Die in ihrer Art einmalige mittelalterliche *Markthalle* am Marktplatz geht bereits auf das 11./12.Jh. zurück. Der 100 m lange Holzbau ist eine architektonische Meisterleistung der plangetreuen Rekonstruktion nach der Zerstörung im Juni 1944.

Umgebung

Canon (6 km nw): Hier befindet sich ein hübsches *Château* des 18.Jh., das von einem Freund Voltaires, dem Anwalt Beaumont, erbaut wurde. In seinem gepflegten franz. Park stehen eine Fülle von Statuen im Zeitgeschmack. – Der Nachbarort **Condé-sur-Ifs** besitzt eine *Kirche* mit gotischem Portal des 13.Jh.; in der Nähe liegt die Stelle *Pierre Cornue* mit prähistorischen Megalithen (Menhiren), die zu den schönsten der Region zählen. – Die Kirche Saint-Aubin in **Ouézy** (1 km nw von Canon) gehörte bereits im 11.Jh. zur Abtei von Jumièges (wenige Spuren erhalten). Von dem Bau des späten 12.Jh. ist insbesondere das *Relief* über dem Türsturz zum Nordchor interessant: Unter dem Türbogen wird ein liegender Heiliger (mit Kissen) dargestellt, vermutlich der schlafende Jakobus (am Berg Tabor).

Norrey-en-Auge (16 km s): Die romanische *Dorfkirche* in einfachem Stil stammt aus dem 11.Jh.; in ihr haben sich Spuren alter *Wandmalereien* erhalten.

Sainte-Marie-aux-Anglais (7 km nö): In der kleinen romanischen *Dorfkirche* im Tal der Viette blieb ein sehr schöner *Freskenzyklus* aus dem 12.–16.Jh. erhalten. Dargestellt wird u.a. das Leben Christi und verschiedener Heiliger.

Vendeuvre (5 km sw): Das schöne *Château* am Ortsrand liegt am Ufer der Dives mit gepflegten franz. Parkanlagen (Alleen). Es wurde im Auftrag des Marquis de Vendeuvre im Jahr 1750 vom Architekten Blondel* als Sommerschloß errichtet. In der dazugehörigen *Orangerie* ist das kuriose *Miniaturmöbel-Museum* eingerichtet (Musée du mobilier miniature): Hier sind Nachbildungen von Kunstmöbeln aller Art vom 16.–19.Jh. zu sehen. – Im Nachbardorf **Jort** (1,5 km s) steht die interessante romanisch-gotische *Kirche Saint-Gervais* (Ende 12.Jh.). Die W-Fassade mit flachen Strebepfeilern besitzt ein breites Portal mit romanisch verzierter Archivolte, während das Langhaus bereits gotische Rundpfeiler mit Spitzbögen aufweist.

Vieux-Pont (6 km nö): In der *Dorfkirche* sind im unteren Teil des Mauerwerks vorromanische Bauelemente aus gallochristlicher Zeit erhalten, u.a. einige Steine mit lateinischen Inschriften.

Saint-Sauveur-le-Vicomte

Manche	Basse-Normandie
Einw.: 2300	Höhe: 40 m	S.254 □ B3

In der Bocage-Landschaft des nördlichen Cotentin liegt am Ufer der Douve der mittelalterliche Festungsort, der besonders im Hundertjährigen Krieg hart umkämpft war.

Église: Die Ortskirche mit Querschiff aus dem 13.Jh. wurde im 15.Jh. umgestaltet. Am Chorzugang befinden sich eine schöne Ecce-Homo-Darstellung (16.Jh.) und eine Statue des hl. Jakobus (15.Jh.).

Abbaye bénédictine: Gegen Süden liegt im Tal der Douve die ehemalige Benediktinerabtei. Sie wurde bereits im 11.Jahrhundert gegründet, jedoch während des Hundertjährigen Krieges nahezu zerstört. Die Ordensgründerin der Barmherzigen Schwestern, Marie-Magdeleine Postel (1925 heiliggesprochen), ließ die Abtei für ihren Konvent ab 1832 wiederherstellen. – Die *Abteikirche* (Abbatiale) weist an ihrer Südseite noch romanische Bauteile auf, mit robusten Arkaden unter Blend-Triforium und Obergaden. In der *Apsis* befindet sich das

Ouézy (Saint-Pierre-sur-Dives), Saint-Aubin, Relief über dem Türsturz

hölzerne Altarbild des Jesuskindes (15.Jh.); im *nördlichen Querhaus* ist das Grabmal der Ordensgründerin zu sehen. Eine kleine Ausstellung (Pförtnerhaus) erläutert die Klostergeschichte.

Château: Die ursprünglich normannische Ritterburg der Familien Néel und Harcourt (12.Jh.) am Ufer der Douve besitzt noch einige alte Bauteile, zum Beispiel den 25 m hohen quadratischen *Donjon* (Bergfried) und zwei weitere Festungstürme. Die späteren Anbauten stammen aus dem 14. und dem 17.Jh., als Ludwig XIV. dort 1691 ein Hospiz einrichtete. Heute dient es noch als Altenheim.

Musée Barbey d'Aurevilly: Für den hier geborenen, seinerzeit berühmten Schriftsteller Jules Barbey d'Aurevilly (1808–1889) wurde in seinem Elternhaus (Rue Bottin-Desylles 66) ein *Gedenkmuseum* eingerichtet. Der Bildhauer Rodin* schuf unter anderem die Bronzebüste des Schriftstellers vor dem Schloß.

Umgebung

Bricquebec (14 km nw): Der malerische Ort (ca. 3700 Einw.) besitzt eine der besterhaltenen ma *Burgen* im Département Manche. Eindrucksvoll ist der 22 m hohe polygonale *Donjon* (13.Jh.). Die wehrhaften Ringmauern und Burggebäude stammen meist aus dem 14. u. 15. Jh. Zu besichtigen sind ein guterhaltener *Rittersaal* (salle des gros piliers) und das *Hôtel du Vieux Château* (mit Arkaden des 13.Jh.). Der *Uhrturm* (Tour de l'Horloge) beherbergt ein *Volkskundemuseum* (Musée d'Ethnographie Régionale) zur Burg- und Heimatgeschichte. – In der Nähe (2 km n) liegt das Kloster **Abbaye Notre-Dame-de-Grâce,** gegr. 1824 von Abt Onfroy, und heute von Zisterziensern bewohnt.
Neufmesnil (9 km s): In Ortsnähe (2 km ö) liegt die Prämonstratenserabtei *Abbaye de Blanchelande.* Sie wurde 1154 von Richard de la Haye gegr. Aus dieser Zeit besteht noch das gewölbte Refektorium; Kapelle

und Eingangstor stammen aus dem 13.Jh. Die Wohnräume wurden im 18.Jh. erneuert.

Orglandes (8km nö): Die mittelalterliche, z.T. noch romanische *Dorfkirche* zeigt schöne *Kapitelle* am Triumphbogen und Umbauten aus dem 15.Jh. Beachtenswert ist das *Flachrelief* im Torbogen des Südeingangs: Es stellt den segnenden Christus in der Mandorla dar, umgeben von den Evangelisten, außerdem Petrus und Paulus.

Saint-Sauveur-de-Pierrepont (8km sw): Der Ort besitzt eine *Kirche* aus dem 12.Jh., die jedoch nach der Zerstörung im 2.Weltkrieg wesentlich umgebaut wurde. Sehenswert ist das *Kalkplattenrelief,* heute über dem Eingang zur Taufkapelle angebracht: Es zeigt den thronenden Christus in der Mandorla in bes. erhabener Gestaltung. Auf dem nahen Friedhof sind Reste des ehem. Chors mit interessanten Skulpturen erhalten.

Saint-Vaast-la-Hougue

Manche — Basse-Normandie

Einw.: 2300 — Höhe: 0–8 m — S. 254 □ C2

Der lebhafte Küstenort besitzt einen malerischen Fischerei- und Yachthafen und ist bekannt für seine Austernzucht (Austernbänke im S und bei der Insel Île de Tatihou).

Geschichte: Der Apostel der Flandern, St. Vaast, der bes. in →Fécamp verehrt wurde, gab der einst von dort aus gegründeten Pfarrei den Namen. Der vom Fort de la Hougue bewachte Hafen war im Hundertjährigen Krieg eines der Landungszentren der englischen Armee. Von dort verließen 1453 auch die letzten englischen Schiffe das normannische Festland. 1692 unterlag hier die Flotte von Admiral Tourville den vereinigten Engländern und Holländern.

Fort de la Hougue: Das guterhaltene Fort auf einer sich nach S erstreckenden Landzunge (ca. 2km) wurde nach der Niederlage der französischen Flotte (1692) auf Geheiß Ludwigs XIV. von dem Festungsbaumeister Marquis de Vauban* errichtet.

Forts de l'Île Tatihou: Gleichzeitig mit dem Fort de la Hougue befestigte Vauban* auch die vorgelagerte Küsteninsel Île de Tatihou mit Bollwerken und wuchtigen, weithin sichtbaren Wehrtürmen. Später (19.Jh.) folgten noch andere Militär- und Zivilanlagen (z.B. Kapelle und Militärmusuem »musée maritime«).

Außerdem sehenswert: Am Hafen befindet sich das Kirchlein *Chapelle des Marins,* dessen z.T. romanischer Chor auf die Ursprungszeit im 12.Jh. zurückweist. – Vom Hafen führt eine Mole zum *Leuchtturm* mit guter Sicht aufs Meer.

Umgebung

Quettehou (3km nw): Die *Ortskirche* (13.Jh.) ist typisch für die normannische Bauweise auf einfachem Grundriß (ergänzt im 15.Jh.) mit Glockenturm (16.Jh.) und Kapelle (17.Jh.).

Réville (4km n): Der kleine Ort im Mündungsgebiet des Flusses Saire (Val de Saire) besitzt eine mittelalterliche *Kirche* mit romanisch-gotischen Stilelementen. Von der nahen *Pointe de Saire* (2km sö) bietet sich ein schöner Anblick auf die Bucht und das

Crosville-sur-Douve bei Saint-Sauveur-le-Vicomte, Château (17. Jh.) ▷

Saint-Vaast-la-Hougue, Leuchtturm

Sées, Kathedrale, Konsole in der Vierung, Detail

Sées, Kathedrale, Glasfenster (14. Jh.)

Meer gegen S. – Von der Kirche des Dorfes **La Pernelle** (3 km w) auf den Höhen des Hügellandes (123 m) hat man einen guten Ausblick auf die Küste und die Landschaft des Val de Saire.

Sées

Orne	Basse-Normandie
Einw.: 5000	Höhe: 188 m S. 258 □ F 5

Das stille Landstädtchen liegt im Quellgebiet des Flusses Orne, der dem ganzen Département den Namen gab. In einem weiten Bogen durchfließt die Orne die Normandie von S nach N und mündet hinter Caen ins Meer. Seit 1975 ist die idyllische Landschaft zwischen Sées im O und →Mortain im W zum großräumigen Naturpark erklärt worden *(Parc Naturel Régional Normandie-Maine).*

Geschichte: Der bereits in gallorömischer Zeit besiedelte Ort mit dem Namen »Sagium« (Saii) gehört zu den frühen Stätten der Christianisierung des Gebietes. Nachdem Rotomagus, das spätere →Rouen, schon um 260 Bischofssitz wurde, folgten bald auch die Orte Evreux, Lisieux, Bayeux, Coutances, Avranches und auch Sées als Zentren kirchlicher Diözesen (4. Jh.) auf der Basis der spätrömischen Verwaltungseinheiten. Als erster Bischof wird der hl. Laurin überliefert, der bereits einen frühen Kirchenbau begonnen haben soll. Die im 5. Jh. gegr. Abtei St-Martin wurde, zusammen mit den anderen Sakralbauten, während der Wikingereinfälle des 9. Jh. zerstört. Nach deren Seßhaftwerdung und Bekehrung bauten ihre Nachkommen, die christlichen Normannen, erneut Kirchen (11.– 12. Jh.).

Kathedrale Notre-Dame: Der »Liebfrauendom« von Sées wurde nach der Zerstörung verschiedener romanischer Vorgängerbauten im strengen gotischen Stil des 13. Jh. errichtet und um 1310 eingeweiht. Die hochgotische Kathedrale erlitt in ihrer Geschichte nicht nur starke Schäden durch Brände und Kriege, so daß sie fast zur Ruine wurde. Wegen der unsicheren Fundamente waren an der Außenseite immer neue Sicherungsanbauten in Form von *Strebepfeilern*

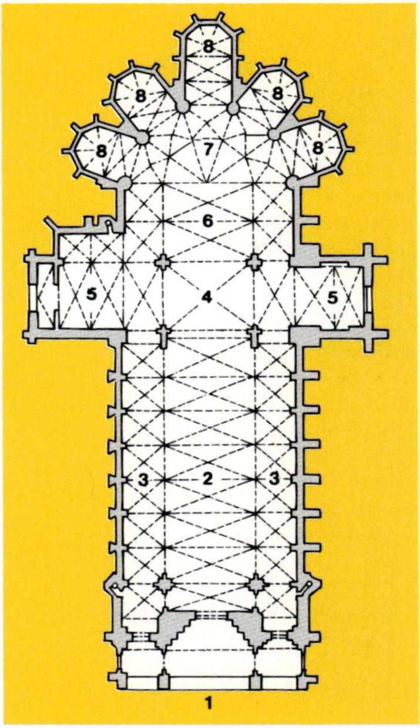

Sées, Kathedrale Notre-Dame 1 W-Fassade mit Portalfront und zwei Türmen **2** Hauptschiff **3** Seitenschiffe **4** Vierung **5** Querschiffe **6** Chor **7** Chorumgang **8** Chorkapellen

und *Stützmauern* nötig. Sie bestimmen bis heute den überschweren, bodenlastigen Eindruck des in seiner Weise einmaligen Bauwerks. Erst Ende des 19. Jh. wurde eine bleibende Restaurierung und Sicherung erreicht, die dem Aussehen der Anfangszeit nahe kommt: Im W zwei dreigeschossige, spitz auslaufende *Türme* und eine dreifache *Portalfront* mit dominierendem Mittelportal; wuchtige Strebepfeiler sichern die Turmbasen.

Innenraum: Der Grundriß (s. oben) zeigt ein dreischiffiges *Langhaus* mit sieben Jochen. Vom *Chorumgang,* der Vierung und Querschiff folgt, fächern sich fünf *Apsiskapellen* nach O hin. Das Ganze wird von mächtigen Strebepfeilern und -bögen zusammengehalten. Die Wände des Hauptschiffs sind dreiteilig, mit großen Arkaden, darüber Triforium und Obergaden. Interessant sind die

Vierungskonsolen, die in menschlichen Figuren (Gesichtern) enden; darunter drei Friese mit Pflanzen-, Tier- und Menschendarstellungen. Das Querschiff und die Chorkapellen besitzen großteils noch die farbigen *Glasfenster* aus der Anfangszeit (14. Jh.).

Ancien Évêché (Altes Bischofspalais): Neben der Kathedrale (im SO) ließ sich Bischof Argentré, einer der Erzieher Ludwigs XIV., im Jahr 1778 eine der Zeit entsprechend prunkvolle Residenz erbauen.

Außerdem sehenswert: Auf der Südseite der Orne erheben sich die ehem. *Abtei St-Martin* (Ancienne Abbaye St-Martin) aus dem 18. Jh. und die Kirche *Notre-Dame de la Place* mit 12 Relieftafeln des 16. Jh. zum Neuen Testament. – Von der Kirche *St-Pierre* sind nur noch der Glockenturm und Reste der benachbarten Festung erhalten. – In der Nähe befinden sich auch die alten *Kornhallen* (Anciennes Halles), ein Rundbau des 19. Jh. Dort sind heute eine Bibliothek und ein Kulturzentrum untergebracht.

Museum religiöser Kunst (Musée départemental d'Art religieux): Das Diözesanmuseum im alten Kapitelgebäude (Nähe Kathedrale) informiert über die kirchl. und liturg. Geschichte der alten Bischofsstadt Sées.

T

Thaon

Calvados		Basse-Normandie
Einw.: 600	Höhe: 30 m	S. 255 □ E 3

Außerhalb des Dorfes, im stillen Bachtal der Mue, liegt die Kirchenruine der ehem. Pfarrkirche **Saint-Pierre.** Ihr eindrucksvoller Turm stammt aus der Mitte des 11. Jh., während Langhaus und Chor im 12. Jh. errichtet wurden. Die einstigen Seitenschiffe wurden im 18. Jh. abgerissen und die Arkaden zum Mittelschiff zu Außenwänden ver-

Sées, Museum für religiöse Kunst, Skulptur

Thaon, St-Pierre ▷

mauert; seit 1840 ist die Kirche verwaist. Die erhaltene Architektur besticht durch ihren unverfälschten romanischen Stil. Die Kapitelle zwischen den vermauerten Arkaden zeigen originelle Konsolen mit Fratzen und Dämonengestalten (besonders an der S-Wand). Auch der normannische Zickzackfries und die typische Ornamentik am W-Portal sind noch sichtbar. Das Schmuckstück ist der schön gegliederte, mehrgeschossige *Turm* mit seinem steinernen Pyramidendach und prächtigen Arkadenfenstern. Auch den Chor schmücken hohe, schmale Blendarkaden.

Château Fontaine-Henry: Etwas flußab im Tal der Mue (1,5 km n) liegt in einer gepflegten Parkanlage das bezaubernde Schloßensemble im Renaissancestil des 15./16. Jh. Ursprünglich stand hier eine Burgfestung des 12. Jh. zur Sicherung des Muetales. Vor allem Graf Henry de Tilly, der dem Schloß auch seinen Vornamen verlieh, errichtete im 13. Jh. die noch erhaltene *Schloßkapelle* (später erneuert) und andere Anlagen. Die im Hundertjährigen Krieg fast völlig zerstörte Ruine wurde später von der berühmten Adelsfamilie d'Harcourt erworben. Von ihr wurde in der Renaissance der heutige Komplex auf alten Resten erbaut. Der etwas ältere Teil ist das *Herrenhaus* (rechts) mit schön verzierter *Fassade* (Reliefs, Medaillons) und einem viereckigen Balustradenturm in der Mitte. Daneben entstand um 1532 der mit seinem steilen Schieferdach weit höher aufragende *Pavillon* mit Kaminen, an den seitlich ein runder *Treppenturm* angesetzt ist. – Das Innere birgt eine interessante *Sammlung von Möbeln, Porzellan und Gemälden des 17. bis 19. Jh.* – Außerhalb des Parks steht die romanische *Dorfkirche* (12./13. Jh.) mit schönem Doppelkopfrelief am N-Portal und säulenverzierten Blendarkaden.

Château de Brécy (Thaon)

Umgebung

Bény-sur-Mer (4 km n): Die romanische *Ortskirche* besitzt einen schönen Turm aus dem 12. Jh. mit Turmhelm aus dem 18. Jh. – Das nahe gelegene *Château* inmitten eines Parkes stammt aus der Zeit um 1700.

Bernières-sur-Mer (12 km n): Der kleine Meerbadeort mit ca. 1500 Einw. besitzt eine interessante romanische *Kirche* aus dem 12. Jh. mit Umbauten aus dem 14. Jh. Eindrucksvoll ist der 67 m hohe, dreistöckige, spitz auslaufende Turm aus dem 13. Jh., der zum Ortswahrzeichen wurde. Das sechsjochige Hauptschiff mit niedrigen Seitenschiffen zeigt schöne Kapitellfiguren; sehenswert sind auch das doppelreihige Chorgestühl (mit Miserikordien), das Gemälde des Pestheiligen Rochus (1832) und das steinerne Altarretabel des 17. Jh.

Brécy (7 km nw): Das *Château de Brécy* wurde um 1650 als Sitz der Familie Le Bas erbaut. Prachtvoll sind bes. die terrassenförmig angelegten Parkanlagen mit Portalen und Skulpturen. – Die dazugehörige *Schloßkapelle* des 13. Jh. besitzt ein schönes *Portal* des 15. Jh. – Das benachbarte ehem. Kloster *Prieuré de Saint-Gabriel* (1,5 km n) wurde schon 1058 gegr. Der Chor der *Klosterkirche* des 12. Jh. ist ein hervorragendes Beispiel der roman. Baukunst der Normandie (geometr. Dekors). Erhalten sind auch das *Torhaus* (13. Jh.), das *ehem. Wohnhaus* (»Manoir«) aus dem 15. Jh. und das zweischiffige *Refektorium* (14. Jh.). Das harmonische Bauwerk beherbergt heute eine Gartenbauschule.

Courseulles-sur-Mer (12 km n): Der typische Strandbadeort mit ca. 3000 Einw. liegt an der sog. »Côte de Nacre« (Perlmutter-küste) und ist vor allem für seine Austernzucht bekannt. Die gutausgestattete *Maison de la Mer* (Place du 6 Juin) gibt mit Dokumentationen (u.a. Aquarium) einen Einblick in diesen Wirtschaftszweig. – Im Flußtal der nahen Seulles befindet sich das einst gut befestigte Wehrschloß, das Marquis François d'O um 1557 zu einem *Château* umbaute. – Am Ortsrand erinnert ein *Denkmal* mit 18 m hohem Lothringerkreuz an den Begründer der 5. Republik, General de Gaulle, der hier am 14. Juni 1944 an Land ging.

Creully (6 km nw): Die normannische *Festung* der Barone von Creully aus dem 11./12. Jh. überragt das Tal der Seulle und die Kleinstadt mit ca. 1000 Einw. mit seinem guterhaltenen *Donjon* (13. Jh.) und den wehrhaften, von Wällen und Gräben geschützten Mauern. Der schlichten Fassade ist ein runder, dreistöckiger Renaissance-Treppenturm mit Kuppeldach vorgesetzt. Im Innern sind Gewölbe des 12. Jh. erhalten. Im 15. Jh. wurden wesentliche Teile erneuert (Wohngebäude) und im 16./17. Jh. umgebaut. Hier wurde nach der Invasion 1944 der britische Sender BBC installiert. Im gegenüberliegenden Schloß auf der anderen Talseite war das britische Hauptquartier von Marschall Montgomery (Treffen von Churchill mit de Gaulle). Die nahe *Ortskirche* beim Marktplatz mit reizvollen Häusern des 18. Jh. geht z.T. auf das 12. Jh. zurück (erneuert im 15. Jh.). – Im Nachbardorf **Colombiers-sur-Seulles** (1,5 km nö) befindet sich die *Kirche Saint-Vigor* in malerischer Lage am Ufer der Seulle. Sehenswert ist ihr quadrat. normannischer Turm (12. Jh.) mit seinem typischen pyramidenförmigen Turmhelm. Er zeigt in den oberen Stockwerken schöne geometrische Dekors mit Halbsäulen und schmale von schlanken Säulen umfangene Kuppelfenster.

Secqueville-en-Bessin (5 km sw): Das Dorf im Kernland des Bessin besitzt eine bemerkenswerte Kirche *St-Sulpice* aus dem 11. Jh. in typischer normannischer Architektur (reiche geometrische Muster über den Innenarkaden). Hier wird sowohl der Einfluß von Bayeux als auch vom nahen Thaon und Caen deutlich. Herausragend ist der schöngegliederte, vierstöckige Vierungsturm mit reichem Arkadenschmuck und einer Turmspitze aus dem 13. Jh. mit Ecktürmchen. Während Hauptschiff und Querhaus in der ursprünglichen Form des 11./12. Jh. erhalten sind, wurde der Chor im 17. Jh. klassisch erneuert. Interessant ist das Skulpturenwerk der Kapitelle. – In Ortsnähe (2 km ö) liegt das **Château von Lasson,** das um 1530 im Stil der frühen Renaissance errichtet wurde (mit z.T. mittelalterlicher Schloßkapelle und alten Grabmälern auf dem Friedhof).

Brécy (Thaon), Prieuré de St-Gabriel, Ritzungen im Turmgefängnis

Thury-Harcourt, Ortskirche

Thury-Harcourt		
Calvados		Basse-Normandie
Einw.: 1700	Höhe: 82 m	S. 255 □ E 4

Das liebenswürdige Städtchen am Ufer der Orne führt seinen Beinamen »Harcourt« seit dem 17. Jahrhundert nach dem berühmten Herzogsgeschlecht, das damals seinen Stammsitz hierher verlegte. Der Ort ist das nördliche Tor zum beliebten Ausflugsgebiet der »Normannischen Schweiz« (Suisse normande), die sich von hier aus malerisch an den Steilufern der Orne über 90 km nach Südosten hinzieht.

Château: Spuren verweisen auf eine normannische Burg des 11. Jh., deren Erbauer Raoul Tesson, ein Vasall Wilhelms des Eroberers, war. Um 1700 verlegten die Herzöge von Harcourt (bei Evreux) ihren Sitz nach Thury und errichteten ein repräsentatives Schloß. Von dem im 2. Weltkrieg 1944 schwer beschädigten Bau wurden die Eingangspavillons und die Kapelle wieder restauriert. Sehenswert ist der 70 ha große *Schloßpark* (les Jardins) im englischen Stil. Er erstreckt sich mit botanischen Gärten, Rosarium und einem »Pavillon de Fantaisie« (18. Jh.) entlang dem Orneufer.

Außerdem sehenswert: Die *Ortskirche* geht im Kern auf das 11. Jh. zurück, wurde aber mehrfach umgebaut und erneuert (zuletzt 1981). Die romanischen Elemente an Portal und Schiff sind z.T. noch erkennbar; im Innenraum befindet sich eine Madonnenfigur des 16. Jh.

Umgebung

Clécy (16 km s): Der reizvolle Ausflugsort (1100 Einw.) mit winkligen kleinen Gassen über dem Ornetal betrachtet sich als Mittelpunkt der »Normannischen Schweiz« *(Capitale de la Suisse Normande).* – Im Ort befindet sich die kleine mittelalterliche *Kirche* mit Glockenturm. Im *Manoir de Placy* (16. Jh.) ist ein *Gemäldemuseum* (Musée Hardy) mit Landschaftsbildern eingerichtet. – Im *Erholungspark* (Parc de loisirs) ist das attraktive *Modelleisenbahn-Museum* zu besichtigen (Musée du chemin de fer miniature). – Der alte *Pont du Vey* (»Furt-Brücke«) führt zum rechten Orneufer mit guten Wanderwegen und zum nahen Aussichtsberg Pain du Sucre (200 m). – Im Nachbarort **Saint-Rémy** (3 km nw von Clécy) bestand noch bis 1967 die ergiebigste Eisenerzförderung der Normandie. Die *Dorfkirche* am Hang mit jahrhundertealter Eibe ist romanischen Ursprungs.

Pont-d'Ouilly (27 km sö): Der lebhafte Touristenort liegt an der Mündung des Flüßchens Noireau in die Orne. Die Häuser, die meist aus dem grauen Granit der Gegend erbaut sind, schließen sich an die sehenswerte alte *Steinbrücke* über die Orne an, die dem Ort seinen Namen gab. – Am linken Orneufer (2 km w) liegt die Wallfahrtskapelle *Chapelle St-Roch* aus dem 16. Jh. (Fest am 15. August).

Pontécoulant (25 km sw): In der Nähe des Dorfes (gegen N) befindet sich im lieblichen Tal der Druance das *Château de Pontécoulant.* Das Schloß inmitten eines gepflegten

Roche d'Oëtre (Thury-Harcourt) ▷

englischen Parks wurde im 16.Jh. erbaut, im 18.Jh. aber z.T. verändert, als das früher befestigte Wohngebäude mit Türmen ausgebaut wurde. Das Schloß beherbergt heute das *Musée départemental* des Départements Calvados. Die schön ausgestatteten Räumlichkeiten zeigen Möbel und Gegenstände der Adelsfamilie de Pontécoulant aus den Epochen der Renaissance, Ludwigs XV. und dem Empire (mit schönen Familienporträts). – In der Nähe (3 km sö) liegt der lebhafte Ort **Condé-sur-Noireau** (ca. 7200 Einw.). Er ist benannt nach der Mündung der Druance in den Fluß Noireau. Hier wurde im Jahr 1790 der berühmte Pazifikentdecker Admiral Dumond d'Urville geboren (Statue am Rathausplatz).

Roche d'Oëtre (ca. 40 km sö; 20 km sw von Falaise). Über der Talschlucht der Rouvre, die hinter Rouvrou in die Orne mündet, erheben sich die zerklüfteten, wilden Steilfelsen (französisch roche = »Fels«) der 120 Meter hohen Roche d'Oëtre. Unweit dieser wohl romantischsten Stelle der »Normannischen Schweiz« liegen die tiefen Schluchten der Orne, die *»Gorges de Saint-Aubert«*. – Gegen Süden zu erhebt sich das alte Schloß *Château de la Foret-Auvray* auf der linken Orneseite. Die Befestigungen stammen, wie auch die Hallen, aus dem 16. Jahrhundert.

Le Tréport

Seine-Maritime	Haute-Normandie
Einw.: 7000 Höhe: 0–100 m	S. 257 □ I1

Die Hafenstadt an der linken Mündungsseite der Bresle bildet mit dem gegenüberliegenden Badeort **Mers-le-Bains** und der Nachbarstadt →Eu ein fast zusammenhängendes Siedlungsgebiet.

Geschichte: Schon in gallorömischer Zeit war der Ort als »(ulterior) portus« mit der nahen Stadt »Auga« (Augusta) – daraus wurde »Eu« – eng verbunden. Nachdem sich das normannische Grafengeschlecht von Eu um 996 etabliert hatte, gründete Graf Robert I. im Jahr 1036 hier eine Benediktinerabtei Saint-Michel (von der aber keine Spuren erhalten sind). Ab dem 12.Jh. spielte der Hafen eine zunehmend bedeutende Rolle, bis er im 19.Jh. als Seebad vor allem der Pariser entdeckt wurde (ähnlich Mers-les-Bains).

Église Saint-Jacques: Die Kirche in Hafennähe wurde im 16.Jh. an der Stelle eines älteren Vorgängerbaus errichtet, der 1360 während eines Sturms eingestürzt war. Der etwa 30 m hohe gegliederte *Turm* wird von

Pont-d'Ouilly (Thury-Harcourt), Kapelle St-Roch

einem Treppenturm flankiert. Das *Portal* zeigt ein Tympanon im Renaissancestil. Die dreischiffige Kirche ohne Querhäuser endet in einem niedrigeren Chor mit rechteckiger Apsis. Hervorzuheben sind die fünfjochigen *Gewölbe* im Hauptschiff mit schön gestalteten *hängenden Schlußsteinen* (z.T. mit Inschrift von König Franz I., um 1530). In der *Kapelle Notre-Dame-de-la-Pitié* befinden sich die steinerne, bemalte Kreuzabnahme Christi und das Flachrelief der Hl. Maria (beide 16.Jh.) neben anderen Figuren (z.B. die Marienstatue »Notre-Dame-des-Marins«, 16.Jh.).

Außerdem sehenswert: Gegenüber der Kirche (Rue Abbé) steht ein hübsches *Renaissancehaus* mit geschnitzten Balken (und Männchenfigur). – Etwas unterhalb liegt das *Rathaus* (von 1882) mit Ziegel-Kalkstein-Muster. – Eine wundervolle Aussicht bietet sich von den 100 m hohen *Kreidefelsen* im W. Das *»Panorama des Terrasses«* erreicht man über 400 Stufen.

Musée des »Enfants du Vieux-Tréport«: Das historische Ortsmuseum, untergebracht im ehemaligen Gefängnis, informiert mit reichem Anschauungsmaterial über die Geschichte der Stadt, des Hafens, der Seefahrt und des Seebads.

Trouville-sur-Mer/Deauville

Calvados — Basse-Normandie

Einw.: 12 000 Höhe: 7–94 m S. 256 □ F 3

Die beiden weltbekannten Hafen- und Meeresbadeorte liegen sich an der Mündung der Touques genau gegenüber. Durch eine Brücke verbunden, sind sie trotz betonter Eigenständigkeit als eine Einheit zu betrachten. Sie sind das lebhafte Geschäftszentrum (Trouville) und mondäne Badeparadies (Deauville) des vielbesuchten Küstenstreifens der Côte Fleurie zwischen Dives/Cabourg im W und Honfleur im O. Der nicht übermäßig breite, aber feine Sandstrand bis Honfleur führt auch den Namen »La Corniche Normande« (Normannische Leiste).

Trouville-sur-Mer
Der ältere, lebendige Fischerhafen hatte zu seiner Glanzzeit um 1850 bereits etwa 6000 Einw. (heute 7000). Das zuvor kleine Fischerdorf wurde von den erholungssuchenden Parisern um 1820 entdeckt und durch geschäftstüchtige Unternehmer zum Meerbad ausgebaut. Um 1840 entstand das Hôtel de la Plage, sodann das Casino an der Strandpromenade. Der Eisenbahnanschluß ab 1850 verband Ort und Region mit den

Le Tréport

Großstädten Rouen und Paris. Berühmte Dichter und Maler, wie etwa Alexandre Dumas, Gustave Flaubert, Alfred de Musset, George Sand, Courbet, Isabeys*, Whistler, Boudin*, Monet*, Manet*, Pissarro* u.a., begründeten den Ruf von Trouville als »Sommerhauptstadt der Kunst« (des 19.Jh.), der allerdings nach den Weltkriegen etwas verblaßt ist.

Musée: In der Villa Montebello (erbaut 1870) im NO (Rue du Général-Leclerc) ist das *Kunstmuseum* eingerichtet. Es zeigt vor allem die Gemälde bekannter Maler des 19.Jh., die sich hier aufhielten (z.B. Eugène Isabey*, Charles Mozin*, Eugène Boudin*, Charles Pérus*, Honoré Daumiers* u.a.

Außerdem sehenswert: Die Kirche *Notre-Dame-des-Victoires* wurde um 1845 im neoklassizist. Stil erbaut. Die Fenster stammen von Paul Bony*, Taufbrunnen u. Kreuzweg sind modern (Maurice*, 1955). – Das *Hôtel de Ville* (Rathaus) wurde 1913 an der Stelle der Villa Beau-Séjour errichtet. – Eine weitere Kirche (Richtung Strand) *Notre-Dame-de-Bon-Secours* (1884), zeigt eine Neorenaissancefassade (Wandteppich des 15.Jh. in der Kapelle). – Die verschiedenen reizvollen *Villen* (Villa Esmeralda, Villa Persane, Hôtel de Roches Noires) sind repräsentative Beispiele für die Badeortarchitektur des späten 19.Jh. Die elegante, vom Casino ausgehende Strandpromenade verdankt ihren Namen *»Promenade des Planches«* dem planken- bzw. dielenverlegten Gehweg.

Trouville-sur-Mer, Deauville

Deauville

Der Zwillingsort auf der linken Seite der Touquesmündung hat ca. 6000 Einw. und macht mit seinen eleganten Hotelpalästen und schlößchenartigen Häusern einen noch vornehmeren Eindruck als Trouville. Das heutige Weltbad der besten Gesellschaft war bis 1860 noch ein unscheinbares Küstendorf. Durch einen Zwist mit dem Nachbarort Trouville veranlaßt, stampften einflußreiche Pariser Geschäftsleute in wenigen Jahrzehnten einen mondänen Luxusort aus dem Boden. Das Casino und das prachtvolle Hotel Normandy am Boulevard Cornuché entstanden beide um 1912. Um 1923 wurden am Strand die hölzernen Gehwege verlegt, die zur beliebten »Promenade des Planches« wurden. Neben dem neuen Yachthafen von 1972 ist der Ort auch durch seine *Pferdegestüte* bekannt. Die Rennen im Hippodrom (de la Touques) im S sind ein gesellschaftliches Ereignis.

Église Saint-Augustin: Die Kirche (im SW) wurde im 19.Jh. im neoroman. Stil erbaut u. zeigt *Wandmalereien* mit Szenen aus dem Leben des hl. Augustinus (von J. Girard*).

Umgebung

Bénerville-sur-Mer (3 km sw): Der hübsche Badeort mit reizvollen Villen und Felsklippen liegt am Fuß des Küstenberges *Mont Canisy* mit herrlicher Aussicht (112 m Höhe).
Cricquebœuf (8 km nö): Das Küstendorf an der Côte Fleurie besitzt eine romanische *Kirche* aus dem 12.Jh. – Im Nachbarort **Villerville** (1 km sw) steht eine ähnliche roman. *Kirche* mit steingedecktem Glockenturm.
Saint-Arnoult (3 km sö): Hier befinden sich die Ruinen einer alten *Klosterkirche* (12.Jh.). Der romanische Chor und der Glockenturm sind erhalten.
Touques (3 km sö): Das Städtchen mit 3000 Einw. liegt am Mündungslauf des gleichnamigen Flusses. Der einstige, inzwi-

schen verlandete Hafen blickt auf eine fast 1000jährige Geschichte zurück. Die Pfarrkirche *Saint-Thomas* stammt aus dem 12.Jh. (romanisches Hauptschiff) mit Erneuerungen im spätgotischen Flamboyantstil (Chorraum). Der Name geht zurück auf den hl. Thomas Becket, den Erzbischof von Canterbury (1170 ermordet), der die Kirche einst besuchte. – Die zweite, noch ältere Kirche *Saint-Pierre* (11.Jh.) wurde im 17. und 19.Jh. wesentlich erneuert und dient heute für Kunstausstellungen. – Unweit des Ortes (gegen SO) liegt die sehenswerte Ruine der einst stark befestigten Normannenburg *Château de Guillaume-le-Conquérant.* Hier wohnte einst Wilhelm der Eroberer, als er im Jahr 1066 im nahen Hafen von Dives-sur-Mer seine Kriegsflotte für die Invasion in England ausrüstete. Heute sind nur die Wallgräben und Befestigungsmauern erhalten. – Am Ortsrand von Touques befindet sich auch das bekannte Gestüt *Haras de Meautry,* das im Stil des 16.Jh. erbaut ist und der Familie Rothschild gehört.

Villers-sur-Mer (8 km sw): Der wegen seiner herrlichen Sandstrände beliebte Badeort (ca. 2000 Einw.) besitzt ein interessantes *Paläontologisches Museum* (Musée paléontologique), das mit zahlreichen Fossilien Auskunft gibt über die Naturgeschichte der Küstenregion.

U

Urville-Nacqueville

Manche — Basse-Normandie

Einw.: 300 — Höhe: 0 m — S. 254 □ B2

Die kleine Doppelgemeinde an der N-Küste der Halbinsel Cotentin liegt 11 km w von der Hafenstadt Cherbourg.

Château de Nacqueville: Das stattliche Schloß mit turmflankiertem *Torhaus* und schönem Landschaftspark stammt aus dem 16.Jh. und wurde im 19.Jh. von Grund auf

Urville-Nacqueville, Château de Nacqueville

restauriert. Es war im Besitz des Bruders von Alexis de Tocqueville (1805–1859), des bekannten Historikers und Staatsphilosophen.

Château de Dur-Écu: Etwa 2 km w entfernt befindet sich der trutzige, mit vielen Türmen geschmückte Herrensitz aus dem 16. Jh., der nach dem 2. Weltkrieg gut restauriert wurde. Von hier bietet sich ein herrlicher Blick aufs Meer.

Umgebung

Cap de la Hague (15 km w): Das Felsenkap mit dem *Leuchtturm von Goury* stellt die äußerste NW-Spitze der Halbinsel Cotentin dar. Das ganze Gebiet »La Hague« (»Hecken-Land«) ist gleichsam eine Halbinsel auf der Halbinsel. Bekannt geworden ist **La Hague** durch seine atomare Wiederaufbereitungsanlage (Usine atomique de la Hague) Cogema bei Beaumont-Hague (seit 1962).

Flamanville (25 km s): In Ortsnähe befindet sich das schöne *Château* in klassizistischem Stil mit erholsamem Park. – In Richtung Küste liegt die imposante Nuklearanlage *Centrale nucléaire de Flamanville,* deren Strom bis nach Caen und in die Bretagne geleitet wird. – Ein hübsches *Herrenhaus* (manoir) ist im nahen *Tréauville* (3 km ö) zu besichtigen; ein ähnliches Gebäude steht in *Rozel* (5 km sö).

Greville-Hague (3 km w): Der Ort mit ca. 430 Einw. hat eine schlichte mittelalterliche *Kirche* aus grauem Granit, die dem gallischen Märtyrer St-Colombe (3. Jh.) geweiht ist. Im Innern schöne Figuren (u.a. Madonna mit Kind) aus dem 13. Jh. – Hier wurde der berühmte Maler Jean-François Millet* (1814–75) geboren (Büste am Kirchplatz).

Jobourg (12 km w): Der kleine Ort besitzt eine schöne romanisch-gotische *Kirche* (12. Jh.) mit romanischem Taufbecken und Granitkreuz vor der Kirche. In Ortsnähe (2 km w) liegt die eindrucksvolle Felsnase des **Nez de Jobourg** mit herrlichem Ausblick auf das Meer (bis zur Kanalinsel Alderney/Île d'Aurigny.

Omonville-la-Rogue (7 km nw): In dem kleinen Küstenort befindet sich eine wehrhafte *Kirche* aus dem 13. Jh. mit schönen Wandgemälden. In der Nähe liegen die Ortschaften **Port Racine** (»kleinster Hafen Frankreichs«) und das malerische Dörflein **Omonville-la-Petite** (2 km w) mit interessanten Kirchenfiguren.

Querqueville (5 km ö): Der größere Ort (5000 Einw.) in der Nähe von Cherbourg

Port-Racine am Cap de la Hague (Urville), der »kleinste Hafen« Frankreichs

(8 km w davon) besitzt eine sehenswerte romanische Kapelle *Saint-Germain*. Davon leitet sich auch der Ortsname »Kirch-Dorf« ab (Kerke → »Kirche«). Sie stammt mit ihrem schlichten Turm aus der frühen Romanik des 10. Jh. und gilt als der älteste Sakralbau der Region. An der S-Apsis finden sich merowingische Freskenreste.

Saint-Germain-des-Vaux (16 km w): Der kleine Ort in der Nähe der Landspitze Cap de la Hague ist die Fundstelle von mittelalterlichen *Sarkophagen* (alter Kirchplatz) und interessanter *Menhire* und *Dolmen*.

Vauville (10 km sw): Das hübsche Küstendorf mit schönem Sandstrand und geduckten Granithäusern besitzt ein herrschaftliches *Schloß* am Ortsrand (mit botanischen Anlagen). – Die nahe gelegene *Kirche* von **Biville** (3 km sö) stammt aus dem 13. Jh.

V

Valognes

Manche		Basse-Normandie
Einw.: 7000	Höhe: 40 m	S. 254 □ B2

Die lebhafte Kleinstadt ist das ländliche Zentrum des n Cotentin, das nach der Zerstörung im Juni 1944 ein modernes Gepräge erhielt.

Geschichte: Der Ortsname geht auf die keltische Siedlung Alauna des Stammes der Unelles (Unelli) zurück, die den Cotentin bewohnten. Daran erinnert auch noch der Name des Stadtteils Alleaume im O. Nach den Verwüstungen im Hundertjährigen Krieg blühte die Kleinstadt im 17. und 18. Jh. durch Handel und Gewerbe (Töpferei) auf. Man nennt sie heute »Ville d'Art et d'Histoire« (Stadt der Kunst und der Geschichte).

Hôtel de Beaumont: Das repräsentative Palais von 1722 mit schön gegliederter und säulengeschmückter Fassade wurde von Raphael de Lozon* erbaut. Mit seiner eleganten *Innentreppe* und dem stilvollen Park gilt es als »Petit Versailles Normand«. Es besitzt schöne Möbel aus der Zeit Ludwigs XV. und Ludwigs XVI.

Église Notre-Dame d'Alleaume: Die ursprünglich romanische Vorortkirche im Osten wurde im 15. Jh. erneuert. Bemerkenswert ist an der S-Seite ein ehemals romanisches *Türsturz-Relief:* Die Darstellung von 80×40 cm zeigt das Lamm Gottes mit Kreuz; darüber ein Vogel mit Palmzweig und daneben sitzend wohl Paulus und Petrus. Das Werk fasziniert durch seine rätselhafte primitive Ausstrahlung. – Ganz in der Nähe befinden sich auch die spärlichen Überreste aus dem gallorömischen *Alauna* (Spuren eines Castrum und eines römischen Bades).

Saussemesnil (Valognes), Friedhofskirche, Alabasterrelief eines Gnadenstuhls

Valognes, Notre-Dame d'Alleaume, Romanisches Relief

Musée du Cidre (Rue du Petit Versailles): In dem schönen Stadtpalais des 15.Jh. *Maison du Grand Quartier* bietet sich ein interessanter Einblick in die Herstellung des Apfelweins (Cidre) in Vergangenheit und Gegenwart.

Musée de l'Eau-de-vie: Im herrschaftlichen »Hotel de Thieuville« (17.–20.Jh.) ist das kuriose *Branntweinmuseum* eingerichtet (auch für Liköre und Parfüme). Im selben Gebäude ist auch das *»Ledermuseum«* (Musée des métiers du cuir) untergebracht.

Außerdem sehenswert: Die Kirche *Saint-Malo* (Place Vicq d'Azir) stammt aus dem 14.Jh. (erhaltener Chor) mit Neubau von Schiff und Vierungsturm nach dem Krieg. – Das ehemalige Benediktinerkloster *Abbaye Notre-Dame de Protection* (17.Jh.) dient heute als Altenheim. – In der Rue des Religieuses liegt das herrschaftliche Haus *Hôtel de Granval-Coligny* aus dem 17./18.Jh. mit geometrischer Anlage, franz. Garten und schöner Einrichtung.

Umgebung

Montebourg (7km sö): In dem Marktflecken (knapp 2000Einwohner) befindet sich das Kloster *Abbaye Notre-Dame-de-l'Étoile*. Die Benediktinerabtei wurde bereits um das Jahr 1080 von Wilhelm dem Eroberer gegründet. Während der Französischen Revolution zerstört, wurden die Gebäude im 19.Jh. wiedererstellt (Konventgebäude teilweise aus dem 15.Jh.). Die *Klosterkirche* des 14.Jh. wurde nach dem 2.Weltkrieg erneuert (schöner romanischer Taufbrunnen).

Quinéville (14km ö): In dem Küstenort mit weitem Sandstrand befindet sich ein *Schloß* mit klassizistischer Fassade aus dem 18.Jh.; einige mittelalterliche Bauteile (Kamin) sind noch erhalten. – Bekannt ist das *Musée de la Liberté,* das mit Fotos und anderen Dokumenten an die alliierte Invasion von 1944 am benachbarten Strand (gegen SO) erinnert.

Montebourg (Valognes), Klosterkirche, Romanisches Taufbecken

Saint-Marcouf (15 km sö): Die gleichnamige *Dorfkirche* stammt aus dem 12. Jh., mit Umbauten des 15. Jh. Sie ist über einer romanischen *Krypta* errichtet (mit Taufbrunnen). St. Marcouf war im 6. Jh. einer der ersten christlichen Glaubensboten auf dem Cotentin. – Im Küstengewässer (7 km ö) liegen die unbewohnten **Îles Saint-Marcouf.** Die größere Küsteninsel Île du Large besitzt ein napoleonisches *Rundfort* (fort circulaire) von 1802. Die benachbarte **Île de Terre** dient als *Vogelreservat* (Festungsruinen um 1850).

Saussemesnil (6 km n): In dem stillen Bocage-Dorf befindet sich eine schöne mittelalterliche *Friedhofskirche.* Sehenswert ist das Alabasterrelief an einem Pfeiler in typisch englischer Form. Das *Relief* mit farbiger Fassung stellt in schlichter, ausdrucksstarker Weise die Hl. Trinität dar.

Tamerville (3 km n): Die roman. *Kirche* des 12. Jh. besitzt einen schönen, oktogonalen Glockenturm. – In der Nähe (2 km nw) liegt das *Château de Chiffrevast* aus dem frühen 17. Jh. mit prächtigem franz. Park.

Verneuil-sur-Avre

Eure		Haute-Normandie
Einw.: 7000	Höhe: 170 m	S. 259 □ H 5

Die Kleinstadt am SO-Rand der Normandie liegt über dem Grenzfluß Avre und bildet mit den nö Nachbarorten Tillières-sur-Avre u. Nonancourt die historische »Avre-Linie«.

Geschichte: Nachdem Heinrich (Henri) Beauclerc), der dritte Sohn Wilhelms des Eroberers, König von England (1100) und Herzog der Normandie (1106) geworden war, begann er zügig mit dem Ausbau einer Grenzbefestigung gegen Frankreich. Der Fluß Avre eignete sich als natürliche Grenze (Avre-Linie). Der Hauptort Verneuil wurde zusätzlich mit Wällen, Gräben und einer Umleitung des Nachbarflusses Iton gesichert. Nach der Eroberung durch die Franzosen unter Philipp II. August (1204) kamen weitere Festungsbauten dazu, z.B. die bekannte »Tour Grise« (Grauer Turm).

Die typischen Getränke der Normandie

»... plus qu'il n'y a de pommes en Normandie!« (noch mehr, als es Äpfel in der Normandie gibt!) sagen die Franzosen, um eine sehr große Anzahl auszudrücken. Der Duft der Apfelbaumblüten und später der Früchte ist in der Tat ein sehr beeindruckendes Merkmal des Frühlings und des Herbstes in der Normandie.
Aus reinem vergorenem Apfelsaft gewinnt man den *Cidre*. Sein Ursprung liegt im 14.Jh. Es gibt verschiedene Sorten: doux (Alkoholgehalt bis 3%, mehr als 40g Zucker/l), brut (4,5%, weniger als 30g/l), demi-sec/sec (5%, kaum Zucker: der Cidre sec wird so lange vergoren, bis der Zucker sich völlig in Alkohol umgewandelt hat), Cidre bouché (ausgesuchte Qualität). Ein Cidre ist von guter Qualität, wenn er im Glas nicht schäumt.
Der Name »Calvados« des normannischen Apfelschnapses wird auf ein Schiff namens »El Calvador«, das 1588 an der normannischen Küste strandete, zurückgeführt. Die Erzeugung von Calvados folgt seit seiner Erfindung im 16.Jh. strengen Regeln. Das erste Destillat wird aus Cidre gewonnen, der mindestens zwei Jahre auf Hefe gelagert wurde. Dieses Erzeugnis wird bis zum zweiten Brand ein paar Monate lang gelagert. Den Namen Calvados darf das Enderzeugnis erst nach mindestens zwei Jahren Lagerung in Eichenholzfässern, die ihm seine dunkelgoldene Farbe und seinen Geschmack verleihen, erhalten. In diesem Stadium trägt er die Bezeichnung »vieux«, nach drei Jahren »vieille réserve«, nach mehr als 6 Jahren »Hors d'âge«. Calvados wird als Digestif getrunken, d.h. nach dem Essen, um die Verdauung anzuregen. In Frankreich können aber Familienessen viele Stunden ausfüllen. Es ist also zur Tradition geworden, das Essen mit einem »Trou normand« zu unterbrechen: Calvados wird getrunken, um, wie der Name es sagt, ein Loch im Magen und damit Platz für die weiteren Speisen zu schaffen. Eine Tradition, die in ganz Frankreich Schule gemacht hat! Im Restaurant aber ist mit Trou Normand ein mit Calvados übergossenes Apfeleis gemeint.
Als Aperitif empfiehlt sich ein »Pommeau«. Dieses Getränk schmeckt frisch besonders gut und besteht aus zwei Dritteln Apfelsaft und einem Drittel Calvados.
A la vôtre!

Église de la Madeleine: Die Magdalenenkirche, die Hauptkirche der Stadt am gleichnamigen Marktplatz, beeindruckt durch ihren gewaltigen, viergeschossigen *Turm* (56 m). Er stammt aus dem späten 15.Jh. und ist eines der Hauptwerke des spätgotischen Flamboyantstils in der Normandie (ähnlich dem »Butterturm« der Kathedrale von Rouen). Dieser Turm ist gekennzeichnet durch die fischblasenförmigen *Maßwerkornamente* an der Fassade, die als »Flammen« (flammant = »flammend«) gedeutet werden können. Die klar gegliederten Turmgeschosse mit reichziselierter Spitze sind an den *Strebepfeilern* mit 24 Heiligenstatuen verziert. Die neben dem wuchtigen Turm etwas klein wirkende Kirche geht auf einen romanischen Bau zurück. Im 18.Jh. wurde von dem Portal eine *Vorhalle* mit Statuen der hl. Anna und der Jungfrau Maria an der Außenwand angefügt. Der dreischiffige *Innenraum* mit bemalten Bogenzwickeln weist noch auf den romanischen Ursprung hin, z.B. durch die Arkaden (mit gotischen Unterbögen und Apostelfiguren). Der *Chorraum* und die Querschiffe stammen jedoch aus dem 16.Jh., ebenso die bemerkenswerte Grablegung Christi, ein polychromes Ensemble lebensgroßer *Steinskulpturen* (s Querhaus). Im n Querhaus befindet sich als Gegenstück dazu die neun Figuren umfassende »Anbetung der Könige« (16.Jh.).
Der vierjochige Chorraum weist auf beiden Seiten je eine *Seitenkapelle* auf, und das doppelreihige *Chorgestühl* besitzt geschnitzte Miserikordien. Am n Chorseitenschiff befindet sich eine Statue der Jeanne d'Arc; die Statue im s Querhaus stellt den um 1800 (durch den damaligen Konsul Napoleon) hingerichteten Königstreuen Louis

Verneuil-sur-Avre, Église de la Madeleine ▷

Verneuil-sur-Avre, Erkerhaus (16. Jh.)

de Frotté dar. Erwähnenswert sind auch die schönen *Glasfenster* aus dem 15. und 16. Jh. und die schmiedeeiserne *Kanzel* aus dem 18. Jh.

Église Notre-Dame: Auf die einstige Blütezeit der Stadt im Mittelalter (mit über 20000 Einwohnern) weist die Kirche Notre-Dame im Stadtsüden hin. Der romanische Bau aus dem 12. Jh. ist eine der ehemals sieben Pfarrkirchen. Der ursprüngliche Innenraum wurde durch verschiedene Umbauten und Erweiterungen im 15./16. und im 19. Jh. stark verändert. Der *Chorumgang* des dreischiffigen Baus mit hufeisenförmiger romanischer Marienkapelle ist durch schmiedeeiserne Gitter abgetrennt. Besonders interessant sind die zahlreichen alten *Skulpturen* aus dem 13. bis 19. Jh., wodurch die Kirche fast zum Museum wird. Von den über 20 Figuren sind vor allem die »Trauernde Madonna« (Vierge de Calvaire) und St. Johannes aus dem 13. Jh. an den Pfeilern beim Eingangsportal hervorzuheben; ferner St-Denis (14. Jh.), Jakobus der Ältere, St-Christophe, Ste-Christine, St-Jean, Ste-Trinité (Hl. Dreifaltigkeit, 14. Jh.) im Südteil und St-Sebastian, St-Augustin, St-Denis und St-Louis im Nordteil, An der n Westwand befindet sich das steinerne romanische *Taufbecken* (12. Jh.).

Église Saint-Nicolas: Gegenüber der Kirche Notre-Dame befindet sich die alte Klosterkirche des Benediktinerklosters St-Nicolas. Der *Chor* stammt aus dem 15. Jh., die zahlreichen *Statuen* datieren auf das 16. Jh.; die Besichtigung ist wegen des Klosterkonvents schwer möglich.
Von der ebenfalls aus dem 15. Jh. stammenden Kirchenruine *St. Jean* sind nur noch Turm und Portalreste erhalten (im Stadtnorden).

Tour Grise (Grauer Turm): Der ehem. Wehrturm (Donjon) des 13. Jh. ist das eindrucksvolle Zeugnis der einstigen normannisch-französischen Gegnerschaft. Der Name rührt von dem »graubraunen« Baustein der Gegend her. Von der Plattform des ca. 40 m hohen Turmes bietet sich eine schöne Rundsicht auf Ort und Umgebung.

Außerdem sehenswert: Zum reizvollen Bild der Stadt mit ihren altertümlichen, engen Gassen gehören auch die zahlreichen *Fachwerkhäuser* aus dem 16./17. Jh., deren hübsche Fassaden z.T. mit Statuen geschmückt sind (z.B. in der *Rue du Canon*). Die ältesten Wohnhäuser im Altstadtviertel mit architektonischen Feinheiten stammen aus dem 15. Jh., so beispielsweise das Fachwerkhaus mit geschnitzten Holzfiguren in der rue des Tanneries Nr. 136. – Beachtenswert sind auch das *Rathaus* (Hôtel de Ville) in der Nähe der Place de la Madeleine (Hauptplatz), das ehem. *Hôtel des Barettes* mit einem Gemälde Heinrichs IV. (um 1594). – Bei der Rue du Canon steht die restaurierte Kirche *Saint-Laurent* aus dem 16. Jh. mit schönem Renaissance-Portal.

Umgebung

Bourth (10 km nw): Die Kirche *Saint-Just* wurde zwar schon um 1050 vom Kloster Saint-Sauveur in →Evreux gegründet, der heutige Bau geht jedoch auf das 16. Jh.

Tillières-sur-Avre (Verneuil-sur-Avre), St-Hilaire, Hängende Schlußsteine

zurück. Sehenswert ist das 24sitzige Chorgestühl mit schönen Schnitzereien des 15. Jh. – In Ortsnähe sind am Iton Reste der altnormannischen *Festungswälle* (von Heinrich I., um 1132) erhalten.

Breteuil (11 km n): Die Ortsgründung geht zurück auf Wilhelm den Eroberer, der um 1055 am Fluß Iton eine Festung bauen ließ. Die Kirche *Saint-Sulpice* entstand um 1140; sie wurde im 16./17. Jh. umgebaut und weist interessante Renaissance-Elemente (Statuen) auf.

Francheville (9 km nw): Die Kirche *Saint-Martin* ist romanischen Ursprungs, wurde aber im 16. Jh. völlig umgebaut. Sie besitzt ein schönes *Südportal* mit einem Verkündigungsrelief. Die Innenausstattung stammt ebenfalls aus dem 15.–18. Jh.

Gouville (14 km nö): Ganz in der Nähe, am Fluß Iton, liegt das bekannte Schloß *Château de Chambray*. Es ist der Stammsitz der berühmten Adelsfamilie Chambray, die seit dem 12. Jh. bezeugt ist. Das Schloß wurde im 15., 18. und 19. Jh. immer wieder umgebaut, ergänzt und erneuert. Nach dem Tod des letzten Marquis de Chambray, Édouard, fiel das Schloß an den franz. Staat, der es heute als Schule nutzt. Sehenswert ist vor allem die *Schloßkapelle* (erbaut um 1500) mit Ornamentportal; auch die *Glasfenster* mit Motiven hl. Franz, Saint-Laurent, Johannes der Täufer und Baum Jesse.

Nonancourt (21 km ö): Der Ort war in normannischer Zeit (12. Jh.) ein wichtiges und wohlbefestigtes Bollwerk gegen den feindlichen Nachbarn Frankreich (ligne de l'Avre). *Église St-Martin:* Die Kirche wurde um 1511 im spätgotischen Flamboyantstil errichtet. Der *Glockenturm* geht jedoch auf das Jahr 1204 zurück. Die schönen *Glasfenster* stammen aus dem 16. Jh. und stellen Palmsonntagszug, Passion und Auferstehung Christi dar. Die Kirche besitzt eine wertvolle *Renaissance-Orgel* und einige schöne Statuen des 14./15. Jh. (z.B. Maria mit Kind). – Erwähnenswert ist auch die *Église St-Lubin* (in St-Lubin-des-Joncherets). Sie wurde im 16. Jh. spätgot. restauriert und erhielt später eine Renaissancefassade. Der Taufbrunnen stammt aus dem 17. Jh.

Vernon, alte Mühle auf den Resten alter Brückenpfeiler am rechten Flußufer

Tillières-sur-Avre (10km ö): Hier befand sich unter Herzog Richard I. im 11. Jh. einer der ersten befestigten Grenzorte der Normannen gegen Frankreich und der Anfang der »Avre-Linie«. Überreste davon sind noch erhalten (in der Rue du Fort). – **Église Saint-Hilaire:** Die Kirche St. Hilarius geht auf die romanische Zeit zurück, wurde aber im 16. Jh. wesentlich verändert. Chorraum und Kapelle wurden mit interessanten Renaissanceelementen ausgestaltet. Nach dem Brand von 1969 wurde die Kirche erneuert und 1975 wieder geöffnet.

Vernon

Eure		Haute-Normandie
Einw.: 24000	Höhe: 16 m	S. 259 □ I4

Die Industrie- und Handelsstadt am linken Seineufer geht auf eine Gründung des normannischen Herzogs Rollo im 9. Jahrhundert zurück.

Église de Notre-Dame: Einige Teile stammen noch aus der ersten Bauphase (12. Jh.). Der got. Chor ruht noch auf diesen roman. Säulen. Die Fassade mit einer Maßwerkrose im Flamboyantstil wurde erst im 15. Jh. errichtet. Die Orgel stammt aus dem 17. Jh.

Außerdem sehenswert: *Burg:* Von der Anlage aus dem 12. Jh. ist nur noch der Donjon erhalten. – *Rathaus* mit modernem, den hl. Ludwig zeigendem Glasfenster. – *Château des Tourelles.* – *Musée municipal A.G. Poulain* mit landeskundlichen und archäologischen Exponaten sowie zahlreiche alte Fachwerkbauten.

Umgebung

Giverny (3km ö): *Musée Claude Monet:* Der Landsitz des impressionistischen Ma-

Vernon, Rathaus, Glasfenster: Ludwig der Fromme übernimmt das Stadtwappen ▷

Vernon, »Au temps jadis«, das älteste Haus der Stadt (l); Giverny, Musée Claude Monet (r)

lers Claude Oscar Monet* (1840–1926) besteht zum einen aus seinem Wohnhaus mit Atelier, aber vor allem aus seinem Garten, der mit üppiger Vegetation, einem Teich und der darüber befindlichen Brücke im japanischen Stil die Inspirationsquelle für Monets weltberühmte Seerosenbilder, die »Nymphéas«, war. Die meisten dieser Gemälde befinden sich heute in Paris in der Orangerie und im Musée Marmottan. Monet* lebte und arbeitete hier von 1883 bis zu seinem Tode 1926.

Villedieu-les-Poêles

Manche — Basse-Normandie

Einw.: 5000 — Höhe: 103 m — S. 254 □ C 4

Die romantische Kleinstadt im Talbogen der Sienne liegt knapp 30 km ö von der Küstenstadt →Granville im »Buschland« des Bocage. Sie ist bis heute als »Stadt des Kupfers« (cité du cuivre) bekannt.

Geschichte: Die eine Hälfte des Stadtnamens (Ville-dieu) geht auf das lateinische »villa dei« (Stadt Gottes) zurück. Die Bruderschaft der Ritter des hl. Johannes von Jerusalem, die später als »Malteserritter« bekannt wurden, gründeten hier unter König Heinrich I. (Beauclerc) um 1120 eine frühe Komturei. Dieser vom Bischof unabhängigen Klostergründung gaben sie den frommen Namen »villa dei« (ville dieu). Darauf weist der Festzug »Grand Sacre« hin, der seit 1655 alle vier Jahre (letztmals 1995) stattfindet. – Der zweite, sehr profane Namensteil »les Poêles« (die Pfannen) verweist auf die alte Tradition der hiesigen Kupferverarbeitung.

Église Notre-Dame: Dieser spätgotische Bau im Flamboyantstil des 15. Jh. (im Zentrum) wurde an der Stelle einer Kirche der Ordensritter aus dem 12. Jh. aus Granit erbaut. Beeindruckend ist der quadratische *Vierungsturm* (16. Jh.) mit späterer Laternenkuppel und seinen reichen heraldischen Verzierungen. Durch das schlichte Renais-

Château Bizy bei Vernon

sanceportal im Westen gelangt man in das vierjochige Hauptschiff, das von runden Granitpfeilern getragen wird. Im südlichen Seitenschiff befindet sich ein Gemälde-Kreuzweg, im nördlichen Seitenschiff eine sehenswerte Statue der »barmherzigen Muttergottes« (Notre-Dame de Pitié) aus dem 15. Jahrhundert, neben Vitrinen mit kostbaren liturgischen Gewändern (darunter auch einheimische Spitzenarbeiten). Das doppelreihige *Chorgestühl* mit Miserikordien fällt durch zum Teil ungewöhnliche Sitzanordnung auf.

Musée du Cuivre (Kupfermuseum): Das Kupferschmiede-Museum (am Cour du Foyer) gibt einen interessanten Einblick in das Handwerk der Kupferschmiede, dessen Zentrum der Ort seit Jahrhunderten ist. Dazu gehört auch eine Ausstellung der hiesigen *Spitzenherstellung* (Maison de la dentellière).

Musée du Meuble Normand (Rue du Reculé 9): Hier befindet sich eine lohnende Ausstellung von über 130 Volkskunstmöbeln (zum Beispiel Schränke) aus der ganzen Normandie.

Fonderie de Cloches: Die historische Glockengießerei befindet sich in der Nähe der Kirche Notre-Dame (Rue de Pont-Chignon). Die nach altem Verfahren hier noch heute hergestellten Glocken haben den Weltruf des Orts begründet.

Außerdem sehenswert: Im *Atelier du Cuivre* (Rue Général-Huard) wird die traditionelle Kupferherstellung und -verarbeitung dokumentiert. – Die *Maison de l'Étain* (Zinnmuseum) am gleichen Platz bietet Einblick in das Zinnhandwerk. – Das *Uhrenmuseum* (Royaume de l'Horloge) in der benachbarten Rue Carnot besitzt eine Fülle von wertvollen Uhren aus vier Jahrhunderten. – In der nahe gelegenen *Tapisserie Henri-I.-Beauclerc* (im Cour du Foyer) wird unter anderem eine schöne Nachbildung des Wandteppichs von → Bayeux gezeigt. – Das *Musée de la Bicyclette* (6 km südöstlich in

Richtung Avranches) besitzt ungefähr 200 Modelle, die die Entwicklung des Fahrrads demonstrieren (von 1818 bis heute).

Vire

Calvados — Basse-Normandie

Einw.: 14 500 — Höhe: 134 m — S. 255 □ D 4

Die lebhafte Kleinstadt verdankt ihren Namen dem Fluß Vire, auf dessen z.T. steil abfallendem Uferberg sie gebaut ist. Der Handwerks- und Industrieort ist das ländliche Zentrum des umliegenden »Bocage virois«. Im Krieg von 1944 wurde sie fast gänzlich zerstört, später jedoch beachtenswert restauriert.

Église Notre-Dame: Die Hauptkirche im s Stadtkern wurde im 13.Jh. an der Stelle einer romanischen Kapelle aus der Zeit von Heinrich I. (frühes 12.Jh.) errichtet. Die Seitenschiffe stammen aus dem 15.Jh. und der Chorraum mit -umgang und Achskapelle aus dem 16.Jh. Die Kanzelverzierung ist im spätgotischen Flamboyantstil gehalten.

Donjon: Von der ehemaligen Befestigung, die König Heinrich I. (Beauclerc) um 1123 auf dem Steilfels über der Vire errichten ließ, ist neben anderen Ruinen als Wahrzeichen der Stadt der alte Bergfried (Donjon) erhalten. Er stellt durch seine wuchtige Rechteckform ein gutes Beispiel für den altnormannischen Wehrturm (wie in → Falaise, Chambois, Domfront) dar. Lohnend ist der Blick vom Granitfelsen der Burgruine aufs Tal der Vire und ihres Zuflusses Virenne (Vaux de Vire).

Vire, Porte Horloge

Porte Horloge: Das ehem. *Stadttor* gegen NO wurde im 13.Jh. errichtet und gilt als eines der schönsten in der Region. Zwei Rundtürme mit Pechnasen flankieren das Torhaus, das durch ein Fallgitter gesichert war. Die Anlage wurde um 1480 mit einem 30 m hohen viereckigen *Glockenturm* mit Zierelementen erweitert, der ihr den Namen *»Uhrturm«* gab.

Musée de Vire: Das *Volkskundemuseum* ist im alten Hospital des 18.Jh. untergebracht. Es gibt einen interessanten Überblick sowohl über die Stadtgeschichte als auch über die wichtigsten Handwerkszweige und Traditionen der Region Bocage virois.

Umgebung

Saint-Sever-Calvados (10 km w): Der Marktflecken (1500 Einw.) liegt am Nordrand des nach ihm benannten Waldgebietes *Forêt de Saint-Sever.* Der legendäre hl. Severus (Sever) soll hier im 6.Jh. ein erstes Kloster gegründet haben. Von der Abtei des 11.Jh., gegründet von Hugues d'Avranches, zeugen nur noch Spuren. Die heute sichtbare *Abteikirche* stammt im wesentlichen aus dem 13.Jh.; der *Glockenturm* wurde im 17.Jh. erstellt. Sehenswert sind im Innern die Chorapsis mit fünf hohen Lanzettfenstern (Wurzel Jesse, Leben Jesu und des hl. Sever) und die Vierung (mit Laterne). Die anschließenden ehem. *Klostergebäude* des 18.Jh. werden heute als Rathaus benutzt. – Im Wald von Saint-Sever liegt das heutige Karmeliterkloster *Ermitage* (2 km s), das aus einer alten Einsiedlerkolonie unter Ludwig XIII. (Couvent de Camaldules) entstand. Erhalten sind das Portal der Kirche von 1776 und die Kapelle Notre-Dame-des-Anges (17.Jh.).

Die Küche der Normandie

»La Table« ist in Frankreich ein fester Bestandteil der Kultur. Zu einer Reise in die Normandie gehört auf jeden Fall das Kosten ihrer Küche, die zu den besten Frankreichs zählt.

Sie besteht hauptsächlich aus Produkten der Region, und die gesunde Kraft ihres Geschmacks zeugt für die Qualität des »Terroir« (Boden).

Die Tiere weiden in Küstennähe auf grünen, saftigen Kräuterwiesen, und dadurch schmeckt ihr Fleisch würzig und wie »vorgesalzen«.

Ein Fünftel der in Frankreich gezüchteten Rinder stammt aus dieser Region; die Milchwirtschaft ist also sehr rege. Sahne, Crème fraîche und Butter sind allgegenwärtig auf dem Tisch.

Es gibt mehr als 30 Käsesorten in der Normandie. Die drei bekanntesten sind natürlich der Camembert, der Livarot und der Pont-l'Évêque.

Der *Camembert* trägt den Namen des Dorfes, aus dem er stammt. Es gab zwar seit langer Zeit einen Weichkäse in Camembert, jedoch erst im 18.Jh. entwickelte die Bäuerin Marie Harel ein verändertes Rezept davon, das dem Camembert seine heutige Form und Geschmacksrichtung gab. Er wird seitdem auch in Spanschachteln verkauft. Seit 1983 sichert das Gütesiegel »Appellation d'origine contrôlée« die Herkunft des Käses. Es werden ca. 2 l Kuhmilch (30–40% Fettgehalt) für ein Stück gebraucht. Ab dem 20.Tage nach seiner Herstellung ist es schon möglich, ihn zu essen; er ist dann noch frisch und mild. Je reifer er wird, desto kräftiger wird er.

Der Weichkäse *Livarot* mit seiner orangeroten Rinde wurde schon im Mittelalter entdeckt. Wenn er gerade richtig ist, glänzt er und hat einen starken Geruch. Lassen Sie sich aber nicht davon abschrecken. Der Geruch eines Käses ist für die Franzosen immer ein gutes Zeichen! Der Livarot wird aus Kuhmilch erzeugt, deren Fettanteil reduziert wurde. Beim Reifen wird er auf Binsenmatten gelegt.

Den *Pont-l'Évêque* erfanden Mönche im Pays d'Auge im 13.Jh. Er wird aus lauwarmer Kuhmilch (für die Gerinnung mit Lab versetzt) gemacht. Seine Form ist quadratisch; sein gelber Teig schmeckt nach Haselnuß.

Zu den weiteren Käsesorten zählen der *Neufchâtel,* den man in sechs verschiedenen Formen vorfindet, oder die Frischkäsesorte vom Pays de Bray, die Sie pur, salzig oder noch als Doppelrahmstufe genießen können.

Die *Meeresfrüchte* seien nicht vergessen; bei ihrer Vielfalt kann jeder etwas für seinen Geschmack finden: Fisch, Schalen- und Krustentiere – und all das ist in diesem Lande keine Luxusware!

Es folgt eine sehr kleine Auswahl an Spezialitäten, die Sie im Laufe Ihrer Reise auf den Speisekarten lesen werden: le homard à la crème de Fécamp (Hummer in Cremesoße), le canard au sang de Rouen (Ente in einer Blutsauce), la sole normande de Dieppe (Seezunge nach Art von Dieppe), l'andouille de Vire (Kaldaunenwurst), Omelette de la mère, Poularde in Saint-Michel, le poulet au pays d'Auge (Hähnchen mit Äpfel und Calvados) und nicht zuletzt ein Gericht, das leider nicht jedermanns Sache, jedoch dafür nicht weniger berühmt ist: les tripes à la mode de Caen (Kutteln nach Art von Caen).

Bon appétit!

Sainte-Marie-Laumont (10 km n): Die *Dorfkirche* birgt in ihrem got. Bau (umgestaltet im 17.Jh.) die Überreste einer roman. Vorgängerin. Dies bezeugt der achtseitige *Vierungsturm* aus dem 12.Jh. Das Äußere zeigt ein (seltenes) polychromes Mauerwerk aus Wechsellagen von Granit und hellem Kalkstein. Die Archivolten der Rundbogenfenster sind aus rosa Granit. Die unterschiedlich gestalteten Kapitelle zeigen geometr. und florale Motive. Das Turminnere wird durch Rundbögen und Kreuzrippengewölbe, ebenfalls mehrfarbig, gestützt. Ein roman. Flachrelief am Schlußstein zeigt die Flucht nach Ägypten. Im s Querhaus sind Reste der *Glasfenster* des 15.Jh. erhalten.

Yvetot

Seine-Maritime | Haute-Normandie

Einw.: 12000 Höhe: 135 m S. 257 □ H2

Der Ortsname in der Bedeutung »Wiese des Yvo« (schwedisch tuva/tott = »Rasenhügel, Büschel«) weist auf frühnormannische Besiedlung hin. Auch in der Umgebung finden sich zahlreiche Ortsnamen auf -tot: Hautot, Louvetot, Robertot, Ectot usw. Kurioserweise gab es 1392–1551 sogar ein Mini-Königreich Yvetot (royaume d'Yvetot); der Volkssänger Pierre-Jean Béranger (1780 bis 1857) machte das »Zaunkönigreich« durch sein Chanson »Roi d'Yvetot« weithin bekannt. König Heinrich IV. (16.Jh.) soll einmal geäußert haben: »Wenn ich das Königreich Frankreich verlöre, möchte ich dafür König von Yvetot sein!«

Église Saint-Pierre: Nach den Zerstörungen des 2. Weltkriegs wurde die Ortskirche 1956 in modernem Stil wiederaufgebaut. Sie ist eine Rotunde von 40 m Durchmesser und einem 45 m hohen *Kampanile.* Sehenswert sind vor allem die modernen *Glasfenster* von Max Ingrand* (1000 m² Fläche): Sie haben Christus, die Muttergottes und die zahlreichen Heiligen der Normandie zum Thema.

Musée municipal: Das Stadtmuseum im Rathaus verfügt über eine beachtliche Sammlung von Elfenbeinkunst aller Länder sowie von Keramik- und Terrakotta-Gegenständen.

Musée du Pays de Caux: In dem Volkskundemuseum (Rue de Grand-Fay) wird anhand von Aufbauten und Gerätschaften das bäuerliche Leben in der Landschaft Caux veranschaulicht. Yvetot liegt inmitten des ausgedehnten Plateaus *Pays de Caux,* nach dessen Kreidekalksockel es auch benannt ist (caux/chaux = »Kalk«). Es umfaßt nahezu das gesamte Département Seine-Maritime mit dem w Teil »Grand-Caux« (Le Havre/Rouen/Dieppe) und dem ö »Petit-Caux« (von Dieppe zur Brieslequelle).

Umgebung

Allouville-Bellefosse (6 km sw): Der Ort mit ca. 1000 Einw. ist berühmt durch seine über 1000jährige Friedhofseiche (le chêne). Der z.T. schindelverkleidete Baum-Methusalem von 18 m Höhe und 11 m Umfang besitzt im inneren Hohlraum eine Wallfahrtskapelle *Notre-Dame-de-la-Paix* (seit 1696). Auch im »Obergeschoß« befindet sich eine über eine Außenstiege zugängliche zweite (kleinere) Kapelle. – Die nahe Kirche *Saint-Quentin* weist Chor und Glasfenster aus dem 16. Jh. auf; der *Glockenturm* wurde im 18. Jh. erneuert. – Etwa 1,5 km entfernt ist in einer Fachwerkscheune das *Musée de la Nature* eingerichtet. Es dokumentiert die bes. Flora und Fauna des Pays de Caux.

Doudeville (13 km n): Die Ortskirche *Notre-Dame* stammt aus dem 13. Jh. mit späteren Umbauten (16. Jh.). Interessant sind neben der Orgel (18. Jh.) die modernen Glasfenster. – In der Nähe (1 km n) liegt das *Château de Galleville* (17. Jh.), das nach einem Brand 1943 restauriert wurde.

Grémonville (9 km nö): Der Ort bietet ein schönes Ensemble von Kirche, Park, Fachwerkhäusern und Château. Die Kirche *St-Pierre-et-St-Paul* wurde 1777 aus Ziegeln und Naturstein aufgebaut. Im Innern befindet sich ein Hochaltar aus Marmor und Holz im Louis-Seize-Stil mit dem Thema der Verklärung Christi (am Berg Tabor).

Motteville (8 km ö): Die Kirche *St-Michel* wurde im roman. Stil des 12. Jh. erbaut, jedoch im 17. Jh. wesentlich umgestaltet. – Das benachbarte *Château* ist aus Natur- und Backstein im Louis-Treize-Stil erbaut.

Allouville-Bellefosse (Yvetot), Friedhofseiche ▷

AVIS IL EST DEFENDU SOUS PEINE D'AMENDE,
D'ESCALADER LA BALUSTRADE QUI ENTOURE LE
CHÊNE, D'ENLEVER L'ECORCE ET LES RAMEAUX
DU CHÊNE, D'EN ENLEVER LES FEUILLES
PROCES VERBAL SERA DRESSE POUR LES
CONTREVENANTS
A NOTRE DAME DE LA PAI
ERIGEE PAR Mr L'ABBE
DU DETROIT CURE
D'ALLOUVILLE en 1696

Register der Fachausdrücke

Ädikula: Wandnische, die zur Aufstellung einer Büste oder Statue dient; meist mit → Giebel. → Pfeilern oder → Säulen verziert.
Akanthus: Schmuckelement, das sich vor allem am → korinthischen → Kapitell findet und aus der stilisierten Darstellung eines scharf gezackten, distelähnlichen Blattes entwickelt wurde.
Altaraufsatz: Schreinartiger Aufbau über dem Altartisch.
Altarauszug: Oberer, abgehobener Teil des → Altaraufsatzes.
Altarretabel: → Altaraufsatz.
Ambo: Pult an den Chorschranken in altchristlichen und mittelalterlichen Kirchen; Vorläufer der → Kanzel.
Anna selbdritt: Darstellung von Anna, Maria und dem Jesusknaben.
Antependium: Frontverkleidung des Altartisches.
Apsis: Abschluß des → Chors, meist halbkreisförmig. In der Regel Standort des → Altars.
Aquädukt: Wasserleitung, oft als über eine Bogenbrücke geführter Kanal, bei den Römern häufig zu Monumentalbauten entwickelt.
Aquamanile: Gießgefäß oder Schüssel für rituelle Waschungen bei der kath. Liturgie.
Arabeske: Ein stilisiertes Blattwerk, das als Schmuckmotiv verwendet wird.
Architrav: Steinerner Hauptbalken über den → Säulen.
Archivolte: Bogenlauf über romanischen und gotischen Portalen.
Atrium: Bei den Römern ein zentraler Raum mit einer Öffnung im Dach, durch die das Regenwasser einfallen konnte. In der christlichen Architektur ein Vorhof, der meist von → Säulen umgeben ist, auch Paradies genannt.
Attika: Eine (meist reich verzierte) Wand, die über das → Gesims einer Säulenreihe gemauert wird und das Dach verdecken soll.
Aufgehendes Mauerwerk: Der sichtbare (oberirdische) Teil des Mauerwerks.

Baluster: Kleine bauchige oder profilierte Säule.
Balustrade: Aus → Balustern gebildetes Geländer.
Barock: Stilbezeichnung für die Kunst- und Kulturepoche ab etwa 1600 bis etwa 1750. Bestimmend sind kraftvoll bewegte, ineinandergreifende Formen.
Basis: Fuß einer → Säule oder eines → Pfeilers, meist breit auslaufend und dekorativ gestaltet.
Bauhütte: Die Werkstatt der Handwerker, die an einem Kirchenbau beteiligt waren.
Bergfried: Hauptturm einer Burg, letzte Zufluchtsstätte bei Belagerungen.
Bering: Mantelmauer einer Burg.
Beschlagwerk: Schnitzwerk der → Renaissance, das bandeisernen Zierbeschlägen nachgebildet wurde.
Blattkapitell: Gotisches → Kapitell, bei dem die Grundform von feinen Blattornamenten überzogen ist.
Blendarkade: → Arkade.
Blendmaßwerk: → Maßwerk.
Bogenfries: Ein → Fries in der Form von Rundbogen (häufig bei romanischen Bauwerken).
Boskett, *Bosquett:* Besonders in französischen Parks und Gärten angepflanzte Baum- und Sträuchergruppen (»Lustwäldchen«).
Bündelpfeiler: In der Gotik beliebte → Pfeilerform. Um Kernpfeiler gruppieren sich kleinere und größere Dreiviertelpfeiler.

Cella: Hauptraum des antiken Tempels mit dem Götterbild.
Chor: Der meist erhöhte und in der Regel östlich gelegene Abschluß des Kirchenraumes. Der Chor hat meist nicht die gleiche Breite wie das → Schiff. Er dient zur Aufnahme des → Altars. Im Mittelalter war der Chor oft durch Schranken zum übrigen Kirchenraum abgegrenzt.
Chorgestühl: Sitzreihen für die Geistlichkeit bzw. in Klosterkirchen für die Mönche und Nonnen, zu beiden Seiten des → Chors aufgestellt.
Chorumgang: Ein Gang, der durch die Fortführung der Seitenschiffe entsteht und um den → Chor herumführt.
Cosmatentechnik: Mosaikarbeiten, meist ornamental aus Marmor angefertigt.

Dachreiter: Türmchen über dem Dachstuhl.
Dienste: Dünne Säulen oder Rundstäbe, die einer Wand oder einem Pfeiler vorgelagert sind, meist zur Unterstützung des Gewölbes.
Diptychon: Zusammenklappbare zweiteilige (Altar-)Tafel.
Directoire-Stil: Französischer Kunststil während der Herrschaft des Direktoriums (1795–99), Anlehnung an die Antike.
Donjon: Befestigter Haupt- und Wohnturm mittelalterlicher französischer Burgen.
Doppelkapelle: Eine zweigeschossige Kapelle.
Dorische Säulenordnung: → Ordnung, bei der die → Säulen ohne → Basis direkt auf den Boden gesetzt sind und flache, wulstförmige → Kapitelle tragen.

Empire-Stil: Klassizistischer Kunststil in Frankreich zu Beginn des 19 Jh., mit griechisch-römischen und ägyptischen Vorbildern.
Enclos Paroissial: Kirchplatz (eingefriedet), in Frankreich oft mit Kalvarienberg.
Englischer Gruß: Verkündigung des Engels an Maria.
Epitaph: Gedenktafel oder Gedenkstein an Wand oder Pfeiler, oft über dem Grab des Verstorbenen.
Eremitage: Pavillon in Park- und Gartenanlagen, einsam gelegenes Schloß.
Eselstreppe: Stufenloser Aufgang eines Turms, vermutlich benutzt, um Esel das Baumaterial hinauftragen zu lassen. Daher sog. Eselstürme an mittelalterlichen Domen.
Exedra: Apsis, überwölbt mit einem Kuppelausschnitt.
Fassung: Bemalung.
Fayence: Töpferwaren mit Glasurüberzug, benannt nach der italienischen Stadt Faënza.
Fiale: Ziertürmchen in der → Gotik; oft als Bekrönung eines → Strebepfeilers.
Figurenkapitell: Das → Kapitell einer Säule, das zu einer Figur ausgearbeitet worden ist.
Filigranwerk: Ursprünglich Goldschmiedearbeit, bei der Gold- und Silberdraht ornamentartig auf eine Metallunterlage gelötet werden. Auch auf vielfach durchbrochene Schnitzwerke und Stukkaturen übertragen.
Fischblase: Flammenförmige Ornamentform im gotischen → Maßwerk.
Flamboyant-Stil: Bezeichnung für die Stilform der englischen und französischen Spätgotik mit flammenden Ornamenten (→ Fischblase) im → Maßwerk.
Fries: Schmuckstreifen zum Abschluß oder als Untergliederung einer Wand. Der Fries kann flächig oder plastisch sein, er kann aus Figuren oder → Ornamenten bestehen.

Gaden: In der Architektur Bezeichnung für Obergeschoß.
Gaube: Als Giebelhäuschen ausgebildetes Dachfenster.
Gebundenes System: Quadratisches Schema eines Grundrisses (vorwiegend in romanischen Kirchen). Ausgehend von der quadratischen 6 Vierung sind jeweils gleichgroße Gewölbequadrate in allen Richtungen angefügt. In den Seitenschiffen entsprechen jeweils zwei kleinere Gewölbequadrate den größeren Quadraten des Mittelschiffes.
Gesims: Ein vorspringender Wandabschluß.
Gesprenge: Abschließende Bekrönung des → Altaraufsatzes.
Gobelin: Bildteppich.
Gotik: Epoche der europäischen Kunst und Kultur, die von der Mitte des 12. Jh. bis ins 16. Jh. reicht.
Grisaille: Malerei in verschiedenen Grauabstimmungen.
Gurtbogen: Eine konstruktive und dekorative Unterstützung des Gewölbeabschnitts, die sich rippenartig als Bogen quer zur Längsachse spannt.

Hallenkirche: Im Gegensatz zur → Basilika sind Hauptraum und → Seitenschiffe gleich hoch; ohne → Querhaus.
Hallenchor: Ein → Chor, der aus mehreren, jedoch gleichhohen → Schiffen besteht.
Halsgraben: Künstlich geschaffener Graben, der Burgen vom Landrücken trennt. Oft auch Zugang über Zugbrükken.
Heim: Der Abschluß eines Turmes.

Ikonostasis: In der Ostkirche Bilderwand zwischen Allerheiligstem und Gemeinderaum.

Immaculata: Die Unbefleckte, Ehrenname Marias.
Ionische Säulenordnung: → Ordnung, bei der die → Säulen auf einer mehrgliedrigen → Basis stehen und das → Kapitell durch zwei Schneckenbögen charakterisiert ist.

Joch: Grundeinheit des durch → Pfeiler, → Säulen oder → Gurtbogen gegliederten Raumes.
Jugendstil: Nach der Münchner Zeitschrift »Jugend« benannte Stilrichtung, die sich gegen die Übernahme alter Formen wendet und neue, der Natur entnommene Ausdrucksformen schafft. Schwerpunkt von 1895 bis um 1905.

Kalotte: Gewölbte Kuppel in Form eines Kugelabschnitts.
Kalvarienberg, *Calvaire:* Plastische Darstellung der Kreuzigungsgruppe und des Kreuzigungsberges, oft Wallfahrtsort.
Kamee: Stein oder Edelstein mit erhaben geschnittener Darstellung.
Kampanile, *Campanile:* (meist freistehender) Glockenturm.
Kämpfer: Steinplatte zwischen → Säule bzw. → Kapitell und Bogen oder Gewölbe.
Kannelüren: Senkrechte Rillen am Schaft von Säulen oder Pfeilern.
Kanon: Regelmäßiges, wiederkehrendes Maß.
Kapitelsaal: Versammlungsraum der Klostergemeinde.
Karner: (auch: Beinhaus): Kapellenartiges Haus auf Friedhof, in dem die Gebeine aufbewahrt werden, die bei Neubelegung von Gräbern ausgegraben werden; oft zweigeschossig und mit Totenkapelle; vor allem in den Alpenländern.
Kartusche: Zierrahmen, mit dem Wappen, Initiale oder Inschriften eingefaßt sind.
Karyatide: → Gebälk tragende Figur.
Kassettendecke: Diese in rechteckige Felder unterteilte Decke ist durch → Ornamente, Bemalung oder anderen Schmuck ausgeprägt.
Kassettengewölbe: Ein von einer rechteckigen Kassette angeschnittenes → Kloster- oder Haubengewölbe in regelmäßiger Folge.
Kenotaph: Grabdenkmal, an anderer Stelle errichtet als das tatsächliche Grab.
Klassizismus: Von klassisch-antiken Vorbildern ausgehende Stilrichtung, die zwischen etwa 1770 bis etwa 1830 ihren Höhepunkt erreichte.
Klostergewölbe: (Haubengewölbe): Ein kuppelähnliches, waagrecht gerade abschließendes Gewölbe aus Tonnenabschnitten.
Knorpelstil: Die vorbarocke Form des → Ornaments, aus dem → Beschlagwerk entwickelt, mit ohrmuschelartigen Formen.
Knospenkapitell: Abwandlung des → korinthischen Kapitells in frühgotischer Zeit.
Konche: Halbrunder, sich in einen Nebenraum öffnender Raum, besonders Halbkuppel der Apsis.
Kopfreliquiar: → Reliquiar in Kopf- oder Büstenform.
Korbbogen: Flachgedrückter Rundbogen.
Korinthische Säulenordnung: Reiche Zierformen kennzeichnen bei dieser → Ordnung die → Kapitelle. Die → Basis ähnelt der → ionischen Ordnung.
Kragstein: Aus der Mauer herausragender Stein, der als Stütze, als Auflage oder auch nur als Träger für eine Büste dient.
Kreuzgewölbe: Ein → Gewölbe, bei dem sich zwei → Tonnengewölbe rechtwinklig kreuzen. Man unterscheidet das einfache Kreuzgratgewölbe von dem Kreuzrippengewölbe, bei welchem die Schnittkanten durch Rippen verstärkt sind.

Langhaus: Hauptteil der Kirche, für die Gemeinde bestimmt. → Chor und → Apsis werden nicht mitgemessen.
Laterne: Kleiner Turm zum Abschluß einer Kuppel, meist reich verziert.
Laubengang: Bogengang, der dem Erdgeschoß eines Baus vorgelagert ist.
Leibung: Fläche des Mauereinschnitts bei Fenstern und Türen.
Lettner: Wand oder Brüstung zwischen → Chor und → Mittelschiff, die den klerikalen Bereich vom Laienraum trennt.
Loggia: Nach außen geöffnete Säulenhalle eines Bauwerks, häufig im Obergeschoß.
Lünette: Halbkreisförmiges Feld über Türen und Fenstern, oft mit Malerei oder Plastik.

Manierismus: Kunststil zwischen → Renaissance und → Barock (ungefähr von 1530–1630). Der Manierismus vernachlässigt natürliche und »klassische« Formen zugunsten gewollter Künstlichkeit der Manier.
Mansarde: Ein abgeknicktes Dach, wobei der untere Teil steiler als der obere ist. Der gewonnene Raum wird ebenfalls Mansarde genannt und läßt sich gut für Wohnzwecke benutzen. (Benannt nach dem Franzosen F. Mansart.)
Maßwerk: Gotische geometrische Zierformen, vor allem für die Ausgestaltung von Fensterbögen oft verwendet. Liegen die Zierbogen direkt auf der Wand, spricht man von Blendmaßwerk.
Menhir: Roh behauener, senkrecht aufgestellter Stein aus vorgeschichtlicher Zeit.
Mezzanin: Halb- oder Zwischengeschoß.
Mönchschor: Jener Teil des → Chores, der den Mönchen vorbehalten ist, oft abgeschlossen.
Muschelwerk: Zierornamente, die dem Muschelmotiv nachempfunden sind; vor allem in der späten → Renaissance und im → Rokoko.

Narthex: Vorhalle von Basiliken und Kirchen.
Netzgewölbe: Ein → Gewölbe, bei dem sich die Rippen mehrfach kreuzen. Vor allem zur Zeit der → Gotik anzutreffen.
Neubarock: Reaktion auf den kühlen → Klassizismus. Die Wiederverwendung der Formen des → Barock entwickelte sich im letzten Drittel des 19. Jh. als ein historisierender Prunkstil mit übertriebenem plastischem Schmuck und auffälligen Farben.
Neugotik (Neogotik): Historisierender Kunststil, mit dem man im 19. Jh. die Bauformen und Schmuckornamente der → Gotik neu beleben wollte.
Nonnenchor: → Empore, auf der Nonnen dem Gottesdienst beiwohnen.

Odeon: Meist rundes Gebäude, in dem musikalische und andere musische Aufführungen stattfinden.
Oktogon: Gebäude mit achteckigem Grundriß.
Olifant: Das Wunderhorn Rolands, ein Signal- und Kriegshorn aus Elfenbein, reich geschnitzt und in Edelmetall gefaßt.
Ophistodom: Beim griechischen Tempel Raum hinter der → Cella.
Orangerie: Teil barocker Schloß- und Parkanlagen, ursprünglich für die Überwinterung der während des Sommers im Freien aufgestellten Orangenbäume und anderer südlicher Gewächse gedacht. Oft erhielten die Orangerien jedoch Festräume für große Hofgesellschaften.
Oratorium: Kleine Kapelle, die in der Regel nicht für die Öffentlichkeit zugänglich ist, oft dem → Chorraum angegliedert.
Ordensburg: Burgen des Deutschen Ritterordens, vornehmlich in Preußen und Livland. Die vierflügeligen Anlagen sind um einen Innenhof gruppiert und durch sehr starke Befestigungsanlagen geschützt. Kloster, Garnison und Verwaltung sind in den Ordensburgen gemeinsam untergebracht gewesen.
Ottonische Kunst: Kunst aus der Zeit der Könige Otto I., Otto II. und Otto III. (936–1002). Anreger und Finanziers dieser Kunst waren die Könige sowie Würdenträger der Kirche.

Pagode: Süd- und ostasiatischer Reliquienschrein und Tempel.
Pala: Altaraufsatz.
Palas: Wohnbau einer Burg.
Pallium: Ein mantelähnlicher Umhang der Römer, im Mittelalter Krönungsmantel für Könige und Kaiser, später auch bei Erzbischöfen.
Paneel: Brusthohe Holzvertäfelung.
Panorama: In der Kunst ein Rundgemälde, vor allem zur Darstellung von Schlachten und Städteansichten.
Pantheon: Den Göttern geweihter Tempel. Nach dem Vorbild des Pantheons in Rom (Rundbau).
Paradies: → Atrium.
Patio: Innenhof des Hauses, vor allem in Spanien.
Pavillon: Meist mehreckiger oder runder Bau in Parkanlagen. Bei Barockschlössern verbinden sehr häufig Eckpavillons den Hauptbau mit den davon abzweigenden → Galerien.
Pergola: Offener Laubengang aus einer Holzkonstruktion; an den Balken ranken sich Pflanzen empor.
Peripteros: Griech. Tempel mit einem Säulengang rundum.
Pesel: Wohnraum und Zentrum norddeutscher Bauernhäuser.
Pfalz: Wohnstatt für Könige und Kaiser, die im Mittelalter nicht an einem

Ort residierten, sondern ihren Sitz regelmäßig wechselten.
Pfeiler: Stützglied wie die → Säule, doch von recht- oder mehreckigem Grundriß.
Pfeilerbasilika: Die Bogen des → Schiffes der → Basilika liegen auf → Pfeilern.
Pilaster: → Pfeiler, der aus einer Wand hervortritt (Halbpfeiler), mit → Basis und → Kapitell.
Polygon: Vieleck.
Polyptychon: Ein aus mehreren Tafeln (Flügeln) zusammengesetztes (Altar-) Bild.
Portikus: Von → Pfeilern gestützte Vorhalle.
Postament: Sockel eines Standbildes.
Präraffaeliten: Von London ausgehende Kunstrichtung (um 1850), die eine Verbindung religiöser und seelischer Motive forderte und sich an der italienischen Malerei der frühen → Renaissance orientierte. Vorstufe des → Jugendstils.
Predella: Unterbau des → Altars.
Presbyterium: Ursprünglich »Raum der Priester«, heute allgemeine Bezeichnung für den → Chor bzw. die → Apsis einer Kirche.
Pronaos: Vorhalle des antiken Tempels (auch christliche Kirchengebäude).
Propyläen: Die Eingangshalle monumentaler Bauten. Vorbild späterer Bauten waren die Propyläen auf der Akropolis in Athen (entstanden 437 bis 432 v. Chr.).
Prothyros: Einfriedung vor der Tür des römischen Hauses.
Putten: Nackte engelhafte Kinderfiguren in der → Renaissance, im → Barock und im → Rokoko.
Pylon: Eingangstor bei griech. Tempeln und Palästen.

Quader: Behauener Block aus massivem Stein.
Quadriga: Ein vierspänniger Wagen.
Querhaus oder **Querschiff:** Raum in der Kirche, quer zum → Langhaus (→ Basilika).
Querschnitt: Ein gedachter Schnitt quer durch ein Gebäude zur Darstellung der Architektur.

Refektorium: Speiseraum in Klöstern.
Régence-Stil: Französischer Kunststil. Übergang vom Barock zum Rokoko.
Reliquiar: Behälter, in dem die Reliquien eines Heiligen aufbewahrt werden.
Remter: Speisesaal einer → Ordensburg (→ Refektorium).
Renaissance: Stilbezeichnung für die bildende Kunst ab etwa 1500 bis etwa 1600. Die Renaissance fällt zusammen mit dem Ende des mittelalterlichen Weltbilds und dem Beginn einer neuen, an der Antike orientierten Lebenshaltung (ital. rinascimento = Wiedergeburt).
Retabel: → Altarretabel.
Risalit: Aus der Fluchtlinie vortretender Teil eines Gebäudes, der dessen volle Höhe erreicht.
Rocaille: Reich gestaltete, muschelähnliche → Kartusche, die namengebend für das → Rokoko wurde.
Rokoko: Stilbezeichnung für die Zeit des ausklingenden → Barock (etwa 1720–70), mit eleganten, leichten oft verspielten, vor allem ovalen Formen.
Rollwerk: Bandartiges Ornament, dessen sich aufrollende Enden plastisch ausgeformt sind. Motiv vieler Holzarbeiten vor allem im 16. Jh. in Flandern und Holland (→ Beschlagwerk).
Romanik: Die zusammenfassende Bezeichnung für die Kunst vom Jahr 1000 bis ins 13. Jh. In ihren Bauwerken ist die Romanik bestimmt von Rundbogen, ruhigen Ornamenten und einer insgesamt schweren Haltung.
Romantik: Kunstrichtung zu Beginn des 19. Jh., die sich vor allem in der Literatur (Märchen), Malerei und Musik ausbreitete. Sie nimmt Formen und Motive des Mittelalters wieder auf und bedeutet eine Abkehr von den rationalen Normen des → Klassizismus.
Rose: Ein stark gegliedertes Rundfenster über dem Portal mit reichem → Maßwerk, vor allem bei gotischen Kirchen.
Rotunde: Rundbau.
Rustika: Mauern aus → Quadern, deren Schauseite absichtlich unbehauen geblieben ist.

Saalkirche: Stützenfreier Kircheninnenraum, also ohne → Seitenschiff.
Sakramentshäuschen: Gehäuse zur Aufbewahrung der geweihten Hostien. In der späten → Gotik entstanden zahlreiche große Sakramentshäuschen, die teilweise zu bedeutenden Kunstwerken ausgestaltet sind.
Säkularisation: Umwandlung geistlicher Besitztümer in weltliche, vor allem in der Zeit unter Napoleon (1803).
Satteldach: Von zwei schräg gegeneinander gestellten Flächen gebildetes Dach. Die 2 Giebel befinden sich an den Schmalseiten.
Säulenbasilika: → Basilika, die von → Säulen gestützt wird (im Gegensatz zur → Pfeilerbasilika).
Schalldeckel: → Kanzel.
Sepultur: Für Begräbnisstätten reservierter Kirchenraum.
Sgraffito: Kratzputz.
Spiegelgewölbe: Ein langgestrecktes → Klostergewölbe, das im Scheitel mit einer waagrechten Fläche schließt.
Sprengwerk: → Gesprenge.
Stabwerk: Senkrechte Stäbe zur Gliederung gotischer Fenster und Fassaden (→ Maßwerk).
Staffelgiebel: Giebel mit treppenartiger Stufung, auch Treppen- oder Stufengiebel.
Stichkappengewölbe: Ein von dreieckigen Kugelflächen eingeschnittenes → Tonnengewölbe.
Stuck: Ein leicht formbarer Werkstoff aus Gips, Kalk, Sand und Wasser, der vor allem im 17./18. Jh. zur plastischen Ausschmückung von Innenräumen gedient hat.

Tabernakel: Altargehäuse für die Hostie.
Tabor: Befestigtes Lager, Befestigung, besonders in der Steiermark gegen Türkeneinfälle; auch Taborkirche.
Tambour: Unterbau einer Kuppel, in der Regel zylindrisch oder polygonal.
Terrakotta: Gebrannte, unglasierte Tonerde.
Tonnengewölbe: → Gewölbe, das einer Tonne gleicht, die in Längsrichtung durchgeschnitten wird.
Transenne: In die Fensteröffnungen eingefügte Holz- oder Steinplatten (Vorläufer der Fensterverglasung).
Triforium: Laufgang in der Wand unter den Fenstern von Mittelschiff, Querschiff und Chor, besonders in gotischen Kirchen.
Triptychon: Dreiteiliges Altarbild.
Trompe l'œil: Spezielle Art der Darstellung, bei der Gegenstände so täuschend ähnlich gemalt sind, daß sie dem Auge als Wirklichkeit erscheinen.
Tudorstil: Baustil, der Elemente der → Gotik und der → Renaissance verbindet; benannt nach der englischen Familie Tudor (etwa um 1530 bis um 1600).
Tumba: Aufbau über einer Grabstelle.
Tympanon: Das Bogenfeld über dem mittelalterlichen Portal.

Verblendung: Verkleidung von Bauteilen, die nicht sichtbar sein sollen.
Vesperbild: Pieta.
Vierung: Die Stelle, an der sich → Lang- und → Querhaus kreuzen.
Volute: Spiralenförmiges → Ornament.

Wange: Seitlicher Abschluß des → Chorgestühls.
Weicher Stil: Spezifische Erscheinung in der deutschen Malerei und Plastik der Spätgotik mit fließenden Gewandfalten und zartem Gesichtsausdruck.
Welsche Haube: Geschwungenes Haubendach für Türme, Vorläufer der → Zwiebelhaube.
Westwerk: Monumentaler Westabschluß bei Kirchen aus karolingischer, ottonischer und romanischer Zeit. Als Kirche für den Herrscher vorgesehen und deshalb oft auch mit einem eigenen Altar ausgestattet.
Würfelkapitell: Aus der Durchdringung von Würfel- und Kugelform entwickeltes → Kapitell der romanischen Stilepoche.

Zackenstil (auch: Knitterstil): In der Spätgotik, sogar bereits in der Spätromanik auftretender Stil, Falten an (Schnitz-)Figuren sehr scharf (zackig, knitterig) zu gestalten.
Ziborium (auch Ciborium): Großer von Säulen getragener steinerner → Baldachin über dem → Altar.
Zopfstil: Stilrichtung aus der Zeit zwischen → Rokoko und → Klassizismus (etwa um 1760–80); geprägt von strenger Ausdrucksweise.
Zwerchhaus: Dachhäuschen mit einem Giebel, der quer zum Hauptdach steht.
Zwerggalerie: Gang in der Außenmauer unter dem Dachgesims; nach außen geöffnet und meist reich verziert.
Zwinger: Das Gelände zwischen den inneren und äußeren Mauern der mittelalterlichen Stadtbefestigungen. Hier wurden oft Tiere gehalten. Im → Barock errichtete man an dieser Stelle dann oft Vergnügungsstätten.

Künstlerregister

Ortsregister

Verzeichnis der Rahmentexte

A
B
C
2
3
4
5
St-Germain-d.-V.
Port Racine
Omonville-la-Rogue
Omonville-la-P.
Cap de la Hague
Jobourg
Nez de Jobourg
Greville-Hague
Vauville
Biville
Urville-Nacqueville
Château de Dur-Ecu
Querqueville
Cherbourg
Le Béquet
Cap Lévy
Bretteville
Fermanville
Tourlaville
Gonneville
Gatteville-le-Phare
Pointe de Barfleur
Tocqueville
Barfleur
Montfarville
St-Pierre-Église
Réville
La Pernelle
Pointe de Saire
Quettehou
Saint-Vaast-la-Hougue
Martinvast
Tollevast
Saussemesnil
Château de Chiffrevast
Tamerville
Centrale nucléare de F.
Flamanville
Tréauville
Rozel
Abbaye Notre-Dame-de-Grâce
Valognes
Quinéville
Î. de Terre
Î. du Large
Îles St-Marcou
Montebourg
Saint-Marcouf
Bricquebec
Utah Beach
Cotentin
Orglandes
Sainte-Mère-Église
La Madeleine
Pointe du Hoc
Ste-Marie-du-Mont
Saint-Sauveur-le-Vicomte
Barneville-Carteret
Saint-Sauveur-de-Pierrepont
Chef-du-Pont
Brucheville
Grandchamp-Maisy
Portbail
Abbaye de Blanchelande
Neufmesnil
Douve
Saint-Côme-du-Mont
La Cambe
Appeville
Carentan
Isigny-sur-M.
Jersey
St. Helier (G.B.)
Saint-André-de-Bohon
Saint-Germain-sur-Ay
Lessay
Vire
Rémilly-sur-Lozon
Périers
Château de Montfort
Château de Pirou
Saint-Lô
Château de Gratot
La Barre-de-Semilly
Savigny
Coutances
Orval
Cerisy-la-Salle
La Chapelle-sur-Vire
Château de l'Angotière
49°
Regnéville-sur-Mer
Manche
Hambye
Abbaye d'Hambye
Îles Chausey
Grande Île
Bréhal
Bréville-sur-Mer
Le Château de Chanteloup
Villedieu-les-Poêles
Saint-Sever-Calvados
Granville
Saint-Pair-sur-Mer
l'Ermitage
Golfe de St-Malo
Golf von St.-Malo
Lezeaux
Abbaye de la Lucerne
Saint-Michel-de-Montjoie
Sée
Genêts
Vains
Avranches
Anc. Prieuré de St-Léonard
Saint-Loup
Cancale
Saint-Malo
Le Mont-St-Michel
Ducey
St-Hilaire-du-H.
Tanis
Sélune
St-Symphorien-des-Monts
Pleslin
2° westl. v. Gr.
Dol-de-Bretagne
Pontorson
Saint-James
Savigny-le-Vieux

Legende
im Text beschriebene Hauptorte
im Text beschriebene Umgebungsorte (farblich dem jeweiligen Hauptort zugeordnet)
Autobahn
Fernverkehrsstraßen
Durchgangsstraßen
Nebenstraßen
Flughafen
Maßstab 1:750 000
0
10
20 km
D
E
F
2
3
4
5
256
258
Baie de la Seine
Seinebucht
Plages du Débarquement
Omaha Beach
Port-en-Bessin
Le Chaos
Arromanches-le-B.
Ver-s.-M.
Courseulles-sur-Mer
Bernières-sur-Mer
Vierville-s.-M.
St-Laurent-s.-M.
Colleville-sur-Mer
Longues-s.-M.
Meuvaines
Crépon
Colombiers-s.-S.
Douvres-la-Délivrande
Luc-sur-Mer
Lion-sur-M.
Vaux-sur-Aure
Ryes
Vienne-en-B.
Creully
Château Fontaine-H.
Bény-sur-Mer
Ouistreham
Bayeux
St-Loup-Hors
Prieuré de Saint-Gabriel
Brécy
Rucqueville
Chât. de Lasson
Thaon
Le Molay-Littry
Guéron
Secqueville-en-Bessin
Rosel
Abbaye de Mondaye
Audrieu
Authie
Rots
Abbaye d'Ardenne
Caen
Colombelles
Balleroy
Bretteville-sur-Odon
Cricqueville-en-Auge
Dives
Drubec
Clermont-en-A.
Beuvron-en-Auge
Cambremer
Prieuré N.D. de-M.
Cagny
Crèvecœur-en-Auge
Château du Mont de la Vigne
Château de Grandchamp
Caumont-l'E.
Calvados
Orne
Ouézy
Canon
Ste-Marie-aux-Anglais
Manoir de Coupesarte
Cintheaux
Boulon
Condé-sur-Ifs
Vieux-Pont
St.-Michel-de-Livet
Livarot
Aunay-sur-O.
Thury-Harcourt
Le Château d'Assy
Vendeuvre
St-Pierre-sur-Dives
Soumont-St-Quentin
La Brèche au Diable
Jort
Torps
Perrières
BASSE-NORMANDIE
Sainte-Marie-Laumont
St-Rémy
Clécy
Aubigny
Norrey-en-Auge
Noron-l'Abbaye
Falaise
Beaumais
Pontécoulant
Pont-d'Ouilly
Vire
Condé-sur-Noireau
Roche d'Oëtre
Chambois
Abbaye Belle-Etoile
La Lande-Patry
Rabodanges
Putanges-Pont-Ecrepin
Le Bourg-Saint-Léonard
Tinchebray
Flers
Rouvre
Montgaroult
Ecouché
Argentan
Haras du Pin
Sourdeval
Saint-Christophe-le-Jajolet
L'Abbaye de Lonlay
Château de Sassy
Château d'O
Mortain
La fosse Arthour
La Haute-Chapelle
Dompierre
Rânes
La Forêt
Mont-en-Gérôme
La Lande-de-Goult
Barenton
Manoir de la Saucerie
Domfront
des Andaines
La Ferté-Macé
Sainte-Geneviève
Bagnoles-de-l'Orne
Carrouges
0°
49°

Legende
im Text beschriebene Hauptorte
im Text beschriebene Umgebungsorte (farblich dem jeweiligen Hauptort zugeordnet)
Autobahn
Fernverkehrsstraßen
Durchgangsstraßen
Nebenstraßen
Flughafen
Maßstab 1:750 000
0
10
20 km
0°
50°
49°
F
G
E
1
2
3
4
255
258
La Manche
Der Kanal
Baie de la Seine
Seinebucht
Seine
Calvados
Fécamp
Valmont
Cany-Barville
St-Valéry-en-Caux
Etretat
Manéglise
Angerville
Sainneville
Montivilliers
Gonfreville-l'Orcher
Harfleur
Sainte Adresse
Le Havre
Saint-Jean-d'Abbetot
St-Romain-de-Colbosc
Bolbec
Lillebonne
Allouville-Bellefosse
Caudebec-en-Caux
Villequier
Notre-Dame-de-Gravenchon
Tancarville
St-Vigor-d'Ymonville
Quillebeuf-sur-Seine
Vatteville-la-Rue
Aizier
Pointe de la Roque
Grande Mare
Marais Vernier
Ste-Opportune-la-Mare
Vieux Port
Bourneville
Honfleur
Fiquefleur
Gonneville-sur-Honfleur
Cricquebœuf
Villerville
Barneville
Trouville-sur-Mer
Deauville
Saint-Gatien-des-Bois
Manneville-la-Raoult
Pont-Audemer
Risle
St-Germain-Village
Touques
Bénerville-sur-Mer
Mont Canisy
Château de Guillaume-le-Conquérant
Villers-sur-Mer
Saint-Arnoult
Canapville
Saint-André-d'Hébertot
1997
Pont-l'Évêque
Luc-sur-M.
Lion-sur-M.
Cabourg
Houlgate
Dives-sur-Mer
Beaumont-en-Auge
Douvres-la-Délivrande
Merville
Ouistreham
Dives
Cricqueville-en-Auge
Drubec
Saint-Hymer
Pierrefitte-en-Auge
St-Grégoire-du-Vièvre
St-Georges-du-Vièvre
Livet-sur-Authou
Authie
Abbaye d'Ardenne
Colombelles
Clermont-en-A.
Moyaux
Château des Fumichon
Caen
Bretteville-sur-Odon
Prieuré N.D. de-M.
Beuvron-en-Auge
Cambremer
Ouilly-du-Houley
Boisney
Cagny
Lisieux
Crèvecœur-en-Auge
Orne
Château de Grandchamp
Château du Mont de la Vigne
St-Germain-de-Livet
Auquainville
Bernay
Ouézy
Canon
Ste-Marie-aux-Anglais
Manoir de Coupesarte
Cintheaux
Condé-sur-Ifs
Vieux-Pont
Tordouet
Boulon
Fervaques
Orbec
Broglie
Le Château d'Assy
St.-Michel-de-Livet
Vendeuvre
Saint-Pierre-sur-Dives
Livarot
Soumont-St-Quentin
Préaux-Saint-Sébastien
La Brèche au Diable
Jort
Perrières
Torps
Aubigny
Norrey-en-Auge
Falaise
Beaumais
Noron-l'Abbaye

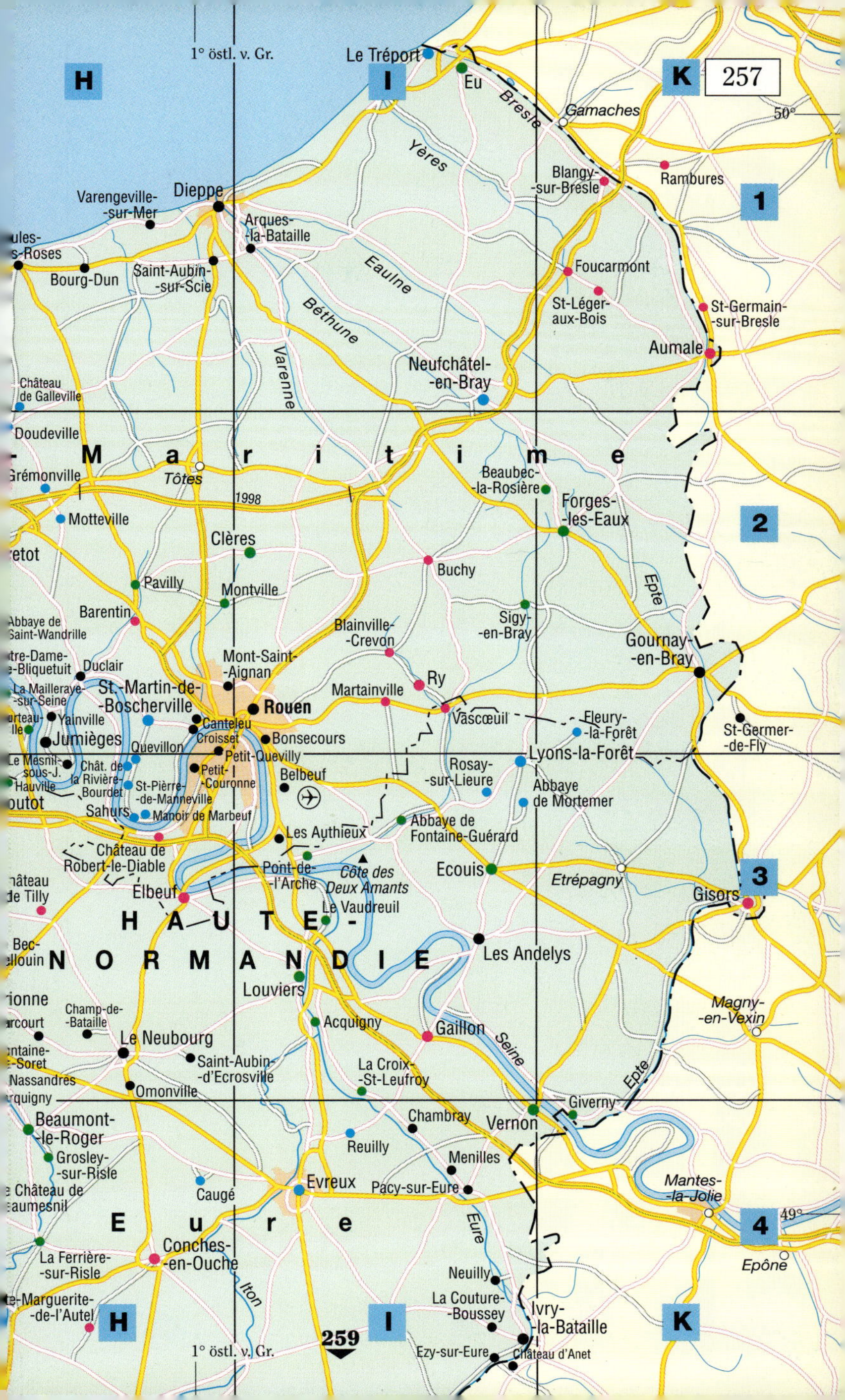
H
I
K
1
2
3
4
1° östl. v. Gr.
50°
49°
Le Tréport
Eu
Bresle
Gamaches
Yères
Blangy-
-sur-Bresle
Rambures
Dieppe
Varengeville-
-sur-Mer
Arques-
-la-Bataille
Bourg-Dun
Saint-Aubin-
-sur-Scie
Eaulne
Béthune
Varenne
Foucarmont
St-Léger-
aux-Bois
St-Germain-
-sur-Bresle
Aumale
Neufchâtel-
-en-Bray
Château
de Galleville
Doudeville
- M a r i t i m e
Grémonville
Tôtes
1998
Beaubec-
-la-Rosière
Forges-
-les-Eaux
Motteville
Clères
Buchy
Epte
Pavilly
Montville
Barentin
Sigy-
-en-Bray
Abbaye de
Saint-Wandrille
Blainville-
-Crevon
Gournay-
-en-Bray
Duclair
Mont-Saint-
-Aignan
Ry
St.-Martin-de-
-Boscherville
La Mailleraye-
-sur-Seine
Martainville
Rouen
Vascœuil
Fleury-
-la-Forêt
St-Germer-
-de-Fly
Yainville
Canteleu
Croisset
Jumièges
Quevillon
Bonsecours
Lyons-la-Forêt
Petit-Quevilly
Châl. de
la Rivière-
-Bourdet
Rosay-
-sur-Lieure
Hauville
Petit-
-Couronne
Belbeuf
Abbaye
de Mortemer
St-Pierre-
-de-Manneville
Sahurs
Manoir de Marbeuf
Abbaye de
Fontaine-Guérard
Les Authieux
Château de
Robert-le-Diable
Pont-de-
-l'Arche
Côte des
Deux Amants
Ecouis
Etrépagny
Gisors
Elbeuf
Le Vaudreuil
HAUTE-
NORMANDIE
Les Andelys
Louviers
Magny-
-en-Vexin
Champ-de-
-Bataille
Acquigny
Gaillon
Le Neubourg
Seine
Saint-Aubin-
-d'Ecrosville
La Croix-
-St-Leufroy
Epte
Nassandres
Omonville
Giverny
Beaumont-
-le-Roger
Chambray
Vernon
Grosley-
-sur-Risle
Reuilly
Menilles
Mantes-
-la-Jolie
Evreux
Caugé
Pacy-sur-Eure
Eure
Eure
Epône
Conches-
-en-Ouche
La Ferrière-
-sur-Risle
Iton
Neuilly
La Couture-
-Boussey
Ivry-
-la-Bataille
Ezy-sur-Eure
Château d'Anet
259

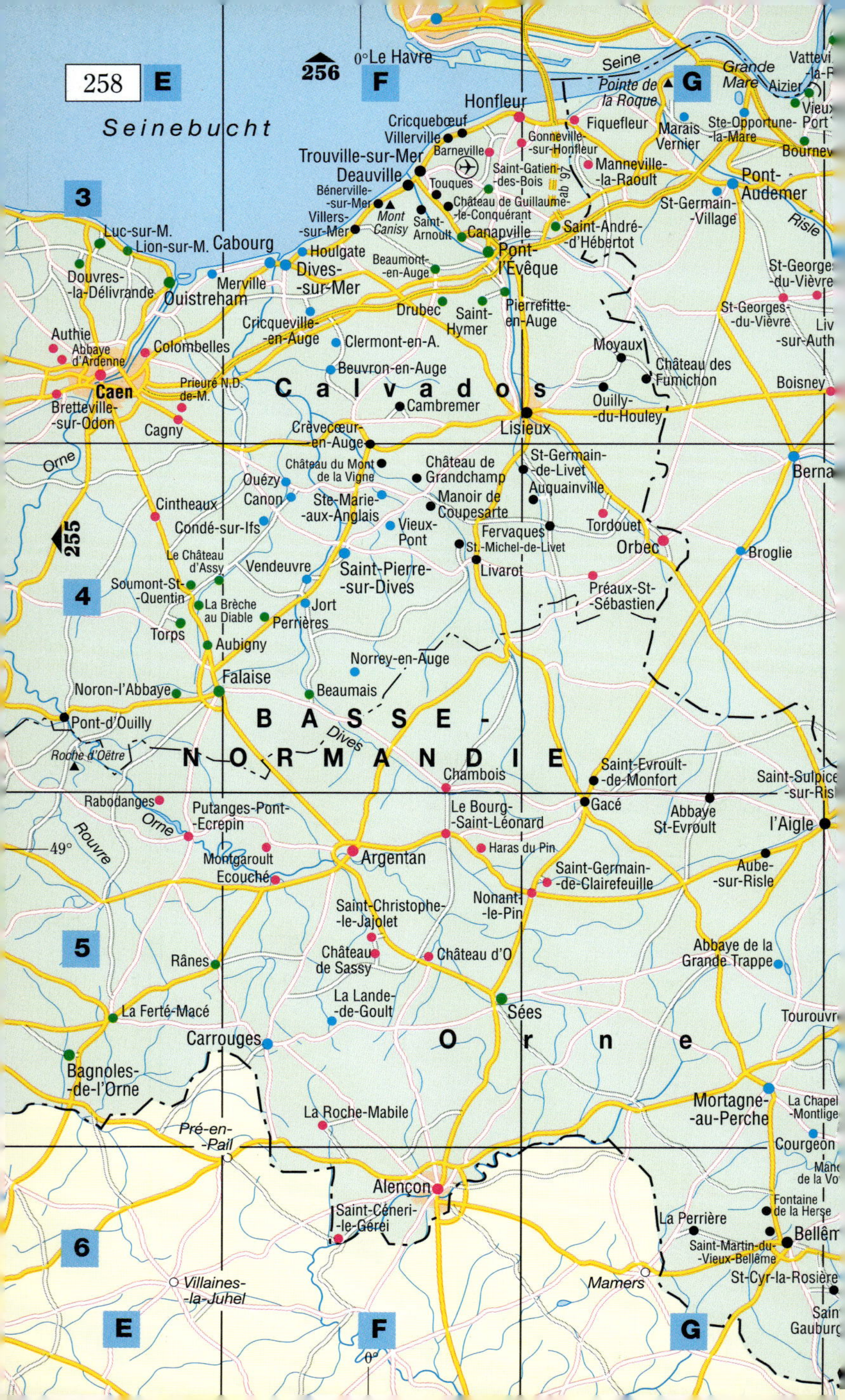
E
F
G
256
255
3
4
5
6
0° Le Havre
Seinebucht
Seine
Pointe de la Roque
Grande Mare
Aizier
Marais Vernier
Ste-Opportune-la-Mare
Bourneville
Honfleur
Cricqueboeuf
Villerville
Fiquefleur
Gonneville-sur-Honfleur
Barneville
Trouville-sur-Mer
Deauville
Saint-Gatien-des-Bois
Manneville-la-Raoult
Pont-Audemer
Risle
Touques
Bénerville-sur-Mer
Château de Guillaume-le-Conquérant
St-Germain-Village
Mont Canisy
Saint-Arnoult
Villers-sur-Mer
Canapville
Saint-André-d'Hébertot
Luc-sur-M.
Lion-sur-M.
Cabourg
Houlgate
Pont-l'Évêque
Douvres-la-Délivrande
Merville
Dives-sur-Mer
Beaumont-en-Auge
Ouistreham
Drubec
Saint-Hymer
Pierrefitte-en-Auge
St-Georges-du-Vièvre
Cricqueville-en-Auge
Authie
Abbaye d'Ardenne
Colombelles
Clermont-en-A.
Moyaux
Château des Fumichon
Beuvron-en-Auge
Caen
Prieuré N.D. de-M.
Calvados
Cambremer
Ouilly-du-Houley
Boisney
Bretteville-sur-Odon
Cagny
Lisieux
Crèvecœur-en-Auge
St-Germain-de-Livet
Orne
Château du Mont de la Vigne
Château de Grandchamp
Auquainville
Bernay
Ouézy
Canon
Manoir de Coupesarte
Cintheaux
Ste-Marie-aux-Anglais
Tordouet
Vieux-Pont
Fervaques
Condé-sur-Ifs
Orbec
St.-Michel-de-Livet
Broglie
Le Château d'Assy
Vendeuvre
Saint-Pierre-sur-Dives
Livarot
Soumont-St-Quentin
Préaux-St-Sébastien
La Brèche au Diable
Jort
Perrières
Torps
Aubigny
Norrey-en-Auge
Falaise
Noron-l'Abbaye
Beaumais
Pont-d'Ouilly
Basse-Normandie
Dives
Roche d'Oëtre
Saint-Evroult-de-Montfort
Chambois
Saint-Sulpice-sur-Risle
Rabodanges
Putanges-Pont-Ecrepin
Le Bourg-Saint-Léonard
Gacé
Abbaye St-Evroult
l'Aigle
Rouvre
49°
Montgaroult
Argentan
Haras du Pin
Ecouché
Saint-Germain-de-Clairefeuille
Aube-sur-Risle
Saint-Christophe-le-Jajolet
Nonant-le-Pin
Abbaye de la Grande Trappe
Château de Sassy
Château d'O
Rânes
La Lande-de-Goult
La Ferté-Macé
Sées
Tourouvre
Carrouges
Orne
Bagnoles-de-l'Orne
Mortagne-au-Perche
La Chapelle-Montligeon
La Roche-Mabile
Pré-en-Pail
Courgeon
Alençon
Fontaine de la Herse
Saint-Céneri-le-Gérei
La Perrière
Bellême
Saint-Martin-du-Vieux-Bellême
Villaines-la-Juhel
Mamers
St-Cyr-la-Rosière
0°

1° östl. v. Gr.
Rouen
Yainville
Jumièges
Canteleu
Croisset
Bonsecours
Petit-Quevilly
Châte. de la Rivière-Bourdet
Quevillon
St-Pierre-de-Manneville
Petit-Couronne
Belbeuf
Sahurs
Manoir de Marbeuf
Château de Robert-le-Diable
Martainville
Vascœuil
257
Fleury--la-Forêt
Lyons-la-Forêt
Rosay-sur-Lieure
Abbaye de Mortemer
Les Authieux
Abbaye de Fontaine-Guérard
Pont-de-l'Arche
Côte des Deux Amants
Ecouis
Etrépagny
Gisors
Elbeuf
Le Vaudreuil
HAUTE-NORMANDIE
Seine
Les Andelys
Louviers
Champ-de-Bataille
Le Neubourg
Acquigny
Gaillon
Magny-en-Vexin
Saint-Aubin-d'Ecrosville
La Croix-St-Leufroy
Epte
Omonville
Giverny
Beaumont-le-Roger
Chambray
Vernon
Grosley-sur-Risle
Reuilly
Menilles
Château de ...aumesnil
Caugé
Evreux
Pacy-sur-Eure
Mantes-la-Jolie
Eure
La Ferrière-sur-Risle
Conches-en-Ouche
Iton
Neuilly
La Couture-Boussey
Ivry-la-Bataille
Ste-Marguerite-de-l'Autel
Ezy-sur-Eure
Château d'Anet
Gouville
Marcilly-sur-Eure
Breteuil
Louye
Houdan
Francheville
Tillières-sur-Avre
Nonancourt
Muzy
St-Georges-Motel
Montfort-l'Amaury
Bourth
Avre
Verneuil-sur-Avre
Dreux
49°
Brezolles
Blaise
La Ferté-Vidame
Châteauneuf-en-Thymerais
Senonches
Longny-au-Perche
La Loupe
Rémalard
Courville-sur-Eure
Nogent-le-Rotrou
Illiers-Combray
H
I
K
3
4
5
6
Legende
im Text beschriebene Hauptorte
im Text beschriebene Umgebungsorte (farblich dem jeweiligen Hauptort zugeordnet)
Autobahn
Fernverkehrsstraßen
Durchgangsstraßen
Nebenstraßen
Flughafen
Maßstab 1:750 000
0
10
20 km

Abkürzungen

bes.	besonders
ca.	circa
christl.	christlich
d.Ä.	der Ältere
d.J.	der Jüngere
d.Gr.	der Große
d.h.	das heißt
dor.	dorisch
ehem.	ehemalig(e)
eigentl.	eigentlich(e)
franz.	französisch
gegr.	gegründet
got.	gotisch
Hl., hl., Hll.	Heilige(r), heilige(r)
ion.	ionisch
Jh.	Jahrhundert
Jtd.	Jahrtausend
km	Kilometer
l	links
lat.	lateinisch
m	Meter
ma	mittelalterlich
MA	Mittelalter
N	Norden, Nord-
n	nördlich
O	Osten, Ost-
o	östlich
r	rechts
röm.	römisch
roman.	romanisch
S	Süden, Süd-
s	südlich
sel(l)., Sel(l).	selige(r), Selige(r)(n)
sog.	sogenannt(e)
St-	Saint- (heiliger)
Ste-	Sainte- (heilige)
u.a.	und andere, unter anderem
u.ä.	und ähnlich
urspr.	ursprünglich
usw., etc.,	und so weiter
v.	von, vom
vgl.	vergleiche
W	Westen, West-
w	westlich
z.B.	zum Beispiel
z.T.	zum Teil

Knaurs Kulturführer
in Farbe
Griechische Inseln

Knaurs Kulturführer
in Farbe
Großbritannien und Irland

Knaurs Kulturführer
in Farbe
London
und Umgebung

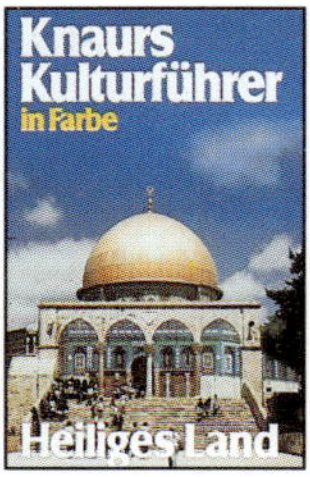
Knaurs Kulturführer
in Farbe
Heiliges Land

Knaurs Kulturführer
in Farbe
Holland

Knaurs Kulturführer
in Farbe
Italien

Knaurs Kulturführer
in Farbe
Florenz und Toskana

Knaurs Kulturführer
in Farbe
Rom und Latium

Knaurs Kulturführer
in Farbe
Sizilien

Knaurs Kulturführer
in Farbe
Südtirol

Knaurs Kulturführer
in Farbe
Venedig und Venetien

Knaurs Kulturführer
in Farbe
Japan

Knaurs Kulturführer
in Farbe
Marokko

Knaurs Kulturführer
in Farbe
Mexiko

Knaurs Kulturführer
in Farbe
Norwegen

Knaurs Kulturführer
in Farbe
Österreich

Knaurs Kulturführer
in Farbe
Kärnten

Knaurs Kulturführer
in Farbe
Tirol

Knaurs Kulturführer
in Farbe
Wachau
Nibelungengau · Waldviertel

Knaurs Kulturführer
in Farbe
Salzburg
Salzburger Land